CELBY RICHOUX

SPECK & BUTTER

CELBY RICHOUX

SPECK & BUTTER

DAS ULTIMATIVE KOCHBUCH ZUR KETOGENEN ERNÄHRUNG

IMPRESSUM

Celby Richoux
Speck & Butter
Das ultimative Kochbuch zur ketogenen Ernährung
1. deutsche Auflage 2019
ISBN: 978-3-96257-040-8

Titel der Originalausgabe:
Bacon & Butter
The Ultimate Ketogenic Diet Cookbook

Übersetzung aus dem Englischen von Carla Gröppel-Wegener
Layout und Coverlayout: Rockridge Press, Berkeley, California
Satz: Marie Wölk, Wolkenart
Coverabbildungen: Vorderseite © The Licensing Project/Offset; Rückseite von oben: 1, 2 und 4 © Sylwia Erdmanska-Kolanczyk, 3 © shutterstock.com - Africa Studio

Herausgeber:
Unimedica im Narayana Verlag GmbH, Blumenplatz 2, 79400 Kandern
Tel.: +49 7626 974 970-0
E-Mail: info@unimedica.de
www.unimedica.de

ÜBERBLICK ZUM SCHNELLEINSTIEG

INHALT

8 HAUPTSACHE FLEISCH 199

9 DELIZIÖSE DESSERTS 243

10 GRUNDZUTATEN: WÜRZMITTEL SAUCEN & DRESSINGS 261

ANHANG 269

EINFÜHRUNG
MEINE GESCHICHTE

Als ich mich auf meine Keto-Reise begab, hatte ich seit mehr als zwei Jahren langsam und stetig zugenommen und litt unter Kopfschmerzen, Magen-Darm-Problemen, Konzentrationsmangel und Energielosigkeit. Ich hatte alle möglichen Diät-Trends mitgemacht und Nahrungsergänzungsmittel geschluckt und mehrere Ärzte aufgesucht, um herauszufinden, warum ich diese Probleme hatte. Obwohl ich mich an eine „gesunde Ernährung" hielt, nahm ich weiter zu. Meine Blutwerte waren normal und die Ärzte zuckten die Schultern und sagten: „Vielleicht sollten Sie mehr Obst und Gemüse essen." Ungeachtet meiner Erfahrungen wusste ich, dass es eine andere Antwort geben musste. Irgendwann entdeckte ich dann die ketogene Ernährung für mich.

> **„Endlich bin ich in der Lage, mein Gewicht und mein Energieniveau zu kontrollieren, indem ich Lebensmittel esse, die ich liebe, und ich habe meine Gesundheit und meine Ernährung neu zu schätzen gelernt"**

Wie die meisten Menschen, die auf Diät sind oder schon mal eine Diät gehalten haben, war mir die Vorstellung absolut fremd, Fett als Hauptenergiequelle für meinen Körper zu nutzen. Ich hatte keine Ahnung, was ein Makronährstoff ist oder warum ein Makronährstoff besser sein sollte als ein anderer. Ich war der Überzeugung, dass alle Lebensmittel mit einem geringen Fett- oder Zuckergehalt „gesund" sind und dass es sich beim Rest um „ungesundes Essen" handelte. Meine Speisekammer durchzugehen und mir den Kohlenhydratgehalt einiger meiner Grundnahrungsmittel anzuschauen (wie zum Beispiel Müsli- und Proteinriegel und Vollkornweizenprodukte) war sehr aufschlussreich: Ohne es zu wissen, hatte ich mich auf eine Insulin-Energie-Achterbahnfahrt begeben. Nach einer gründlichen Generalüberholung meiner von Kohlenhydraten überquellenden Vorräte begann ich den Prozess des Einstiegs in die Ketose und ließ mich auf einen neuen Lebenswandel ein.

Schon in den ersten paar Wochen der ketogenen Ernährung konnte ich unglaublich positive Veränderungen feststellen, was meine Laune, meine Energie und mein Gewicht betraf. Anfangs war es schwer zu glauben, aber im Laufe der Zeit verschwanden meine Symptome, und die Beweise ließen sich nicht ignorieren. Ich fing an die Tatsache zu akzeptieren, dass mein Körper nicht nur auf einer alternativen Energiequelle funktionieren konnte, sondern dass diese Energiequelle meinen Metabolismus auch dabei unterstützte, Pfunde zu verlieren und meine Leiden auf eine Art und Weise zu heilen, die ich nicht für möglich gehalten hätte.
Als ich mich an das Leben in Ketose gewöhnte, fragte ich mich immer wieder: „Warum machen das nicht alle?“ Aus meinen Nachforschungen wusste ich, dass es Leute gab, die diese Form der Ernährung befolgten, dass viele dies aber taten, um Leiden wie Epilepsie und andere medizinische Probleme in den Griff zu bekommen – nicht, um Gewicht zu verlieren. Laut der Epilepsy Foundation erlaubt es die Keto-Diät vielen Epileptikern, ein deutlich kontrollierteres Leben zu führen (manche sogar komplett ohne Symptome), und das ist ein Wunder für Menschen, die vorher unter Dutzenden bis Hunderten Anfällen täglich litten. Mich hatten zwar andere Gründe zur Keto-Diät bewogen, vor dem Hintergrund dieser Heilsgeschichten war die Effektivität dieser Ernährungsform aber nicht zu verleugnen. Für mich wurde aus der „Diät“ schnell eine Lebenseinstellung.

Die Auswirkungen, die Keto auf mein Leben hatte, sind unglaublich. Endlich bin ich in der Lage, mein Gewicht und mein Energieniveau zu kontrollieren, indem ich Lebensmittel esse, die ich liebe, und ich habe meine Gesundheit und meine Ernährung neu zu schätzen gelernt. Die keto-freundliche Neu-Interpretation einiger meiner Lieblingsgerichte – und die Entdeckung neuer Leibspeisen – hat zu einem großen Teil zum Erfolg meiner Diät beigetragen. Viele dieser Rezepte habe ich für Sie in dieses Buch übernommen. Ich hoffe, Sie werden sie genießen und dass Ihre Reise mit Keto Ihrer Gesundheit und Ihrem Wohlbefinden ebenso guttun, wie sie mir gutgetan haben.

KAPITEL 1

ÜBER PROPORTIONEN UND PORTIONEN

Speck zum Frühstück, Schinken-Käse-Wraps zum Mittagessen, grüner Spargel mit Butter und Steak zum Abendessen. Sie träumen nicht – dies ist ein kurzer Einblick in den Tag eines Menschen auf Keto-Diät.

Die generell akzeptierte Behauptung, dass Fett nicht gut für uns ist, werden wir gleich aus dem Fenster werfen. Verabschieden Sie sich von den fettarmen 100-Kalorien-Keks-Snack-Packungen und der Magermilch im Kaffee. Wenn Sie sich entsprechend der Keto-Diät ernähren, ist Fett Ihr bester Freund und zuckerreiche Kohlenhydrate sind Ihre schlimmsten Feinde. Keto wird zwar als Diät bezeichnet, streng genommen handelt es sich aber um eine Veränderung des Lebenswandels, bei der es darum geht, gesünder zu leben, indem man den ein besseres Verständnis für den menschlichen Körper und die Grundlagen der Ernährungslehre entwickelt.

In ihrer einfachsten Form handelt es sich bei der Keto-Diät um eine Ernährung mit **hohem Fett-, moderatem Protein- und geringem bis nicht vorhandenem Kohlenhydrat-Gehalt**, die den Körper anregt, zur Energiegewinnung Fett statt Kohlenhydrate und Proteine zu verbrennen und so einen Status zu erlangen, der Ketose genannt wird.

Was ist Ketose?

Ketose ist ein Stoffwechselzustand, bei dem der Körper Nahrungsfette und körpereigene Fette als primäre Energiequelle verwendet. Normalerweise erfolgt der Stoffwechsel über die Glykolyse. Das heißt, der Körper bezieht seine Energie aus dem Blutzucker. Im Stoffwechselzustand der Ketose bezieht der Körper die Energie hingegen aus Ketonkörpern, die produziert werden, wenn Fett als Treibstoff verbrannt wird. Die Einhaltung einer ketogenen Diät zwingt den Körper durch den Verzicht auf Glukose/Zucker, was zur Erschöpfung der Glykogen-Speicher führt, Ketone als Energiequellen zu verwenden. Sobald die Glykogen-Speicher entleert sind, geht der Körper dazu über, Fett zur Energiegewinnung zu verbrennen. Die geringen Mengen an Glykogen, die für die Gehirnfunktion benötigt werden, können aus Speichern in der Leber bezogen werden.

Eine Studie im Fachmagazin Obesity Reviews beweist außerdem, dass die ketogene Diät sicher und effektiv beim Abnehmen hilft. Mit gründlichen Informationen und dem richtigen Verständnis eingesetzt, kann die ketogene Diät für fast jeden Menschen das Richtige sein, da sie die Herzgesundheit unterstützt, für stabile Cholesterinwerte und gute Konzentrationsfähigkeit sorgt.

KETOSE UND KETOAZIDOSE: DER UNTERSCHIED

Ketose und Ketoazidose hören sich zwar ähnlich an, es handelt sich aber um signifikant unterschiedliche Stoffwechselzustände. Ketose, wie in diesem Kapitel definiert, ist der Zustand, in dem der Körper „einen Schalter umlegt" und Fett statt der Kohlenhydrate zur Energieverwendung verwendet. Das passiert, indem ihm Kohlenhydrate in der Ernährung vorenthalten werden, sodass es zu einer regulierten und kontrollierten Menge von Ketonen im Körper kommt.

Ketoazidose ist hingegen ein gefährlicher Stoffwechselzustand, der durch einen Mangel an Insulin und das Vorhandensein einer großen Menge an Ketonen im Körper verursacht wird. Dieser Zustand wird in der Regel bei Typ-1-Diabetikern beobachtet, und jeder, der von Diabetes betroffen ist, sollte die Werte daher streng überwachen.

Makronährstoffe

Makronährstoffe liefern dem Körper Energie. Es gibt drei „Makros“: Fett, Proteine und Kohlenhydrate. Die Zusammensetzung der Makronährstoffe im Rahmen einer ketogenen Diät ist wie folgt:

- 60–80 % *Fett*
- 20–35 % *Protein*
- 0–5 % *Kohlenhydrate*

Alle Lebensmittel enthalten Makronährstoffe, auch wenn es bei manchen so scheint, als enthielten sie nur Kohlenhydrate. Grünkohl besteht zum Beispiel vor allem aus Kohlenhydraten, enthält aber auch eine gesunde Portion Proteine. Alle Makronährstoffe gelten als wesentlich, der menschliche Körper ist aber in der Lage, seine Energie vor allem aus Proteinen und Fetten zu beziehen. Kohlenhydrate sind für die Körperfunktionen zwar essenzielle Nährstoffe, die geringen Mengen an Kohlenhydraten, die der Körper benötigt, können statt aus Getreideprodukten aber auch aus Gemüse gewonnen werden. Diese Tatsache, zusammen mit dem Fokus darauf, den Großteil der Kalorien aus Fett aufzunehmen, ist die Nährstoffgrundlage der ketogenen Ernährung.

Ein weiterer Unterschied zwischen Keto und anderen Low-Carb-Diäten ist, dass es nicht nur das Ziel ist, die Aufnahme von Kohlenhydraten zu reduzieren, sondern auch in den Zustand der Ketose einzutreten und ihn beizubehalten. Viele Diäten preisen „Low-Carb“ als den Meilenstein des Erfolgs an, in den meisten Fällen muss der Anteil der Kohlenhydrate an der allgemeinen Kalorien-Aufnahme aber nicht so stark eingeschränkt werden wie bei der Keto-Diät. Das Einhalten der oben erwähnten Prozentanteile der Makronährstoffe ist ein integraler Teil davon, den Körper im Stoffwechselzustand der Ketose zu halten. Eine Studie des European Journal of Clinical Nutrition ergab, dass unser Körper im Zustand der Ketose reibungsloser funktioniert und nicht länger die heftigen Energieschwankungen erlebt, die durch die Insulinantwort einer auf Kohlenhydraten basierenden Diät ausgelöst werden. Die Ketose unterstützt außerdem unsere Konzentrationsfähigkeit, da unser Körper nicht ständig um eine stabile Energiezufuhr kämpfen muss und sich stattdessen auf die aktuelle Aufgabe fokussieren kann.

Mit diesem Keto-Rechner können Sie die Ihrem Körper und Lebenswandel angemessene Aufteilung an Makronährstoffen bestimmen. Für die meisten Menschen auf Keto-Diät liegt das Verhältnis bei 65/30/5 (Fett/Proteine/Kohlenhydrate), das hängt aber von der körperlichen Aktivität ab und davon, ob man abnehmen möchte. Finden Sie mithilfe dieses praktischen Rechners heraus, was für Sie persönlich am besten ist: keto-calculator.ankerl.com.

4:1 und 3:1-Verhältnis

Beim Lesen der Rezepte in diesem Buch wird Ihnen auffallen, dass bei den Nährstoffangaben zwischen dem 4:1- und dem 3:1-Verhältnis unterschieden wird, im Text kurz als „Ratio" bezeichnet. Diese Relationen stammen aus der klassischen ketogenen Ernährung, die für Menschen mit Anfallsleiden oder anderen medizinischen Problemen entwickelt wurde. Die Angaben beziehen sich darauf, dass die diätetischen Einheiten von Fett in den Rezepten vier- bzw. dreimal der Menge von Proteinen und Kohlenhydraten (zusammen) entsprechen. Da Fett mit 9 Kilokalorien pro Gramm (kcal/g) eine hohe Energiedichte hat, verglichen mit 4 kcal/g von Proteinen oder Kohlenhydraten, sind die Mahlzeiten kleiner und sättigender, wenn ein 4:1- oder 3:1-Verhältnis verwendet wird. Es wäre ideal, wenn das Verhältnis jeweils ganz exakt wäre, in der Regel tendiert ein Rezept jedoch zu dem einen oder anderen dieser Makronährstoff-Verhältnisse, statt perfekt zu sein.

ABWIEGEN UND BUCH FÜHREN

Abhängig davon, aus welchem Grund man sich für die Keto-Diät entschieden hat, ist es unter Umständen notwendig, die Lebensmittel abzuwiegen. Die ketogene Ernährung ermöglicht es dem Körper zwar, sich auf den fettverbrennenden Stoffwechselzustand einzustellen, das bedeutet aber nicht, dass Kalorien keine Rolle mehr spielen. Wenn man die Diät macht, um abzunehmen, sollten die Portionen von Anfang an abgewogen werden, um eine bessere Kontrolle zu haben. So weiß man, wie viel Kalorien man täglich konsumiert. Sobald man sich an die ketogene Ernährung gewöhnt hat, kann man die Portionen mit einem Blick abschätzen und muss nicht unbedingt die Küchenwaage herausholen.

Zusätzlich zum Abwiegen der Lebensmittel ist es unter Umständen hilfreich, ein Lebensmittel-Tagebuch zu führen. Nicht nur, um einen Überblick über die konsumierten Kalorien zu haben, sondern auch um zu sehen, wie sich bestimmte Lebensmittel individuell auf den Körper auswirken. Vielleicht genießen Sie einmal eine große Portion Spaghettikürbis, merken aber, dass der Ihnen nicht bekommt. Es ist wichtig zu wissen, welche Lebensmittel dem Körper guttun, und welche nicht.

Netto-Kohlenhydrate

Da es sich bei der ketogenen Ernährung um eine kohlenhydratlimitierte Diät handelt, ist eine eingeschränkte Aufnahme von Kohlenhydraten zwangsläufig der Schlüssel zum Erfolg. Bei der Berechnung der für den Tag benötigten Menge an Kohlenhydraten ist es wichtig, den Ballaststoffgehalt der verzehrten Lebensmittel zu berücksichtigen. Bei Ballaststoffen handelt es sich zwar um Kohlenhydrate, sie werden aber nicht zu Glukose abgebaut, sondern weitgehend unverdaut wieder ausgeschieden. *Um den Netto-Gehalt von Kohlenhydraten in einem Lebensmittel oder einem Rezept zu bestimmen, muss man immer die Menge der Ballaststoffe von der gesamten Menge an Kohlenhydraten abziehen.*

Schauen wir uns zum Beispiel die Portion Brokkoli an, die es als Beilage zum Abendessen gibt:

- 100 g Brokkoli enthalten insgesamt 7 g Kohlenhydrate, davon 3 g Ballaststoffe.
- Wenn wir die Ballaststoffe (3 g) von der Gesamtmenge an Kohlenhydraten (7 g) abziehen, beträgt der Netto-Gehalt an Kohlenhydraten pro 100 g Brokkoli 4 g.

Der Großteil der Kohlenhydrate, die Sie zu sich nehmen – wenn nicht sogar alle – sollte aus ballaststoffreichem Gemüse oder Obst stammen, das den Blutzuckerspiegel nur geringfügig ansteigen lässt. Lebensmittel mit geringer blutzuckersteigernder Wirkung haben einen niedrigen glykämischen Index. Der glykämische Index (GI) kategorisiert, welche Lebensmittel den höchsten (hoher GI) und welche den geringsten (niedriger GI) Einfluss auf Blutzucker und Insulin haben. Da zu den Vorteilen einer ketogenen Ernährung eine stabile Insulinantwort gehört, sollten Obst und Gemüse mit hohem GI vermieden werden. Apps wie „Low GI Diet Tracker“ (auf Englisch) werden Sie dabei unterstützen, Lebensmittel mit hohem GI zu meiden.

Damit der Körper in den Stoffwechselzustand der Ketose eintritt, dürfen täglich nicht mehr als 20 g Kohlenhydrate verzehrt werden. Im Durchschnitt dauert es 2–3 Wochen, diesen Prozess erfolgreich zu meistern. Manche bleiben auch bei der Aufnahme von täglich bis zu 50 g Netto-Kohlenhydraten noch in Ketose. Trotzdem wird die tägliche Menge von höchstens 20 g Netto-Kohlenhydraten empfohlen, um Ketose auszulösen, und das sollte mindestens ein paar Monate beibehalten werden, bis der Körper vollkommen auf die ketogene Ernährung eingestellt ist. Sobald Sie herausgefunden haben, wie einzelne Lebensmittel auf Sie wirken, ist es in Ordnung, mit einer höheren Schwelle bei der täglichen Aufnahme von Kohlenhydraten zu experimentieren.

Low-Carb-Lebensmittel zum Genießen

Einer der größten Vorteile der ketogenen Ernährung ist das Essen. Wer täglich gerne Eier mit Speck frühstücken möchte, kann dies tun. Heißhunger auf Frischkäse? Wie wäre es mit einem Zwiebel-Schnittlauch-Frischkäse-Dip, dazu Stangensellerie? Das Tolle an dieser Diät ist nicht nur ihre Einfachheit, sondern auch, dass man vollwertige, nahrhafte Lebensmittel genießen kann, die hervorragend schmecken. Die meisten abgepackten Lebensmittel enthalten in der einen oder anderen Form Kohlenhydrate, damit sie länger haltbar sind. Daher sollte man den Fokus beim Einkaufen auf vollwertige, nicht vor-verarbeitete Lebensmittel legen. Damit reduziert man das Risiko, auf versteckte Kohlenhydrate zu stoßen, die als Stabilisatoren in Lebensmitteln verwendet werden, die vielleicht keto-geeignet aussehen, es in Realität aber nicht sind. Im Folgenden eine Liste von Lebensmitteln, die für die ketogene Ernährung geeignet sind.

FLEISCH

- Eier, alle Sorten
- Ente
- Gans
- Hähnchen, alle Teilstücke
- Hirsch
- Innereien
- Kalb
- Lamm
- Pökelfleisch
- Rind, alle Teilstücke
- Schwein, alle Teilstücke
- Wachtel

NÜSSE, KERNE & SAMEN

- Cashews
- Chiasamen
- Erdnüsse
- Färberdistelsamen
- Hanfsamen
- Haselnüsse
- Kürbiskerne
- Leinsamen
- Macadamianüsse
- Mandeln
- Paranüsse
- Pecannüsse
- Pistazien
- Sesamsamen
- Sonnenblumenkerne
- Walnüsse

FLEISCH UND MEERESFRÜCHTE

- Austern
- Flunder
- Forelle
- Garnelen
- Heilbutt
- Hering
- Hummer
- Jakobsmuscheln
- Kalmar
- Kaviar
- Krabben und Krebse
- Lachs
- Makrele
- Miesmuscheln
- Sardinen
- Seezunge
- Thunfisch, frisch und aus der Dose
- Tilapia (Buntbarsch)
- Tintenfisch
- Venusmuscheln
- Wolfsbarsch

OBST & GEMÜSE MIT NIEDRIGEM GLYKÄMISCHEN INDEX

Aubergine
Avocado
Blumenkohl
Brokkoli
Brombeeren
Cranberrys
Endivien
Fenchel
Gartensalat
Grüne Bohnen
Gurke
Himbeeren
Jalapeño-Chilischoten
Knoblauch
Kopfkohl
Koriandergrün
Limette
Mangold
Oliven, grün
Pak Choi
Petersilie
Radieschen
Rhabarber
Rübstiel
Rucola
Schnittzichorie (z. B. Cicoria catalogna)
Sojabohnen
Spargel (grün)
Spinat
Sprossen, Alfalfa und andere kleine Samen
Stangensellerie
Tomaten
Zitrone
Zucchini

OBST & GEMÜSE MIT MODERATEM GLYKÄMISCHEM INDEX

Apfel
Artischocke
Erdbeeren
Grünkohl
Knollensellerie
Kohlrabi
Kürbis
Möhren, roh
Okraschoten
Paprika
Pilze
Rosenkohl
Spaghettikürbis
Wassermelone
Weiße Rüben
Zuckererbsen
Zwiebel

FETTE & ÖLE

Avocadoöl
Butter
Erdnussbutter, zuckerfrei
Erdnussöl
Färberdistelöl
Fischöl, Lebertran
Hanföl
Kakaobutter
Kokosfett oder MCT-Fette
Leinöl
Macadamianussöl
Mandelmus
Mandelöl
Olivenöl
Pflanzenöl (in Maßen)
Rapsöl (in Maßen)
Schmalz
Sesamöl
Sojaöl
Sonnenblumenkernbutter
Sonnenblumenöl
Traubenkernöl
Walnussöl

MILCHPRODUKTE UND PFLANZLICHE MILCHPRODUKTE

Crème double
Frischkäse
Griechischer Joghurt (aus Vollmilch)
Käse, Vollfett-Varianten
Kokoscreme
Kokosmilch, ungesüßt
Mandelmilch, ungesüßt
Sahne (Schlagsahne), ungesüßt
Sojamilch, ungesüßt
Sour Cream

Lebensmittel mit hohem Anteil an Kohlenhydraten, die vermieden werden sollten

Um den Stoffwechselzustand der Ketose einzuleiten, ist die Reduktion des Kohlenhydrat-Konsums unverzichtbar. Vermeiden Sie strikt alle Lebensmittel mit hohem Anteil an Kohlenhydraten, um mit der Keto-Diät Erfolg zu erzielen. Wenn wir Lebensmittel mit hohem Kohlenhydratgehalt konsumieren, reagiert unser Körper, indem er Insulin in den Blutkreislauf freisetzt, um den Anstieg des Blutzuckers bewältigen zu können, der dadurch entsteht, dass diese Kohlenhydrate in Zucker (Glukose) abgebaut werden. Wird die Glukose nicht effektiv für Bewegung verwendet, zwingt das Insulin den Körper, sie als Energiequelle für später zu speichern – in Form von Fett. In einem kontrollierten Experiment von William S. Yancy Jr. von der Duke University School of Medicine stellte sich heraus, dass die Einhaltung einer stabilen Insulinantwort durch die kohlenhydratlimitierte ketogene Ernährung nicht nur das mittägliche Energietief vermeidet, sondern auch den Abbau der durch jahrelange Insulinspitzen erworbenen Fettpolster anregt.

Getreide und Hülsenfrüchte

Eine schlechte Nachricht für alle Brot-Liebhaber: Es spielt keine Rolle, ob es Vollkorn, Bio und gesprosst ist – im Körper wird es gleichermaßen in Zucker umgewandelt. Das trifft auch auf alle anderen Lebensmittel in dieser Getreide-und-Hülsenfrüchte-Kategorie zu, darunter Nudeln, Gebäck, Reis, Bohnen, Chips, Kräcker, Pizzaböden und Frühstücksflocken. *Alle Getreideprodukte, auf Getreideprodukten basierende Lebensmittel und Hülsenfrüchte* (ausgenommen Erdnüsse) müssen wegen ihres hohen Kohlenhydrat-Anteils bei der Umstellung auf die ketogene Ernährung vermieden werden.

Alles, was mit Bagels zu tun hat, gehört zu meinen größten Schwächen. Unglücklicherweise haben Bagels einen sehr hohen Wert auf dem glykämischen Index. Saccharose (Haushaltszucker) hat einen glykämischen Index von 60, der glykämische Index von Bagels liegt durchschnittlich bei 70. Es versteht sich von selbst, dass der Beginn meines Keto-Lebenswandels das Ende meines innigen Verhältnisses zu Bagels bedeutete. Dennoch genieße ich immer, wenn ich an einer Bäckerei vorbeigehe, ihren Duft.

Milchprodukte

Milchprodukte gehören zwar zu den Grundnahrungsmitteln im Rahmen einer ketogenen Ernährung, bestimmte Milchprodukte enthalten jedoch eine Menge Kohlenhydrate. Alle Milchsorten (mit Ausnahme derer, die in der Liste der erlaubten Lebensmittel aufgezählt sind) sollten vermieden werden, genauso wie fettarme Joghurt- und Käseprodukte. Beim Einkauf von Milchprodukten sollten Sie darauf achten, dass es sich um Varianten mit vollem Fettgehalt von Tieren aus Weidehaltung handelt, da diese Produkte am meisten Geschmack bieten und besonders nährstoffreich sind. Falls Sie diese Produkte in Ihrem lokalen Lebensmittelgeschäft nicht finden können, schauen Sie sich im spezialisierten Handel oder auf einem Bauernmarkt in der Nähe um.

Die meisten Obst- und bestimmte Gemüsesorten

Viele der beliebten Obstsorten haben eine Platzierung ganz oben auf dem glykämischen Index und sind daher im Rahmen der ketogenen Ernährung nicht erlaubt. Es liegt nahe, bei der Umstellung auf eine gesunde Ernährung an Obst zu denken, die meisten Früchte führen jedoch zu einem rasanten Anstieg des Insulinspiegels und stoßen einen damit aus dem Zustand der Ketose.

Ballaststoffreiche Gemüsesorten bilden das Herzstück einer ketogenen Ernährung, und die meisten Gemüsesorten mit einem hohen Ballaststoffgehalt können weiterhin genossen werden. Davon abgesehen sind viele Gemüsesorten, die zu unseren Grundnahrungsmitteln zählen, vergleichsweise ballaststoffarm und haben gleichzeitig einen hohen Anteil an Netto-Kohlenhydraten. Gemüsesorten wie Kartoffeln, Mais, Rote Bete, Erbsen und Winterkürbisse sollten vermieden werden.

Zucker

Es ist offensichtlich – alles, was Zucker enthält, muss vermieden werden. Alles, was Zucker enthält, steigert die Insulinwerte und reduziert dadurch die Effektivität und die Vorteile der ketogenen Ernährung drastisch, da sie von einer schwachen Insulinantwort des Körpers nach der Nahrungsaufnahme abhängig ist.

Fettarme Lebensmittel

Wie im vorausgegangenen Abschnitt zu Milchprodukten schon kurz erwähnt, sind fettarme Produkte der ketogenen Ernährung nicht zuträglich, da ihnen die Basis dieser Ernährungsform fehlt: Fett. Ein weiterer Makronährstoff (Proteine oder Kohlenhydrate) wird in fettarmen Produkten in der Regel ersetzt, damit das Produkt genießbar bleibt – und dieser Ersatzstoff besteht in der Regel aus Kohlenhydraten.

Besondere Erwähnung: Gewürze, Saucen und Würzmittel

Bisher wurden vor allem Fleisch und Gemüse erwähnt und Sie fragen sich vielleicht, wie Sie dem Essen Geschmack verleihen können. Zum Glück ist Keto nicht sehr restriktiv, wenn es um die Gewürzabteilung geht. Bestimmte Gewürze, Saucen oder Würzmittel können zwar nicht verwendet werden, in diesen Fällen gibt es aber häufig einen großartigen Ersatz oder ein Rezept zum Selbermachen – ohne Zucker und Kohlenhydrate. Experimentieren Sie ruhig mit den Keto-Optionen und so werden Sie mit der Zeit vielleicht Geschmacksprofile entdecken, die Sie vorher noch nicht kannten.

DEN ÜBERBLICK BEHALTEN

In der ketogenen Ernährung ist es extrem wichtig, den Überblick darüber zu behalten, was man zu sich nimmt. Ohne genaue Aufzeichnungen kann es problematisch werden, die Menge der Makronährstoffe einzuhalten und nur die im Rahmen der Keto-Diät erlaubten Lebensmittel zu essen. Bestimmen Sie den Nährstoffgehalt eines bestimmten Lebensmittels, beobachten Sie Ihre Fortschritte und halten Sie mit einer App fest, was Sie täglich an Lebensmitteln konsumieren.

Falls Sie sich Gedanken machen, nie mehr einen Taco oder eine Pizza essen zu können, keine Sorge – es gibt inzwischen viele auf Low-Carb-Produkte spezialisierte Bäckereien, bei denen man online bestellen kann. Zu den online zu findenden Firmen und Lieferanten für Low-Carb-Produkte und Backmischungen, keto-freundliche Saucen und mehr gehören u.a.:

- LCW Lifestyle Shop
- L-Carb Shop
- Ketoladen
- KetoFood

Gewürze

Gewürze sind die Geheimwaffe der ketogenen Ernährung. Die meisten haben nur einen sehr geringen Kohlenhydrat-Anteil und sind dabei sehr aromatisch. Lose, getrocknete Gewürze und frische Kräuter sind willkommen, abgepackte Gewürzmischungen müssen vor der Verwendung aber genauer unter die Lupe genommen werden. Viele küchenfertige Gewürzmischungen enthalten Zucker oder andere Kohlenhydrate als Verdickungs- oder Bindemittel und müssen auf jeden Fall vermieden werden. Einige Gewürze enthalten außerdem deutliche Mengen an Netto-Kohlenhydraten, wenn sie in größeren Mengen verwendet werden. Für die meisten Rezepte gilt jedoch, dass die benötigte Menge zu vernachlässigen ist, in der Regel also zu klein ist, um den Blutzuckerspiegel zu beeinflussen. Im Folgenden Informationen zu den *Netto-Kohlenhydraten* der wichtigsten Gewürze *pro Esslöffel*:

- Basilikum, getrocknet: 0,9 g
- Cayennepfeffer: 1,6 g
- Currypulver: 1,6 g
- Estragon, gemahlen: 2 g
- Gewürznelken: 1,7 g
- Ingwer, gemahlen: 3,1 g
- Knoblauchpulver: 5,3 g
- Kreuzkümmel, gemahlen: 2,1 g
- Muskatnuss: 2 g
- Oregano, gemahlen: 0,4 g
- Paprikapulver: 1,2 g
- Petersilie, getrocknet: 0,3 g
- Piment, gemahlen: 3 g
- Pumpkin-Pie-Gewürzmischung: 3,1 g
- Salbei, gemahlen: 0,4 g
- Schwarzer Pfeffer: 2,4 g
- Thymian, gemahlen: 1,1 g
- Vanilleextrakt (Imitation): 0,3 g
- Vanilleextrakt (rein): 1,6 g
- Weißer Pfeffer: 3 g
- Zimt: 1,7 g
- Zwiebelpulver: 5,2 g

Saucen

Saucen sind ideale Verstecke für Zucker, also lesen Sie sich auf jeden Fall die Liste der Inhaltsstoffe eines küchenfertig gekauften Produktes durch, bevor sie einen Teller Zucchini-Pasta in Marinara-Sauce oder Rippchen in Barbecue-Sauce ertränken. Wie stark bestimmte Saucen mit Zucker gesüßt werden, ist unterschiedlich (abhängig vom Hersteller kann Tomatensauce zum Beispiel bis zu 10 g Zucker pro Portion enthalten – oder nur 1 g Zucker pro Portion). Auch auf Verdickungsmittel muss bei den Inhaltsstoffen geachtet werde. Die meistens auf Kohlenhydraten basierenden Verdickungsmittel können eine scheinbar harmlose Sahnesauce zur Quelle großer Mengen an Kohlenhydraten machen. Mithilfe von Verdickungsmitteln wie Agar-Agar, Gelatine, gemahlenen Nüssen und Samen oder Xanthan kann man Keto-Saucen die Konsistenz verleihen, die sonst mit Zucker erreicht wird. Im Folgenden eine Liste keto-freundlicher Saucen

- Alfredo-Sauce (Sahnesauce), ohne Verdickungsmittel
- Barbecue-Sauce, zuckerfrei
- Buffalo-Sauce
- Chimichurri
- Curry
- Käsesauce
- Meerrettichsauce
- Pasta-Sauce, zuckerfrei
- Pesto
- Pizza-Sauce, zuckerfrei
- Sahnesaucen, ohne Verdickungsmittel
- Sauce Béarnaise
- Sauce Hollandaise

Würzmittel

Ebenso wie Saucen enthalten herzhafte bzw. pikante Würzmittel unter Umständen eine Menge Zucker. Ketchup ist da ganz weit vorne, ebenso wie viele Marinaden und Salatdressings. Wenn Sie keine zuckerfreie Variante Ihres Lieblingswürzmittels finden, können Sie dieses in der Regel selbst keto-freundlich zubereiten. Salatdressings können zum Beispiel ganz einfach ohne Zucker zubereitet werden. Eine Kombination aus Senf, Essig und Öl ergibt ein leichtes und erfrischendes Dressing, das mit Kräutern und Gewürzen nach Belieben abgeschmeckt werden kann. Hier einige beliebte keto-freundliche Würzmittel:

- Chilisauce
- Mayonnaise
- Gewürzgurken-Relish
- Kapern
- Ketchup, zuckerfrei
- Knoblauch-Chili-Paste
- Salat-Dressing, zuckerfrei
- Essig, die meisten klaren (hellen) Sorten und Apfelessig
- Worcestersauce, zuckerfrei
- Salsa (die meisten Varianten)
- Senf, ungesüßt
- Sojasauce

Ausreichende Versorgung mit Flüssigkeit

Die ausreichende Versorgung mit Flüssigkeit ist ein sehr wichtiger Aspekt der ketogenen Ernährung – noch wichtiger als bei der durchschnittlichen amerikanischen Ernährung. Der Stoffwechselzustand der Ketose wirkt ausschwemmend, das heißt, es werden mehr Natrium und Ketone mit dem Urin ausgeschieden als gewöhnlich. Um eine gesunde und ausreichende Versorgung mit Flüssigkeit und Elektrolyten sicherzustellen, sollten Sie darauf achten, das Essen zu salzen oder ein entsprechendes

Nahrungsergänzungsmittel zu sich zu nehmen (z. B. Elektrolyte-Mix zum Auflösen in Wasser). Die Empfehlung für die Wasseraufnahme einer durchschnittlichen Person liegt bei acht Gläsern (à 240 ml) pro Tag, das das entspricht knapp zwei Litern.

Tipps zur ausreichenden Versorgung mit Flüssigkeit

Da eine ausreichende Versorgung mit Flüssigkeit der Schlüssel zum Erfolg der Keto-Diät ist, dürfen Sie nicht vergessen, regelmäßig Wasser zu trinken. Hier einige Vorschläge, wie Sie Ihre Wasseraufnahme verbessern können:

- Nehmen Sie eine große, wiederauffüllbare Wasserflasche mit, wo auch immer Sie hingehen.
- Essen Sie Lebensmittel mit hohem Wassergehalt, z. B. Gurken oder Stangensellerie.
- Ersetzen Sie Ihr übliches Frühstück mindestens ein paarmal in der Woche durch einen Smoothie.
- Trinken Sie ein Glas Wasser, bevor Sie schlafen gehen, füllen es direkt wieder auf, und lassen es neben dem Bett stehen, um es morgens gleich zu trinken.
- Getränke wie Kaffee und Tee zählen mit, da ihre entwässernde Wirkung zu gering ist, um Dehydrierung auszulösen.

Heißhunger: entschlüsselt

Das große Verlangen nach bestimmten Lebensmitteln: Wir alle kennen es und erliegen ihm häufig. Viele Menschen denken allerdings nie darüber nach, woher dieses Verlangen kommt. Die unbändige Lust auf ein bestimmtes Lebensmittel kommt auf, wenn dem Körper ein bestimmter Nährstoff fehlt. Im Rahmen der ketogenen Ernährung ist es zwingend erforderlich, diesem Verlangen nicht nachzugeben, da schon ein einziger Tag mit hoher Zufuhr an Kohlenhydraten den Körper aus dem Zustand der Ketose stoßen kann. Falls Sie das Verlangen nach Lebensmitteln verspüren, die in der Keto-Diät nicht erlaubt sind, versuchen Sie einige der hier vorgeschlagenen Alternativen, um der Versuchung, den nächsten Süßwarenladen auszuräumen, zu widerstehen.

Süßigkeiten

Wenn Sie das Verlangen nach Süßigkeiten verspüren, versucht Ihr Körper Ihnen wahrscheinlich zu sagen, dass ihm bestimmte Nährstoffe fehlen. Ein Mangel an Chrom, Kohlenstoff, Phosphor, Schwefel oder Tryptophan verursacht Reizbarkeit und macht es wahrscheinlicher, dass man nach einem Schokoriegel greift, statt nach einem keto-freundlichen Snack. Um das Verlangen nach Süßigkeiten zu bekämpfen, sollte man mehr dunkelgrünes Blattgemüse, Milchprodukte, Nüsse, Leber, Hähnchen- und Rindfleisch zu sich nehmen – alles reich an Magnesium und den zuvor erwähnten wichtigen Nährstoffen.

Das Verlangen nach Schokolade verdient besondere Erwähnung: Unter Umständen müssen Sie mehr Lebensmittel mit hohem Magnesiumgehalt essen. Rohe Nüsse, Kerne und Samen sind gute Quellen für Magnesium. Ungesüßte Schokolade oder Schokolade mit hohem Kakaogehalt (90–100 % Kakaobestandteile) kann in Maßen ebenfalls konsumiert werden.

Brot, Gebackenes, Nudeln und Reis

Wenn man in Betracht zieht, welche bedeutende Rolle Getreideprodukte in der Ernährung spielen, ist es ziemlich wahrscheinlich, dass Sie früher oder später grosses Verlangen nach Lebensmitteln aus dieser Kategorie verspüren werden. Dieses Verlangen – vermutlich angeheizt durch einen Mangel an Stickstoff – lässt sich bändigen, indem man mehr Proteine wie Fisch, Fleisch und Nüsse zu sich nimmt.

Limonaden

Diät-Limonaden sind im Rahmen der ketogenen Ernährung zwar erlaubt, solange sie den Blutzuckerspiegel nicht beeinflussen, die meisten Menschen auf dieser Diät verzichten aber komplett auf limonadenhaltige Getränke. Falls Sie großes Verlangen nach einer Dose Ihrer Lieblingslimonade verspüren, könnte das an Kalziummangel liegen. Versuchen Sie bei der nächsten Mahlzeit eine Portion Kuhmilch-Schnittkäse oder eine gesunde Portion Brokkoli, Grünkohl oder andere dunkelgrüne Blattgemüse mit hohem Kalziumgehalt zu essen.

Allgemeines Hungergefühl

Manchmal verspüren wir Hunger ohne erkennbaren Grund. Wenn ein großes Glas Wasser den Hunger nicht vertreibt, fehlt es Ihnen unter Umständen an so wichtigen Nährstoffen wie Silizium, Tryptophan und Tyrosin. Füllen Sie Ihre Speicher mit Nüssen, Kernen und Samen, Käse, Spinat, Leber, Lamm oder Nahrungsergänzungsmitteln für Vitamin C auf.

Vor Keto war ich ständig hungrig. Es trieb mich fast in den Wahnsinn, eine herzhafte Suppe und ein Sandwich zu Mittag zu essen, um 14 Uhr aber schon wieder Hunger zu verspüren. Zum Glück sind diese „willkürlichen" Hungerattacken fast verschwunden, seit ich mich ketogen ernähre. Manchmal verspüre ich sogar über sehr lange Zeitspannen kein bisschen Hunger – das ist nicht ungewöhnlich und passiert häufiger, wenn man sich an diese Ernährungsform gewöhnt hat. Wenn Sie zur Mittagszeit nicht hungrig sind, suchen Sie nicht nach Gründen zum Essen. Ihr Körper wird Ihnen mitteilen, wann Sie Energie benötigen, besonders wenn Sie den Stoffwechselzustand der Ketose bereits erreicht haben.

Sozialer Druck

Wie nicht anders zu erwarten in einer Welt, in der die Ernährung vor allem auf Kohlenhydraten basiert, werden Familienmitglieder, Freunde und Kollegen Sie fragen, warum Sie so viel Fett essen.

FETT: NICHT DER FEIND

Einigen Menschen mag die ketogene Ernährung merkwürdig erscheinen, aber es gibt eine Menge wissenschaftlicher Daten, die ihre Effektivität belegen. In Referenzen und den weiterführenden Empfehlungen finden Sie eine Anzahl wissenschaftlicher Studien, Bücher und Webseiten, die den aktuellsten Forschungsergebnissen zur ketogenen Ernährung gewidmet sind. Verwenden Sie diese, um sich weiter zu informieren und reichen Sie sie gerne an Familie und Freunde weiter.

Auch wenn Sie persönlich absolut von Keto begeistert sind, sollten Sie nicht vergessen, dass nicht alle diese Begeisterung teilen oder sich so ernähren möchten. Wie Politik und Religion kann die Ernährung heiße Debatten auslösen. Viele Menschen fühlen sich angegriffen, wenn die Art und Weise, wie sie sich ernähren, infrage gestellt wird – selbst, wenn das unbeabsichtigt geschieht. Diese Lektion musste ich früh lernen und ich betone es immer wieder, wenn ich mit Menschen spreche, die beginnen, sich ketogen zu ernähren. Unabhängig von der Situation oder der Person und deren Reaktion: Denken Sie daran, dass Sie diese Diät für sich selbst machen, nicht für andere. Bleiben Sie dabei!

Familie

Ihre Familie wird Ihre Entscheidung, neue Ernährungsgewohnheiten anzunehmen, wahrscheinlich am häufigsten kommentieren und auch am meisten Interesse daran zeigen. Egal, ob die Reaktionen besorgt oder ermutigend sind – es ist wichtig, sie anzuerkennen. Erklären Sie, dass Sie sich ausgiebig über die Diät informiert haben und von deren Wirksamkeit überzeugt sind. Meine Familie hat mich unheimlich unterstützt, dazu muss allerdings gesagt werden, dass ich in einem Haushalt aufgewachsen bin, in dem die Worte „fettfrei“ und „fettarm“ niemals erwähnt wurden und wo zum Beginn jeder Mahlzeit erstmal die Butter herumgereicht wurde.

Egal, wie Ihre Familie reagiert – erinnern Sie sie daran, dass die Unterstützung der Menschen, die einen umgeben, sehr wichtig ist, wenn man ein neues Kapitel im Leben aufschlagen möchte. Einige Ihrer Familienmitglieder werden vielleicht mitmachen wollen – das erleichtert es, die für das Abnehmen oder die Gesundheit gesetzten Ziele zu erreichen und lässt die Betroffenen zusammenwachsen.

Freunde und Kollegen

Freunde sind die Familie, die man sich aussuchen kann. Kollegen sind in der Regel die Menschen, mit denen man am meisten Zeit verbringt. Daher sind die Kollegen vermutlich auch die Ersten, die Veränderungen Ihrer Symptome oder Ihres Gewichts bemerken. In einigen Bürogemeinschaften können gemeinschaftlich gesetzte private Ziele zwar zu einem weiteren Zusammenwachsen führen, wenn Sie aber nicht so eng mit Ihren Kollegen befreundet sind, um sich mit einigen zusammenzutun, um diese Diät zu beginnen, ist es nicht zu empfehlen, die Vorteile der ketogenen Ernährung im Büro anzupreisen. Manche Menschen werden von der Idee einer kohlenhydratarmen Diät begeistert sein, haben unter Umständen aber Probleme, mit den einschneidenden Veränderungen im Stoffwechsel zurechtzukommen. Zu sehen, wie andere Erfolg mit der Diät haben, während man selbst zu kämpfen hat, kann einen in Zukunft vielleicht davon abhalten auch nur zu versuchen, Veränderungen im Lebenswandel herbeizuführen. Falls jemand ernsthaftes Interesse zeigt, Sie auf Ihrer Reise zu begleiten, können nur Sie selbst entscheiden, ob es in Ihrer jeweiligen Situation angebracht ist oder nicht.

Als ich meine ersten Erfolge mit der Keto-Diät hatte, fragte mich eine Kollegin nach Informationen und Tipps, um mitzumachen. Ich war begeistert, eine Verbündete im Büro zu haben, und willigte gerne ein. Über die nächsten paar Wochen ermutigte ich sie, keto-freundliches Mittagessen und Reste vom Vorabend mit ins Büro zu nehmen. Nach drei Wochen gab sie auf. Auf ihr Lieblingsessen verzichten zu müssen, entmutigte sie. Es war einfach nicht das Richtige für sie. Das war die erste Erfahrung, die mir zeigte, dass Keto nicht für alle das Richtige ist. Trotzdem bin ich froh, dass meine Kollegin es wenigstens probiert hat.

Was enge Freunde betrifft: Informieren Sie sie über Ihre Entscheidung und lassen Sie sie im Voraus wissen, dass Sie ihre Unterstützung gebrauchen können. Gesellschaftliches Zusammensein ist die Situation, in der ich am häufigsten gegensätzliche Meinungen zu meiner Ernährung zu hören bekomme. Einmal war ich auf einer Party und eine Freundin drängte mich im Eifer des Gefechtes, einen nur so mit Zucker vollgestopften Cupcake zu essen, mit den Worten: „Wie kann ein Cupcake denn ungesünder sein als Speck?“ In solchen Situationen ist man versucht, die komplexe Funktionsweise der Keto-Diät zu erklären und warum sie funktioniert. Ich habe jedoch die Erfahrung gemacht, dass es in der Regel besser ist, darauf zu verzichten – außer, man wird ausdrücklich danach gefragt. Es dauert vielleicht einige Zeit, bis sich Ihre Freunde an Ihren neuen Lebenswandel gewöhnt haben, und sie ganz einfach darum zu bitten anzuerkennen, dass Sie persönlich von Ihrer Entscheidung überzeugt sind, wird in der Regel verhindern, dass oben beschriebenes Verhalten häufiger vorkommt.

Auswärts essen

Essen gehört zu vielen gesellschaftlichen und sozialen Aktivitäten. Gut auf diese Situationen vorbereitet zu sein, wird Ihnen dabei helfen, Erfolg mit der Keto-Diät zu haben. Wenn Sie planen, mit der Familie, Freunden oder Kollegen essen zu gehen, informieren Sie sich vorher über die Speisekarte des betreffenden Restaurants. So können Sie Ihre Bestellung und eventuelle Fragen vorbereiten. Halten Sie auf der Speisekarte nach Gerichten Ausschau, die gegrillt oder ohne Sauce gebacken werden (Ausnahmen sind Saucen, die auf der Liste der erlaubten Zutaten stehen), nach Salaten, deren Dressing separat serviert wird, und nach Beilagen aus grünem Blattgemüse. Ich wähle in Restaurants meistens Burger ohne Brötchen, Fleisch vom Grill mit gebuttertem Brokkoli als Beilage, Buffalo-Chicken-Wings (pikant gewürzte

Hähnchenflügel) mit Blauschimmelkäsesauce und Stangensellerie sowie Salate mit keto-freundlichen Zutaten.

Eine weitere Situation, in der Sie sich wahrscheinlich wiederfinden werden, ist die Einladung zum Essen bei jemandem zu Hause. Auch hier ist eine gute Vorbereitung wichtig. Wenden Sie sich an die Gastgeber, wenn Ihnen das nicht zu unangenehm ist, um Ihre ernährungsspezifischen Bedürfnisse zu erklären. Häufig kann man zum Beispiel anbieten, eine Portion des eigenen Essens mitzubringen, wenn die geplante Mahlzeit auf Kohlenhydraten basiert. Wenn Sie sich in einer Situation wiederfinden, in der es keine offensichtlichen Alternativen gibt oder die spontan zustande kommt, versuchen Sie auf die Kohlenhydrate zu verzichten und nur die Komponenten der Mahlzeit zu essen, die keine Kohlenhydrate enthalten. Ich kann mich an einen Tag erinnern, an dem mein Chef als Überraschung Pizza bestellt hatte, ohne zu wissen, dass ich keine Pizza essen kann. Also aß ich einfach nur den Käse und den Belag – eine köstliche Möglichkeit, meine Pizza ohne Kohlenhydrate zu genießen. Manchmal scheint es vielleicht seltsam, aber eine gewisse Kreativität rettet einen häufig bis zur nächsten Keto-Mahlzeit.

Vorbereitung und das Treffen bewusster Entscheidungen für alle Mahlzeiten außer Haus gehören zu den Schlüsseln einer erfolgreichen Keto-Diät. Schrecken Sie nicht davor zurück, etwas zu sagen oder das Essen abzulehnen, wenn Sie sich in einer Situation wiederfinden, in der es für Sie keine anderen Möglichkeiten gibt.

KAPITEL 2

FRÜHSTÜCKSSPECK UND DARÜBER HINAUS

GEBUTTERTER KAFFEE

FÜR 1 PORTION
ZUBEREITUNG: 15 MINUTEN

Dem Kaffee Butter und Öl zuzufügen mag zunächst etwas weit hergeholt scheinen, aber dieses Rezept – zubereitet im Mixer – ergibt Kaffee mit köstlich-samtigem Geschmack. Sie werden ihn von jetzt an sicherlich gerne jeden Morgen trinken. Da das Rezept auf so wenigen Zutaten basiert, ist es unheimlich wichtig, qualitativ hochwertige Butter zu verwenden. Falls Sie kein Mittelkettiges-Triglycerid-Öl (MCT-Öl) bekommen können, verwenden Sie stattdessen einfach Kokosöl.

375 ml heißer Kaffee
2 EL ungesalzene Butter
1½ EL MCT-Öl oder Kokosöl
Zuckerfreies Süßungsmittel

FRÜHSTÜCKSSPECK UND DARÜBER HINAUS

PRO PORTION (1 REZEPT)
RATIO: 4:1
KALORIEN: 383
FETT (INSGESAMT): 43,5 g
KOHLENHYDRATE: 0 g
NETTO-KOHLENHYDRATE: 0 g
BALLASTSTOFFE: 0 g
PROTEINE: 0,6 g

1. Mit der bevorzugten Methode frischen Kaffee aufbrühen.
2. Kaffee, Butter und Öl in den Standmixer geben. Etwa 1 Minute mixen, bis eine schaumige Masse entstanden ist.
3. Mit einem Süßungsmittel nach Belieben abschmecken und genießen.

TIPP ZU DEN ZUTATEN: Für dieses Rezept sollte Butter von Kühen aus Weidehaltung verwendet werden.

GEBACKENE EIER IN SCHINKEN-SCHALEN

FÜR 2 PORTIONEN

VORBEREITUNG: 5 MINUTEN ▪ GARZEIT: 15 MINUTEN ▪ GESAMT: 20 MINUTEN

Diese schnellen Frühstücks-Häppchen sind köstlich, sättigend, und die Küche ist nach der Zubereitung schnell wieder sauber – perfekt geeignet, wenn man Gäste hat. Außerdem sind sie unter der Woche ein tolles Frühstück, denn im Grunde muss man das Ganze nur in den Ofen schieben und sich dann eine Portion schnappen, bevor man das Haus verlässt. Ein Spritzer Chilisauce sorgt für einen ordentlichen Kick.

Kochspray für das Cupcake-Blech
4 Scheiben Schwarzwälder Schinken
1 TL getrocknete Petersilie
4 Eier

FRÜHSTÜCKSSPECK UND DARÜBER HINAUS

PRO PORTION (2 EIER MIT 2 SCHEIBEN SCHINKEN)
RATIO: 3:1
KALORIEN: 221
FETT (INSGESAMT): 13,9 g
KOHLENHYDRATE: 2,9 g
NETTO-KOHLENHYDRATE: 2,1 g
BALLASTSTOFFE: 0,8 g
PROTEINE: 20,5 g

1. Den Backofen auf 200 °C vorheizen.
2. Vier Vertiefungen im Cupcake-Blech mit dem Kochspray ausfetten.
3. Die gefetteten Vertiefungen mit jeweils einer Scheibe Schinken auslegen, sodass der Schinken an den Seiten etwas übersteht.
4. In jede dieser „Schinken-Schalen“ ein Ei aufschlagen und etwas Petersilie daraufstreuen.
5. Das gefüllte Cupcake-Blech in den vorgeheizten Ofen schieben und die Schinken-Schalen mit Ei 15 Minuten backen, bis das Eiweiß jeweils gestockt, das Eigelb in der Mitte aber noch flüssig ist.

GEBACKENE EIER MIT KÄSE IN SPECK-SCHALEN

FÜR 4 PORTIONEN

VORBEREITUNG: 5 MINUTEN ▪ GARZEIT: 35 MINUTEN ▪ GESAMT: 40 MINUTEN

Für diese einfache, kompakte Mahlzeit wird ein simples verquirltes Ei in eine Schale aus Speck (im Cupcake-Blech) gefüllt und mit Käse bestreut. Ich bereite dieses einfache Grundrezept auch gerne mit anderen Käsesorten und zusätzlichen Zutaten zu, wie z. B. Mozzarella und Basilikum oder Zwiebeln und Cheddar. Experimentieren Sie ruhig, um Ihre persönliche Lieblingsvariante dieser sonnigen Frühstücks-Schalen zu finden.

6 Scheiben Speck

4 Eier, verquirlt

125 ml Sahne

¼ TL Salz

⅛ TL frisch gemahlener schwarzer Pfeffer

40 g Monterey Jack oder Butterkäse, frisch gerieben

1. Den Backofen auf 175 °C vorheizen.
2. Vier Vertiefungen im Cupcake-Blech an der Seite jeweils mit einer Scheibe Speck auslegen.
3. Die übrigen Scheiben Speck in etwa 5 cm große Stücke schneiden und auf die Böden der ausgelegten Cupcake-Formen legen, sodass Boden und Seiten der Formen jeweils vollständig bedeckt sind.
4. In einer mittleren Schüssel Eier und Sahne verquirlen und mit Salz und Pfeffer würzen.
5. Die Mischung gleichmäßig auf die mit Speck ausgelegten Vertiefungen verteilen. Jeweils 2 EL Käse auf die Oberfläche streuen.
6. Das Cupcake-Blech vorsichtig, damit nichts überläuft, in den vorgeheizten Ofen schieben und die Speck-Schalen 35 Minuten goldbraun backen.

TIPP ZUR ZUBEREITUNG: Wenn man fertig gebratenen Speck verwendet, spart man Zeit. Dafür dicke Scheiben küchenfertig gebratenen Speck verwenden, da die regulären Scheiben tendenziell sehr dünn sind.

PRO PORTION (1 REZEPT)

RATIO: 3:1

KALORIEN: 359

FETT (INSGESAMT): 29 g

KOHLENHYDRATE: 1,5 g

NETTO-KOHLENHYDRATE: 1,5 g

BALLASTSTOFFE: 0 g

PROTEINE: 22,5 g

JOGHURT-SCHICHTSPEISE MIT CHIASAMEN

FÜR 1 PORTION
ZUBEREITUNG: 20 MINUTEN

Wenn Sie Joghurt lieben, keine Bange: Im Rahmen der Keto-Diät kann man sich ab und an Joghurt gönnen – allerdings nur die Vollfett-Variante. Cremiger Joghurt passt in dieser Schichtspeise gut zu den knusprigen Chiasamen und Mandelsplittern. Für einen besonderen Nachtisch ein paar frische Beeren oder einen Prise Kakaopulver untermischen.

250 g Naturjoghurt (Vollfett-Joghurt)
60 ml ungesüßte Mandelmilch
2 EL Chiasamen
6 TL Mandelsplitter
¼ TL Zimt

1. In einer mittleren Schüssel Joghurt, Mandelmilch und Chiasamen mischen.
2. Ein Drittel der Joghurt-Mischung in ein hohes Glas gießen. Auf der Oberfläche 2 TL Mandelsplitter und eine Prise Zimt verteilen. Den Vorgang mit der restlichen Joghurt-Mischung, 4 TL Mandelsplittern und dem Zimt wiederholen, um insgesamt 3 Schichten zu erhalten.
3. Abschließend 5–10 Minuten im Kühlschrank ruhen lassen, damit die Joghurtmasse leicht andickt.

FRÜHSTÜCKSSPECK UND DARÜBER HINAUS

PRO PORTION (1 REZEPT)
RATIO: 3:1
KALORIEN: 434
FETT (INSGESAMT): 33,4 g
KOHLENHYDRATE: 18,7 g
NETTO-KOHLENHYDRATE: 6,7 g
BALLASTSTOFFE: 12 g
PROTEINE: 14,4 g

QUICHE LORRAINE OHNE TEIGBODEN

FÜR 8 PORTIONEN
VORBEREITUNG: 20 MINUTEN ▪ GARZEIT: 25 MINUTEN ▪ GESAMT: 50 MINUTEN

Bei uns zu Hause kommt jedes Gericht gut an, in dem Speck und Käse kombiniert werden. Diese klassische Quiche ist eine exzellente Vorspeise für den Sonntagsbrunch und Reste lassen sich in Scheiben geschnitten hervorragend einfrieren.

Kochspray für die Pie-Form

450 g Speck, in dicke Scheiben geschnitten, das Fett abgeschnitten und beiseitegelegt

1 EL sehr fein gehackter Knoblauch

20 g Zwiebel, sehr fein gehackt

4 Eier, verquirlt

375 ml Sahne

95 g Emmentaler, geraspelt

30 g Gruyère, geraspelt

¾ TL Salz

¼ TL frisch gemahlener schwarzer Pfeffer

1. Den Backofen auf 175 °C vorheizen.
2. Die Pie-Form leicht mit Kochspray ausfetten. Den Speck in einer Pfanne auf mittlerer Stufe 6–8 Minuten knusprig braten. Den knusprigen Speck aus der Pfanne nehmen und auf Küchenpapier abtropfen lassen. Das restliche Fett in der Pfanne belassen. Den abgekühlten Speck fein würfeln und beiseitelegen.
3. Die Herdtemperatur auf mittlere Stufe reduzieren. Knoblauch und Zwiebeln in die Pfanne zum restlichen Fett vom Speck geben. Unter gelegentlichem Rühren 3–4 Minuten hellgolden anbraten. Die Pfanne vom Herd nehmen. Die Zwiebel-Knoblauch-Mischung in eine kleine Schüssel füllen und beiseitestellen.
4. In einer großen Schüssel Eier und Sahne mit dem Schneebesen 2 Minuten glatt rühren.
5. Emmentaler und Gruyère, Speckwürfel, Zwiebeln und Knoblauch unter die Eiermasse mischen. Mit Salz und Pfeffer würzen.
6. Die Eiermasse vorsichtig in die vorbereitete Pie-Form gießen.
7. Die Pie-Form vorsichtig auf mittlerer Einschubleiste in den vorgeheizten Ofen stellen und 20–25 Minuten backen, bis die Masse in der Mitte gestockt ist.
8. Die Form aus dem Ofen nehmen. Die Quiche vor dem Servieren und Anschneiden 5 Minuten abkühlen lassen.

PRO PORTION (1/8 DER QUICHE)
RATIO: 4:1
KALORIEN: 498
FETT (INSGESAMT): 42,7 g
KOHLENHYDRATE: 2,3 g
NETTO-KOHLENHYDRATE: 2,3 g
BALLASTSTOFFE: 0 g
PROTEINE: 22,1 g

Knaben, dem
zehn wertvollen
hochwillkommene,
selbst empfehlende
ein ehrendes
haben.
Zu beziehen durch jede Buchhandlung des

BROKKOLI-KÄSE-QUICHES

ERGIBT 4 MINI-QUICHES

VORBEREITUNG: 10 MINUTEN ▪ GARZEIT: 35 MINUTEN ▪ GESAMT: 45 MINUTEN

Locker-luftige Eiermasse kommt in diesem einfachen Frühstück mit pikantem Cheddar und Brokkoli zusammen. Bereiten Sie die Quiches für für einzelne Portionen in separaten Keramikförmchen zu. Zusammen mit einem Beilagen-Salat ergeben die Quiches ein leckeres Mittagessen.

Kochspray für die Backformen

½ TL Salz, plus mehr für das Kochwasser

110 g Brokkoliröschen

5 Eier

180 ml Sahne

¼ TL frisch gemahlener schwarzer Pfeffer

½ TL sehr fein gehackter Knoblauch

55 g kräftiger Cheddar, gerieben

1. Den Backofen auf 175 °C vorheizen.
2. Vier Keramikförmchen mit Kochspray ausfetten und auf ein Backblech stellen.
3. Einen mittleren Topf gesalzenes Wasser zum Kochen bringen. Den Brokkoli zufügen und 1 Minute kochen. Abgießen und den Brokkoli auf Küchenpapier abtropfen lassen.
4. Den Brokkoli in kleine Stücke schneiden. Beiseitestellen.
5. In einer großen Schüssel Eier und Sahne glatt rühren. Mit Salz und Pfeffer würzen, dann Brokkoli, Knoblauch und Käse unterheben.
6. Die Eiermasse gleichmäßig auf die vorbereiteten Keramikförmchen verteilen. Das Backblech mit den Keramikförmchen in den vorgeheizten Ofen schieben.
7. Backen, bis die Eiermasse leicht aufgegangen und die Oberfläche gebräunt ist. Das dauert etwa 35 Minuten.

TIPP ZUR ZUBEREITUNG: Um Zeit zu sparen, einfach entsprechend abgepackten Brokkoli zum Dämpfen in der Mikrowelle kaufen. Während der Brokkoli in der Mikrowelle gart, können Sie die anderen Zutaten vorbereiten. Außerdem müssen Sie später dann weniger spülen.

FRÜHSTÜCKSSPECK UND DARÜBER HINAUS

PRO PORTION (1 INDIVIDUELLE QUICHE)

RATIO: 3:1

KALORIEN: 255

FETT (INSGESAMT): 21,1 g

KOHLENHYDRATE: 3,8 g

NETTO-KOHLENHYDRATE: 2,7 g

BALLASTSTOFFE: 0,9 g

PROTEINE: 13,7 g

IN AVOCADOS GEBACKENE EIER MIT KÄSE

FÜR 2 PORTIONEN
VORBEREITUNG: 10 MINUTEN ▪ GARZEIT: 20 MINUTEN ▪ GESAMT: 30 MINUTEN

Ein gesunder, schneller und einfacher Start in den Tag: In halbierten Avocados gebackene Eier eröffnen endlose Möglichkeiten zum Experimentieren. Probieren Sie sie mit unterschiedlichen Käsesorten, Belägen und Zutaten zum Abschmecken, zum Beispiel fein gewürfelten Zwiebeln und gehacktem Schnittlauch oder Cayennepfeffer und Chilisauce.

1 Avocado, längs halbiert, Stein entfernt

2 Eier

4 EL geriebener Gouda

⅛ TL Salz

⅛ TL frisch gemahlener schwarzer Pfeffer

1. Den Backofen auf 250 °C vorheizen.
2. Mit einem Löffel ausreichend Fruchtfleisch aus der Mitte der Avocado-Hälften schaben, sodass ein Ei hineinpassen wird. Jede Avocado-Hälfte mit der Schnittseite nach oben in ein Keramikförmchen setzen.
3. Zwei kleine Schüsseln bereitstellen und vorsichtig jeweils ein Ei aufschlagen und hineingeben, sodass das Eigelb intakt bleibt.
4. Jeweils ein Eigelb in jede Avocado-Hälfte setzen und die Vertiefung rundherum bis zum Rand mit Eiweiß auffüllen.
5. Über jede Avocado-Hälfte 2 EL Gouda streuen. Gleichmäßig mit Salz und Pfeffer würzen.
6. Die Keramikförmchen auf dem Backblech vorsichtig, damit die Avocados nicht umkippen, in den vorgeheizten Ofen schieben.
7. Im vorgeheizten Ofen 15–20 Minuten backen, bis die Eier nach Belieben gestockt sind.

PRO PORTION (1 AVOCADO-HÄLFTE MIT EI UND KÄSE FÜLLUNG)
RATIO: 4:1
KALORIEN: 324
FETT (INSGESAMT): 28,5 g
KOHLENHYDRATE: 9,5 g
NETTO-KOHLENHYDRATE: 2,7 g
BALLASTSTOFFE: 6,8 g
PROTEINE: 10,8 g

GRÜNER SPARGEL IM SPECKMANTEL MIT EIERN

FÜR 2 PORTIONEN

VORBEREITUNG: 10 MINUTEN ▪ GARZEIT: 20 MINUTEN ▪ GESAMT: 30 MINUTEN

Dieses üppige Frühstück ist mein persönlicher Favorit für einen faulen Samstagvormittag, wenn ich Lust auf etwas Außergewöhnliches habe. Mit Speck umwickelter grüner Spargel und Spiegeleier sind eine einzigartige Kombination. Ich esse dazu gerne noch einen Klecks Sour Cream oder Crème fraîche für zusätzliches Fett.

4 Scheiben Speck

12 Stangen grüner Spargel

1 TL sehr fein gehackter Knoblauch

½ TL Zwiebelpulver

½ TL Salz

¼ TL frisch gemahlener schwarzer Pfeffer

1 EL Butter

4 Eier

FRÜHSTÜCKSSPECK UND DARÜBER HINAUS

PRO PORTION (2 SPIEGELEIER UND 2 BÜNDEL SPARGEL IM SPECKMANTEL)

RATIO: 3:1

KALORIEN: 479

FETT (INSGESAMT): 35,5 g

KOHLENHYDRATE: 8,3 g

NETTO-KOHLENHYDRATE: 5,1 g

BALLASTSTOFFE: 3,2 g

PROTEINE: 32,9 g

1. Den Backofen auf 200 °C vorheizen.
2. Jeweils drei grüne Spargelstangen mit einer Scheibe Speck umwickeln. Die Bündel auf ein mit Backpapier ausgelegtes Backblech legen.
3. Knoblauch, Zwiebelpulver, ¼ TL Salz und eine Prise schwarzen Pfeffer auf die Bündel streuen.
4. In den vorgeheizten Ofen schieben und 12 Minuten backen, bis der Speck knusprig ist.
5. Die Butter in einer großen Pfanne auf mittlerer Stufe erhitzen. Die Eier vorsichtig in die Pfanne schlagen, sodass das Eigelb jeweils intakt bleibt.
6. Die Eier etwa 5 Minuten braten, damit die Eigelbe noch flüssig sind (oder nach Belieben). Mit dem restlichen Salz und Pfeffer würzen.
7. Den grünen Spargel im Speckmantel aus dem Ofen nehmen.
8. Auf jede Portion Spargel (2 Bündel) 2 Spiegeleier geben und servieren.

FRÜHSTÜCKS-„BURGER" MIT PORTOBELLO-PILZEN, WURST UND KÄSE

FÜR 1 PORTION

VORBEREITUNG: 5 MINUTEN ▪ GARZEIT: 20 MINUTEN ▪ GESAMT: 25 MINUTEN

Diese köstlichen „Burger" lassen sich gut transportieren. Die Bratlinge werden aus Schweinswurstbrät zubereitet, nicht aus Rinderhackfleisch. Sie können ganz nach Belieben ohne Belag genossen werden, aber vergessen Sie nicht, mit Ihrer Lieblingskäsesorte zu experimentieren. Außerdem ist es wichtig, darauf zu achten, dass die Portobello-Pilze ungefähr gleich dick sind, damit sie gleichzeitig garen.

1 EL Olivenöl

2 Portobello-Pilze, Stiel und Lamellen entfernt

60 g Schweinsbratwurst, das Wurstbrät aus dem Darm gelöst

2 Scheiben Scheiblettenkäse

1. Das Olivenöl in einer mittleren Pfanne etwa 1 Minute mäßig erhitzen.
2. Die Pilze mit der Stiel-Seite nach unten in das heiße Öl legen und 5 Minuten braun braten. Wenden und von der zweiten Seite ebenfalls 5 Minuten braten.
3. Eine zweite mittlere Pfanne auf mittlerer Stufe erhitzen.
4. Aus dem Wurstbrät zwei etwa 0,5 cm dicke Scheiben formen. In die Mitte der heißen Pfanne legen und 4–5 Minuten braten. Wenden und weitere 2–3 Minuten braten.
5. Wenn die Bratlinge fast durchgegart sind, die Temperatur auf niedrige Stufe reduzieren. Auf jeden Bratling eine Scheibe Scheiblettenkäse legen und weiter braten, bis der Käse geschmolzen ist.
6. Die Pilze aus der Pfanne auf einen Teller geben.
7. Die Bratlinge mit Käse jeweils auf einen Pilz legen und mit einem zweiten Pilz abdecken. Servieren.

PRO PORTION (1 „BURGER")

RATIO: 3:1

KALORIEN: 504

FETT (INSGESAMT): 41,1 g

KOHLENHYDRATE: 10,1 g

NETTO-KOHLENHYDRATE: 7 g

BALLASTSTOFFE: 3,1 g

PROTEINE: 23,8 g

EIER BENEDICT

FÜR 2 PORTIONEN
VORBEREITUNG: 10 MINUTEN ▪ GARZEIT: 10 MINUTEN ▪ GESAMT: 20 MINUTEN

Einer der Frühstücks-Klassiker, die man im Rahmen der Keto-Diät weiterhin genießen kann, sind Eier Benedict. Anstelle eines English-Muffins sorgt knuspriger Speck für den nötigen Biss. Dickt die Sauce Hollandaise zu stark an, während sie ruht, rührt man vor dem Servieren einfach ein paar Tropfen warmes Wasser mit dem Schneebesen unter.

FÜR DIE SAUCE HOLLANDAISE

2 Eier
1½ TL frisch gepresster Zitronensaft
60 g Butter, zerlassen
¼ TL Salz

FÜR DIE EIER

4 Scheiben Speck
1 TL Essig
4 Eier

FRÜHSTÜCKSSPECK

PRO PORTION (2 EIER, 2 SCHEIBEN SPECK, ½ MENGE DER SAUCE HOLLANDAISE)
RATIO: 3:1
KALORIEN: 624
FETT (INSGESAMT): 53,9 g
KOHLENHYDRATE: 1,8 g
NETTO-KOHLENHYDRATE: 1,8 g
BALLASTSTOFFE: 0 g
PROTEINE: 32,6 g

Zubereitung der Sauce Hollandaise

1. In einer großen, hitzebeständigen Schüssel zwei Eier und den Zitronensaft mit dem Schneebesen kräftig aufschlagen, bis sich das Volumen der Masse fast verdoppelt hat und sie eine schaumig-dicke Konsistenz hat.
2. Eine große, hohe Pfanne 2,5 cm hoch mit Wasser füllen und es auf mittlerer Stufe zum Sieden bringen. Die Temperatur auf mittlere Stufe reduzieren.
3. Einen hitzebeständigen Topfhandschuh überziehen und die Schüssel mit der Eiermasse über das siedende Wasser halten, ohne dass die Schüssel mit dem Wasser in Kontakt kommt. Die Masse über dem heißen Wasserbad mit dem Schneebesen 3 Minuten aufschlagen. Dabei darf die Masse nicht zu stark erhitzt werden, sonst stocken die Eier.
4. Die zerlassene Butter allmählich in einem feinen Strahl unter Rühren zur Eiermasse geben. Etwa 2 Minuten weiter aufschlagen, bis die Sauce weiter angedickt ist.
5. Das Salz untermischen.
6. Die Sauce im Kühlschrank ruhen und abkühlen lassen.

Zubereitung der Eier

1. Das Wasser aus der Pfanne gießen, die Pfanne zurück auf den Herd stellen und auf mittlerer Stufe erhitzen. Den Speck in der Pfanne von beiden Seiten je 3 Minuten knusprig braten. Auf Küchenpapier abtropfen lassen.
2. Einen mittleren Topf zur Hälfte mit Wasser füllen. Den Essig zufügen und zum Kochen bringen.
3. Die Eier einzeln vorsichtig in eine Tasse aufschlagen, sodass das Eigelb intakt bleibt, und dann in das Wasser gleiten lassen. Die Temperatur reduzieren und die Eier 3–4 Minuten pochieren.
4. Die pochierten Eier mit dem Schaumlöffel aus dem Wasser heben und abtropfen lassen.

Anrichten

1. Die knusprig gebratenen Speck-Scheiben jeweils in zwei Hälften brechen. Zwei Speck-Hälften auf einen Teller legen und ein pochiertes Ei daraufsetzen.
2. Mit Sauce Hollandaise bedecken.
3. Für die zweite Portion mit dem restlichen Speck, Eiern und Sauce Hollandaise wiederholen.

SCHOTTISCHE EIER

FÜR 2 PORTIONEN

VORBEREITUNG: 15 MINUTEN ▪ GARZEIT: 25 MINUTEN ▪ GESAMT: 45 MINUTEN

Schottische Eier sind leicht zuzubereiten und können gleich genossen oder für später aufbewahrt und dann wieder aufgewärmt werden – ein vielseitiges und kompaktes Frühstück. Die gewählte Bratwurstsorte bestimmt den Geschmack der fertigen Schottischen Eier. Und beachten Sie, dass die Dicke der Wurstmasse, welche die Eier umgibt, die Garzeit beeinflusst.

110 g Schweinsbratwurst, das Wurstbrät aus dem Darm gelöst

½ TL Knoblauchpulver

¼ TL Salz

⅛ TL frisch gemahlener schwarzer Pfeffer

2 hart gekochte Eier, geschält

1. Den Backofen auf 200 °C vorheizen und ein Backblech mit Backpapier auslegen.
2. Wurstbrät, Knoblauchpulver, Salz und Pfeffer in einer mittleren Schüssel mischen. Zwei gleich große Kugeln aus der Masse formen.
3. Die Kugeln auf einem Stück Backpapier flachdrücken, sodass 2 etwa 0,5 cm dicke Scheiben entstehen.
4. Auf die Mitte der beiden Scheiben je ein hart gekochtes Ei legen und die Masse vorsichtig um das Ei falten und andrücken, damit es rundherum gleichmäßig bedeckt ist.
5. Die mit der Wurstmasse umgebenen Eier auf das vorbereitete Backblech setzen.
6. Im vorgeheizten Ofen 25 Minuten backen. Vor dem Servieren etwa 5 Minuten abkühlen lassen.

FRÜHSTÜCKSSPECK UND DARÜBER HINAUS

PRO PORTION (1 EI IM WURSTBRÄTMANTEL)

RATIO: 3:1

KALORIEN: 258

FETT (INSGESAMT): 20,5 g

KOHLENHYDRATE: 1 g

NETTO-KOHLENHYDRATE: 1 g

BALLASTSTOFFE: 0 g

PROTEINE: 16,7 g

DENVER-OMELETTE

FÜR 1 PORTION
VORBEREITUNG: 10 MINUTEN · GARZEIT: 5 MINUTEN · GESAMT: 15 MINUTEN

Dieses klassische Omelette-Rezept aus Denver, der „Mile High City", enthält alle meine liebsten Frühstückszutaten in einem. Gemüse, Käse und pikantes Fleisch ergeben unter der Woche ein perfektes Keto-Frühstück für mich – besonders mit dem sautierten Knoblauch, der dem gesamten Gericht einen besonders aromatischen Kick verleiht.

FRÜHSTÜCKSSPECK

PRO PORTION (1 OMLETTE)
RATIO: 3:1
KALORIEN: 429
FETT (INSGESAMT): 32,7 g
KOHLENHYDRATE: 9,1 g
NETTO-KOHLENHYDRATE: 6,9 g
BALLASTSTOFFE: 2,2 g
PROTEINE: 24,7 g

1 EL Butter
20 g Zwiebel, fein gewürfelt
30 g rote Paprika, gewürfelt
35 g grüne Paprika, gewürfelt
½ TL sehr fein gehackter Knoblauch
4 EL Kochschinken, gewürfelt
2 Eier, verquirlt
¼ TL Salz
⅛ TL frisch gemahlener schwarzer Pfeffer
20 g Cheddar, gerieben

1. Die Butter in einer mittleren Pfanne mit Antihaftbeschichtung bei mäßiger Hitze zerlassen.
2. Zwiebel, rote und grüne Paprika, Knoblauch und Schinken zufügen und unter gelegentlichem Rühren 2 Minuten sautieren.
3. In einer kleinen Schüssel die Eier mit dem Schneebesen glatt rühren und mit Salz und Pfeffer würzen. Die Masse zu Gemüse und Schinken in die Pfanne gießen. Die Temperatur auf mittlere Stufe reduzieren.
4. Die Eiermasse 3–4 Minuten braten, dann die Omelette wenden. Nach dem Wenden den geriebenen Cheddar auf eine Hälfte der Omelette streuen.
5. Nach 1–2 Minuten die Omelette in der Mitte über den Käse falten. Noch 1–2 Minuten braten, bis der Käse geschmolzen ist.
6. Die Omelette aus der Pfanne auf einen Teller gleiten lassen und servieren.

FRISCHKÄSE-PFANNKUCHEN

FÜR 1 PORTION

VORBEREITUNG: 5 MINUTEN ▪ GARZEIT: 10 MINUTEN ▪ GESAMT: 15 MINUTEN

Diese Pfannkuchen sind fast so dünn wie Crêpes und sind die perfekte Grundlage für Ihre Liebelingszutaten zum Frühstück. Zuckerfreier Ahornsirup, Zimtbutter (Seite 279) und ein Klecks Schlagsahne machen sie zum perfekten Frühstück am Wochenende. Wenn die Masse zu flüssig ist und in der Pfanne auseinanderläuft, kann man sich mit einem runden Keksausstecher oder Dessertring behelfen, den man in die Pfanne stellt und wo die Masse hineinfließt.

60 g Frischkäse, bei Raumtemperatur

2 Eier

½ TL Stevia

¼ TL Muskatnuss

1. Eine Pfanne auf mittlerer Stufe erhitzen.
2. Den Frischkäse in den Standmixer füllen. Eier, Stevia und Muskatnuss zufügen. Die Zutaten mit der Impulsstufe zu einer glatten Masse vermengen.
3. Langsam etwa ⅛ der Masse in die heiße Pfanne gießen. Die Masse ist relativ dünnflüssig, sodass sie sich leicht verteilt.
4. Den Pfannkuchen gut 1 Minute braten und dann vorsichtig wenden. Von der zweiten Seite ebenfalls 1 Minute braten. Aus der Pfanne auf einen Teller gleiten lassen und warm halten.
5. Aus der restlichen Masse weitere Pfannkuchen backen.

FRÜHSTÜCKSSPECK UND DARÜBER HINAUS

PRO PORTION
(6–8 PFANNKUCHEN)

RATIO: 3:1

KALORIEN: 327

FETT (INSGESAMT): 28,7 g

KOHLENHYDRATE: 2,5 g

NETTO-KOHLENHYDRATE: 2,5 g

BALLASTSTOFFE: 0 g

PROTEINE: 15,4 g

BISCUITS MIT WURSTBRÄTSAUCE

FÜR 6 PORTIONEN
VORBEREITUNG: 20 MINUTEN ▪ GARZEIT: 30 MINUTEN ▪ GESAMT: 50 MINUTEN

Ein Klassiker aus den Südstaaten – Biscuits mit Bratensauce – wird in diesem Rezept der Keto-Behandlung unterzogen. Durch die Zugabe von Käse und Sour Cream wird die Konsistenz der Biscuits derart locker-luftig, dass sie dem Rezept jeder Großmutter Konkurrenz machen. Die dicke, cremige Hackfleischsauce passt perfekt zu diesem köstlichen Gebäck.

FRÜHSTÜCKSSPECK UND DARÜBER HINAUS

PRO PORTION
(1 BISCUIT, 80 G SAUCE)
RATIO: 3:1
KALORIEN: 559
FETT (INSGESAMT): 48,5 g
KOHLENHYDRATE: 14,2 g
NETTO-KOHLENHYDRATE: 8,2 g
BALLASTSTOFFE: 6 g
PROTEINE: 14,6 g

FÜR DIE BISKUITS

65 g Kokosmehl
50 g Mandelmehl
2 TL Backpulver
1 TL Knoblauchpulver
½ TL Zwiebelpulver
½ TL Salz
35 g Cheddar, gerieben
60 ml Butter, zerlassen
4 Eier
165 g Sour Cream

FÜR DIE HACKFLEISCHSAUCE

450 g Schweinsbratwurst, das Wurstbrät aus dem Darm gelöst
1 TL sehr fein gehackter Knoblauch
1 EL Mandelmehl
375 ml ungesüßte Mandelmilch
125 ml Sahne
1½ TL frisch gemahlener schwarzer Pfeffer
½ TL Salz

Zubereitung der Biscuits

1. Den Backofen auf 175 °C vorheizen.
2. Ein Backblech mit Backpapier auslegen.
3. In einer großen Schüssel Kokosmehl, gemahlene Mandeln, Backpulver, Knoblauchpulver, Zwiebelpulver und Salz mischen. Den Cheddar allmählich unterheben.
4. Eine Mulde in der Mitte der trockenen Zutaten formen.
5. Die zerlassene Butter, Eier und Sour Cream in die Mulde geben. Die trockenen Zutaten von außen allmählich mit den feuchten Zutaten mischen, bis alles zu einem Teig zusammengekommen ist.
6. Mit einem Esslöffel einzelne Portionen der Masse mit etwa 2,5 cm Abstand auf das vorbereitete Backblech setzen.

7. Die Biscuits im vorgeheizten Ofen etwa 20 Minuten backen, bis sie kompakt und leicht gebräunt sind.

Zubereitung der Hackfleischsauce

1. Eine große Pfanne auf mittlerer Stufe erhitzen. Das Wurstbrät in der heißen Pfanne rundherum goldbraun anbraten und dabei mit dem Kochlöffel in kleine Stückchen brechen.
2. Den Knoblauch unter das gebräunte Wurstbrät mischen und noch 1 Minute braten.
3. Sobald der Knoblauch aromatisch duftet, die gemahlenen Mandeln über die Mischung streuen. Die Temperatur auf schwache Hitze reduzieren. Die gemahlenen Mandeln vorsichtig untermischen, sodass sie sich mit dem Fett verbinden. Das Ganze unter ständigem Rühren etwa 5 Minuten köcheln lassen.
4. Die Mandelmilch unter ständigem Rühren allmählich untermischen.
5. Die Sahne zufügen. Die Sauce bei mäßiger Hitze unter ständigem Rühren 3 Minuten köcheln lassen.
6. Die Temperatur wieder reduzieren. Pfeffer und Salz untermischen. Die Sauce noch etwa 1 Minute weiter rühren.
7. Nach den Biscuits sehen und das Blech aus dem Ofen nehmen, wenn sie fertig sind. Die Biscuits 5 Minuten abkühlen lassen.
8. Die Sauce bei schwacher Hitze sanft vor sich hin köcheln lassen, während die Biscuits abkühlen.
9. Pro Person einen abgekühlten Biscuit mit einer mittleren Kelle (etwa 80 g) der Sauce servieren.

MANDEL-PANCAKES

FÜR 3 PORTIONEN
VORBEREITUNG: 10 MINUTEN ▪ GARZEIT: 15 MINUTEN ▪ GESAMT: 25 MINUTEN

Diese dickere, herzhaftere Version klassischer Pfannkuchen macht schneller satt und zuckerfreier Ahornsirup passt gut dazu. Natron und Sprudel sorgen dafür, dass die Masse aus gemahlenen Mandeln gut aufgeht, sodass weniger dichte und gut genießbare Pancakes entstehen. Einen kleinen Klecks Zimtbutter (Seite 279) oder die Lieblingssorte Beeren zufügen, schon hat man ein leckeres, ballaststoffreiches Essen.

115 g Mandelmehl

1 EL Stevia oder ein anderes zuckerfreies Süßungsmittel

¼ TL Salz

1 TL Backpulver

2 Eier

30 ml Sahne

30 ml Wasser mit Kohlensäure

½ TL reines Vanilleextrakt

2 EL Kokosfett, zerlassen

Kochspray für die Pfanne

FRÜHSTÜCKSSPECK UND DARÜBER HINAUS

PRO PORTION (2 PANCAKES)
RATIO: 4:1
KALORIEN: 383
FETT (INSGESAMT): 34 g
KOHLENHYDRATE: 7,9 g
NETTO-KOHLENHYDRATE: 3,9 g
BALLASTSTOFFE: 4 g
PROTEINE: 3,8 g

1. Eine Pfanne auf mittlerer Stufe erhitzen.
2. In einer großen Schüssel gemahlene Mandeln, Stevia, Salz und Backpulver mischen.
3. Eine kleine Mulde in der Mitte der trockenen Zutaten formen. Eier, Sahne, Wasser, Vanilleextrakt und Kokosfett in die Mulde geben. Sorgfältig mischen.
4. Die Pfanne leicht mit Kochspray fetten. Eine Portion (Menge nach Belieben) in die heiße Pfanne gießen. Den Pancake 2–3 Minuten backen, bis sich Bläschen an der Oberfläche bilden. Wenden und weitere 1–2 Minuten braten.
5. Den fertigen Pancake aus der Pfanne auf einen Teller gleiten lassen, beiseitestellen und warm halten. Aus der restlichen Masse weitere Pancakes backen, wie beschrieben.

WAFFELN MIT SCHLAGSAHNE

ERGIBT 4–5 WAFFELN
VORBEREITUNG: 5 MINUTEN ▪ GARZEIT: 10 MINUTEN ▪ GESAMT: 15 MINUTEN

Waffeln mit knuspriger Oberfläche lassen sich in der Keto-Diät zwar schwer nachahmen, was den Geschmack betrifft, steht die Keto-Variante dem Original aber in nichts nach. Dieses Rezept ergibt eine leichte, aromatische Masse, die ganz den persönlichen Bedürfnissen angepasst werden kann. Für eine dickere Masse einfach weniger Eiweiß verwenden.

FÜR DIE WAFFELN

Kochspray für das Waffeleisen

30 g Kokosmehl

25 g Mandelmehl

25 g gemahlene Leinsamen

1 TL Backpulver

1 TL Stevia oder ein anderes zuckerfreies Süßungsmittel

¼ TL Zimt

3 Eiweiß

4 Eier

1 TL reiner Vanilleextrakt

FÜR DIE SCHLAGSAHNE

125 ml Sahne

1 TL Stevia oder ein anderes zuckerfreies Süßungsmittel

FRÜHSTÜCKSSPECK UND DARÜBER HINAUS

PRO PORTION (2 WAFFELN UND DIE HÄLFTE DER SAHNE)
RATIO: 3:1
KALORIEN: 420
FETT (INSGESAMT): 27,1 g
KOHLENHYDRATE: 15,7 g
NETTO-KOHLENHYDRATE: 6,5 g
BALLASTSTOFFE: 9,2 g
PROTEINE: 27 g

Zubereitung der Waffeln

1. Das Waffeleisen auf mittlerer Stufe erhitzen.
2. Mit Kochspray fetten.
3. In einer großen Schüssel Kokosmehl, gemahlene Mandeln, Leinsamen, Backpulver, Stevia und Zimt mischen.
4. In einer separaten mittleren Schüssel die Eiweiße mit dem Handrührgerät zu steifem Eischnee aufschlagen.
5. Die verquirlten Eier und den Vanilleextrakt sorgfältig unter die trockenen Zutaten mischen.
6. Den Eischnee vorsichtig unterheben.
7. Eine angemessene Portion der Masse auf das heiße Waffeleisen geben und laut Herstellerangaben backen.

Zubereitung der Schlagsahne

1. In einer mittleren Schüssel die Sahne 3–4 Minuten mit dem Schneebesen aufschlagen, bis sie angedickt ist.
2. Stevia zufügen und mit dem Schneebesen noch etwa 1 Minute weiter aufschlagen, bis die Sahne steif geschlagen ist.
3. Die Schlagsahne gleichmäßig auf die fertig gebackenen Waffeln verteilen und servieren.

ZIMT-MUFFINS MIT FRISCHKÄSE-FROSTING

FÜR 12 PORTIONEN

VORBEREITUNG: 15 MINUTEN ▪ GARZEIT: 25 MINUTEN ▪ GESAMT: 50 MINUTEN

Diese luftigen Muffins mit Zimtgeschmack, überzogen mit Frischkäse-Frosting, werden auch das intensivste Verlangen nach Zimtschnecken befriedigen. Die Mischung aus fein gemahlenen Mandeln und Kokosmehl sorgt für die perfekte Konsistenz und die Zugabe von Sprudelwasser lässt die Masse beim Backen besser aufgehen. Die Muffins ohne Frosting aufbewahren und erst kurz vor dem Servieren leicht aufwärmen und dann mit der Frischkäse-Masse überziehen.

FRÜHSTÜCKSSPECK UND DARÜBER HINAUS

PRO PORTION (1 MUFFIN MIT FRISCHKÄSE-FROSTING)
RATIO: 3:1
KALORIEN: 225
FETT (INSGESAMT): 18,5 g
KOHLENHYDRATE: 6,2 g
NETTO-KOHLENHYDRATE: 3,1 g
BALLASTSTOFFE: 3,1 g
PROTEINE: 5,3 g

FÜR DIE ZIMT-MUFFINS

115 g Mandelmehl

65 g Kokosmehl

2 TL Backpulver

40 g Erythritol oder ein anderes zuckerfreies Süßungsmittel wie Stevia

6 Eier

90 ml Butter, zerlassen

125 ml Wasser mit Kohlensäure

1 TL reiner Vanilleextrakt

1½ EL gemahlener Zimt

FÜR DAS FRISCHKÄSE-FROSTING

225 g Frischkäse, bei Raumtemperatur

1 EL Sour Cream

½ TL reiner Vanilleextrakt

Zubereitung Zimt-Muffins

1. Den Backofen auf 175 °C vorheizen.
2. In einer mittleren Schüssel gemahlene Mandeln, Kokosmehl, Backpulver und Erythritol mischen.
3. In einer großen Schüssel die Eier verquirlen. Zerlassene Butter, Sprudel und Vanilleextrakt untermischen. Mit dem Schneebesen glatt rühren.
4. Die trockenen Zutaten sorgfältig unter die feuchten Zutaten mischen.
5. Die Masse gleichmäßig auf die Vertiefungen in einem Cupcake-Blech verteilen. Den Zimt gleichmäßig auf der Oberfläche verteilen.
6. Den Zimt mit einem Zahnstocher spiralförmig unter die Masse mischen.
7. Im vorgeheizten Ofen 20–25 Minuten goldbraun backen.

8. Die Muffins aus dem Ofen nehmen und 5–10 Minuten im Blech abkühlen lassen.

Zubereitung Frischkäse-Frosting

In einer mittleren Schüssel Frischkäse, Sour Cream und Vanilleextrakt glatt rühren. Bis zur Verwendung im Kühlschrank ruhen lassen. Das Frosting vor dem Servieren gleichmäßig auf den Muffins verteilen.

HIMBEER-SCONES

FÜR 8 PORTIONEN

VORBEREITUNG: 10 MINUTEN ▪ GARZEIT: 15 MINUTEN ▪ GESAMT: 35 MINUTEN

Köstlich alleine oder serviert mit Zimtbutter (Seite 279) sind diese Scones ein großartiges schnelles Frühstück, das Ihr morgendliches Verlangen nach Backwaren befriedigen wird. Die Zugabe von Beeren verleiht den Scones eine zusätzliche Portion Nährstoffe. Außerhalb der Himbeer-Saison, verwenden Sie einfach eine andere Beerensorte nach Belieben.

115 g Mandelmehl

2 Eier, verquirlt

10 g Splenda, Stevia oder ein anderes zuckerfreies Süßungsmittel

1½ TL reines Vanilleextrakt

1½ TL Backpulver

60 g Himbeeren

1. Den Backofen auf 190 °C vorheizen.
2. Ein Backblech mit Backpapier auslegen.
3. In einer großen Schüssel gemahlene Mandeln, Eier, Splenda, Vanilleextrakt und Backpulver sorgfältig mischen.
4. Die Himbeeren zufügen und sorgfältig unterheben.
5. Nachdem die Himbeeren untergemischt wurden, pro Scone 2–3 EL der Masse auf das vorbereitete Backblech geben. Darauf achten, dass ausreichend Abstand zwischen den einzelnen Scones ist.
6. Das Blech in den Ofen schieben und die Scones 15 Minuten hellgolden backen.
7. Aus dem Ofen nehmen und die Scones auf einem Kuchengitter 10 Minuten abkühlen lassen.

TIPP ZU DEN ZUTATEN: Die Himbeeren abhängig von ihrer Größe gegebenenfalls halbieren oder vierteln, bevor sie unter die Masse gehoben werden – so verteilt sich der Himbeer-Geschmack besser in den Scones.

PRO PORTION (1 SCONE)

RATIO: 3:1

KALORIEN: 133

FETT (INSGESAMT): 8,6 g

KOHLENHYDRATE: 4 g

NETTO-KOHLENHYDRATE: 2 g

BALLASTSTOFFE: 2 g

PROTEINE: 1,5 g

KAPITEL

SUPER REICHHALTIGE SMOOTHIES & SHAKES

SMOOTHIE MIT DREIERLEI BEEREN

FÜR 2 PORTIONEN
ZUBEREITUNG GESAMT: 10 MINUTEN

In diesem super fruchtigen und ballaststoffreichen Smoothie kommen alle meine Lieblingsbeeren zusammen. Dieses große Glas Erfrischung war an arbeitsreichen Tagen eine Grundmahlzeit für mich und ersetzte häufig das Mittagessen. Da Beeren einen hohen Ballaststoffgehalt haben, ist ihr glykämischer Index niedrig, was sie für alle auf Keto-Diät zu einem großartigen Superfood macht. Abhängig von der Jahreszeit können Sie diesen Smoothie mit frischen oder TK-Beeren zubereiten.

75 g Crushed Ice (zerstoßene Eiswürfel)
125 ml ungesüßte Mandelmilch
1 EL Kokosöl
60 g Blaubeeren
60 g Himbeeren
65 g Brombeeren
½ TL reiner Vanilleextrakt

1. Die Hälfte Eis mit Mandelmilch und Kokosöl im Standmixer pürieren.
2. Blaubeeren, Himbeeren, Brombeeren, Vanilleextrakt und das restliche Eis zufügen.
3. Etwa 1 Minute glatt pürieren. Sofort servieren.

SUPER REICHHALTIGE SMOOTHIES & SHAKES

PRO PORTION (½ REZEPTMENGE)
RATIO: 3:1
KALORIEN: 252
FETT (INSGESAMT): 21,6 g
KOHLENHYDRATE: 15,8 g
NETTO-KOHLENHYDRATE: 9,7 g
BALLASTSTOFFE: 6,1 g
PROTEINE: 2,5 g

EINFACHER GRÜNER SMOOTHIE

FÜR 2 PORTIONEN
ZUBEREITUNG GESAMT: 10 MINUTEN

Dieser großartige Smoothie enthält drei Sorten Blattgemüse und ist ein perfekter Snack für den Vormittag oder die Mittagszeit. Grünkohl, Spinat und Mangold tragen Nährstoffe wie Eisen, Magnesium, Kalzium und Vitamin C bei – alle nötig für einen gesunden Geist und Körper. Für einen besonderen aromatischen Biss können noch Kräuter wie Petersilie oder Koriandergrün untergemischt werden.

115 g Crushed Ice (zerstoßene Eiswürfel)

35 g Grünkohl, gewaschen, Stiele entfernt

35 g Spinat, gewaschen, Stiele entfernt

20 g Mangold, gewaschen, Stiele entfernt

2 EL Kokosöl

2 EL Chiasamen

125 ml Wasser

1. Die Hälfte Eis zusammen mit Grünkohl, Spinat und Mangold in den Standmixer geben und pürieren.
2. Kokosöl, Chiasamen, das restliche Eis und 125 ml Wasser zufügen.
3. Noch etwa 1 Minute glatt pürieren.

TIPP ZUR ZUBEREITUNG: Um Zeit zu sparen, bereits gewaschenen, küchenfertigen Spinat, Grünkohl und Mangold kaufen. Falls TK-Blattgemüse verwendet wird, 35 g weniger Eis verwenden.

PRO PORTION (½ REZEPTMENGE)
RATIO: 3:1
KALORIEN: 293
FETT (INSGESAMT): 23,3 g
KOHLENHYDRATE: 14,6 g
NETTO-KOHLENHYDRATE: 3,4 g
BALLASTSTOFFE: 11,2 g
PROTEINE: 7,7 g

GRÜNTEE-SMOOTHIE

FÜR 2 PORTIONEN
ZUBEREITUNG GESAMT: 10 MINUTEN

Dieser Grüntee-Smoothie sorgt für einen richtigen Energieschub – selbst an den grauesten Tagen ein richtiger Wachmacher. Grünteepulver wirkt nicht nur energetisierend – es ist auch ballaststoffreich und enthält Nährstoffe wie Vitamin C, Selen, Zink und Magnesium. Experimentieren Sie nach Belieben mit der Menge Grünteepulver.

75 g Crushed Ice (zerstoßene Eiswürfel)

250 ml ungesüßte Mandelmilch

60 ml Sahne

1 EL Kokosöl

3 EL ungesüßtes Proteinpulver mit Vanillegeschmack

1½ TL Grünteepulver

1. Die Hälfte Eis mit Mandelmilch, Sahne und Kokosöl im Standmixer pürieren.
2. Proteinpulver, Grünteepulver und das restliche Eis zufügen.
3. Noch etwa 1 Minute glatt pürieren, dann servieren.

SUPER REICHHALTIGE SMOOTHIES & SHAKES

PRO PORTION (½ REZEPTMENGE)
RATIO: 4:1
KALORIEN: 442
FETT (INSGESAMT): 41 g
KOHLENHYDRATE: 7,3 g
NETTO-KOHLENHYDRATE: 4,2 g
BALLASTSTOFFE: 2,9 g
PROTEINE: 16,6 g

ERDBEER-SPINAT-SMOOTHIE

FÜR 2 PORTIONEN
ZUBEREITUNG GESAMT: 10 MINUTEN

Die Kombination von Erdbeeren und Spinat hört sich gewöhnungsbedürftig an, aber die Zutaten kommen in diesem Rezept auf einzigartige Art und Weise zusammen. (Haben Sie schon mal Spinatsalat mit Erdbeeren gekostet?) Wenn Erdbeeren nicht in Saison sind, zögern Sie nicht, TK-Erdbeeren zu verwenden. Diese werden in der Regel auf dem Höhepunkt der Saison reif geerntet und dann sofort eingefroren. TK-Spinat ist ebenfalls eine Option, wegen des intensiveren Geschmacks ist frischer Spinat aber vorzuziehen.

75 g Crushed Ice (zerstoßene Eiswürfel)

125 ml ungesüßte Mandelmilch

2 Handvoll frischer Spinat

55 g Erdbeeren

1 EL Kokosöl

1. Die Hälfte Eis mit Mandelmilch, Spinat, Erdbeeren und Kokosöl im Standmixer pürieren.
2. Das restliche Eis zufügen.
3. Noch etwa 1 Minute glatt pürieren.

SUPER REICHHALTIGE SMOOTHIES & SHAKES

PRO PORTION
(½ REZEPTMENGE)

RATIO: 4:1

KALORIEN: 215

FETT (INSGESAMT): 21,3 g

KOHLENHYDRATE: 7,2 g

NETTO-KOHLENHYDRATE: 4,5 g

BALLASTSTOFFE: 2,7 g

PROTEINE: 2,5 g

KOKOS-BEEREN-SMOOTHIE

FÜR 2 PORTIONEN
ZUBEREITUNG GESAMT: 10 MINUTEN

Dieser Kokos-Beeren-Smoothie ist wie ein Gruß aus den Tropen: Brombeeren und Himbeeren sind wunderbar fruchtig frisch und die Kokosmilch sorgt für eine cremig-samtige Konsistenz. Sowohl Himbeeren als auch Brombeeren sind exzellente Lieferanten für Vitamin C und ballaststoffreich, was dieses Rezept auch gut für ein gesundes Herz macht. Da Kokosmilch in einer Vielzahl verschiedener Ausführungen erhältlich ist, achten Sie immer darauf, ungesüßte Vollfett-Kokosmilch zu kaufen (und auf Vorrat da zu haben).

75 g Crushed Ice (zerstoßene Eiswürfel)
250 ml ungesüßte Vollfett-Kokosmilch
1 EL Kokosöl
60 g Himbeeren
65 g Brombeeren
2 EL ungesüßte Kokosflocken

SUPER REICHHALTIGE SMOOTHIES & SHAKES

PRO PORTION (½ REZEPTMENGE)
RATIO: 4:1
KALORIEN: 384
FETT (INSGESAMT): 37,5 g
KOHLENHYDRATE: 14,5 g
NETTO-KOHLENHYDRATE: 7,5 g
BALLASTSTOFFE: 7 g
PROTEINE: 3,8 g

1. Die Hälfte Eis mit Kokosmilch und Kokosöl im Standmixer pürieren.
2. Himbeeren, Brombeeren, Kokosflocken und das restliche Eis zufügen.
3. Noch etwa 1 Minute glatt pürieren, dann servieren.

TIPP ZUM SPAREN: Sparen Sie beim Einkauf der ansonsten recht teuren ungesüßten Kokosflocken Geld, indem Sie eine größere Menge kaufen und dann in mehreren Portionen einfrieren, bereit zur Verwendung. Frieren Sie die Kokosflocken aber nicht in der Originalverpackung ein, da diese gegebenenfalls nicht gefrierfest ist. Füllen Sie die Kokosflocken stattdessen in mehrere Gefrierbeutel mit Zip-Verschluss um.

AVOCADO-KOKOS-SMOOTHIE

FÜR 2 PORTIONEN
ZUBEREITUNG GESAMT: 10 MINUTEN

In diesem einzigartigen und extrem sättigenden Smoothie kommen Avocado und Kokosmilch zusammen. Avocado und Kokosnuss passen sehr gut zusammen, da sie in der Textur ähnlich sind. Ihre Aromen verbinden sich hervorragend und Kokosflocken lassen die Kokos-Noten in diesem Rezept richtig schön strahlen.

75 g Crushed Ice (zerstoßene Eiswürfel)

1 Avocado, geschält und Stein entfernt

250 ml ungesüßte Vollfett-Kokosmilch

1 EL Kokosöl

1 EL ungesüßte Kokosflocken

1. Die Hälfte Eis mit Avocado, Kokosmilch und Kokosöl im Mixer pürieren.
2. Das restliche Eis und die Kokosflocken zufügen.
3. Noch etwa 1 Minute glatt pürieren, dann servieren.

SUPER REICHHALTIGE SMOOTHIES & SHAKES

PRO PORTION (½ REZEPTMENGE)

RATIO: 4:1

KALORIEN: 512

FETT (INSGESAMT): 51,2 g

KOHLENHYDRATE: 13 g

NETTO-KOHLENHYDRATE: 6 g

BALLASTSTOFFE: 7 g

PROTEINE: 4 g

MANDEL-GRÜNKOHL-SMOOTHIE

FÜR 2 PORTIONEN
ZUBEREITUNG GESAMT: 10 MINUTEN

In diesem Rezept verbindet sich der intensive pikante Geschmack von Grünkohl hervorragend mit der leichten Süße der Mandeln. Grünkohl enthält eine Menge Vitamin C und Vitamin A – beide sehr wichtig für die allgemeine Gesundheit. Mandeln sind im Rahmen der Keto-Diät sehr beliebt, dank ihres hohen Fett- und geringen Proteingehalts.

75 g Crushed Ice (zerstoßene Eiswürfel)

250 ml ungesüßte Mandelmilch

35 g Grünkohl

1 EL Kokosöl

2 EL Mandelmehl

½ TL Mandelextrakt

SUPER REICHHALTIGE SMOOTHIES & SHAKES

PRO PORTION (½ REZEPTMENGE)
RATIO: 4:1
KALORIEN: 396
FETT (INSGESAMT): 39,2 g
KOHLENHYDRATE: 11,4 g
NETTO-KOHLENHYDRATE: 7,5 g
BALLASTSTOFFE: 3,9 g
PROTEINE: 3,8 g

1. Die Hälfte Eis, Mandelmilch, Grünkohl und Kokosöl im Standmixer pürieren.
2. Gemahlene Mandeln, Mandelextrakt und das restliche Eis zufügen.
3. Noch etwa 1 Minute glatt pürieren, dann servieren.

AVOCADO-BLAUBEEREN-SMOOTHIE

FÜR 2 PORTIONEN
ZUBEREITUNG GESAMT: 10 MINUTEN

Cremige Avocado verbindet sich in diesem köstlichen Smoothie mit frischen Blaubeeren – die perfekte Mahlzeit zum Mitnehmen. Die frischen Aromen der Blaubeeren ergänzen die seidige Textur der Avocado hervorragend, sodass eine einzigartige Leckerei entsteht. Verwenden Sie TK-Blaubeeren, wenn nicht gerade der Höhepunkt der Blaubeer-Saison ist, damit die Früchte die bestmögliche Qualität haben.

75 g Crushed Ice (zerstoßene Eiswürfel)

60 g Blaubeeren

180 ml ungesüßte Mandelmilch

2 EL Sahne

1 EL Kokosöl

1 Avocado, geschält und Stein entfernt

1. Die Hälfte Eis mit Blaubeeren, Mandelmilch, Sahne und Kokosöl im Standmixer pürieren.
2. Die Avocado und das restliche Eis zufügen.
3. Noch etwa 1 Minute glatt pürieren und dann servieren.

VARIATION: Diesen Smoothie mit Brombeeren statt der Blaubeeren zubereiten, für eine andere Interpretation des Beeren-Avocado-Themas. Brombeeren haben einen besonderen Geschmack und eine samtigere Konsistenz als Blaubeeren.

PRO PORTION (½ REZEPTMENGE)
RATIO: 4:1
KALORIEN: 543
FETT (INSGESAMT): 53,5 g
KOHLENHYDRATE: 0,9 g
NETTO-KOHLENHYDRATE: 0,9 g
BALLASTSTOFFE: 0 g
PROTEINE: 1,3 g

ERDNUSSBUTTER-SHAKE

FÜR 2 PORTIONEN
ZUBEREITUNG GESAMT: 10 MINUTEN

Dickflüssig, cremig und erdnussbutterlastig – nach diesem Shake hält das Sättigungsgefühl stundenlang an. Erdnussbutter in Pulverform sorgt dafür, dass man den Kohlenhydratgehalt in diesem Rezept besser kontrollieren kann, da die meisten Sorten reguläre Erdnussbutter mit Zucker gesüßt sind. Falls Sie ungesüßte Erdnussbutter zur Hand haben, verwenden Sie diese gerne statt der Pulver-Variante und lassen dann das Kokosöl weg.

75 g Crushed Ice (zerstoßene Eiswürfel)

30 g Erdnussbutter-Pulver (z. B. PB2)

60 ml Sahne

2 EL Kokosöl

250 ml ungesüßte Mandelmilch

SUPER REICHHALTIGE SMOOTHIES & SHAKES

PRO PORTION (½ REZEPTMENGE)
RATIO: 4:1
KALORIEN: 535
FETT (INSGESAMT): 50,8 g
KOHLENHYDRATE: 17,1 g
NETTO-KOHLENHYDRATE: 10,5 g
BALLASTSTOFFE: 6,6 g
PROTEINE: 13,1 g

1. Die Hälfte Eis, Erdnussbutter-Pulver und Sahne im Standmixer pürieren.
2. Kokosöl, Mandelmilch und das restliche Eis zufügen.
3. Noch etwa 1 Minute glatt pürieren, dann servieren.

SCHOKOLADEN-ERDNUSSBUTTER-BANANEN-SHAKE

FÜR 2 PORTIONEN
ZUBEREITUNG GESAMT: 10 MINUTEN

Ich nenne diesen Shake auch gerne „The Elvis". Wenn ich Lust auf Süßes habe, gehört dieses Rezept zu meinen Favoriten, ebenso wie an Tagen, an denen ich mich zum Frühstück einfach verwöhnen muss. Da Bananen im Rahmen der ketogenen Ernährung nicht erlaubt sind, wird in diesem Rezept Bananenextrakt verwendet. Für besonders intensive Bananen-Aromen einfach mehr davon zufügen.

75 g Crushed Ice (zerstoßene Eiswürfel)

3 EL ungesüßtes Schokoladen-Proteinpulver

1 EL ungesüßte Erdnussbutter

1 EL Kokosöl

1½ TL Kakaopulver

250 ml ungesüßte Mandelmilch

60 ml Sahne

1 TL Bananenextrakt

½ TL reiner Vanilleextrakt

SUPER REICHHALTIGE SMOOTHIES & SHAKES

PRO PORTION (½ REZEPTMENGE)
RATIO: 4:1
KALORIEN: 473
FETT (INSGESAMT): 45,5 g
KOHLENHYDRATE: 10,8 g
NETTO-KOHLENHYDRATE: 7,1 g
BALLASTSTOFFE: 3,7 g
PROTEINE: 10,3 g

1. Die Hälfte Eis zusammen mit Schokoladen-Proteinpulver, Erdnussbutter und Kokosöl im Standmixer pürieren.
2. Kakaopulver, Mandelmilch, Sahne, Bananenextrakt, Vanilleextrakt und das restliche Eis zufügen.
3. Noch etwa 1 Minute glatt pürieren, dann servieren.

ERDBEER-SAHNE-SHAKE

FÜR 2 PORTIONEN
ZUBEREITUNG GESAMT: 10 MINUTEN

Erdbeeren mit Sahne scheinen in einer Diät fehl am Platz – aber nicht bei Keto. Dieses Rezept mit viel Fett aus Milchprodukten lebt von der Einfachheit der Zutaten, sodass die Erdbeeren ihr volles Aroma entfalten können. Für einen noch intensiveren Erdbeergeschmack kann etwas zuckerfreier Erdbeersirup zugefügt werden.

75 g Crushed Ice (zerstoßene Eiswürfel)

60 ml ungesüßte Mandelmilch

125 ml Sahne

1 EL Kokosöl

55 g Erdbeeren

1 TL reiner Vanilleextrakt

1. Die Hälfte Eis zusammen mit Mandelmilch, Sahne und Kokosöl im Standmixer pürieren.
2. Erdbeeren, Vanilleextrakt und das restliche Eis zufügen.
3. Noch etwa 1 Minute glatt pürieren, dann servieren.

PRO PORTION
(½ REZEPTMENGE)

RATIO: 4:1

KALORIEN: 249

FETT (INSGESAMT): 25,2 g

KOHLENHYDRATE: 5,5 g

NETTO-KOHLENHYDRATE: 4,1 g

BALLASTSTOFFE: 1,4 g

PROTEINE: 1,6 g

EXTRA SCHOKOLADIGER SHAKE

FÜR 2 PORTIONEN
ZUBEREITUNG GESAMT: 10 MINUTEN

Mandelmilch, Kakaopulver und Bitterschokolade verbinden sich hier zu einem wunderbar schokoladigen Shake. Die krümeligen Schokoladenstückchen sind wirklich etwas Besonderes und es ist wichtig, hochwertige Schokolade mit 90–100 % Kakaobestandteilen zu verwenden. Wenn man nach einem langen, stressigen Tag eine Aufmunterung braucht, ist dieser Shake genau das Richtige.

75 g Crushed Ice (zerstoßene Eiswürfel)

180 ml ungesüßte Mandelmilch

60 ml Sahne

1 EL Kokosöl

3 EL ungesüßtes Schokoladen-Proteinpulver

1 EL ungesüßtes Kakaopulver

1 EL gehackte Bitterschokolade (mindestens 90 % Kakaobestandteile)

1 EL zuckerfreier Schokoladensirup

1. Die Hälfte Eis mit Mandelmilch und Kokosöl im Standmixer pürieren.
2. Proteinpulver, Kakaopulver, Bitterschokolade, Schokoladensirup und das restliche Eis zufügen.
3. Noch etwa 1 Minute glatt pürieren, dann servieren.

SUPER REICHHALTIGE SMOOTHIES & SHAKES

PRO PORTION (½ REZEPTMENGE)
RATIO: 4:1
KALORIEN: 451
FETT (INSGESAMT): 41 g
KOHLENHYDRATE: 19 g
NETTO-KOHLENHYDRATE: 13,3 g
BALLASTSTOFFE: 5,7 g
PROTEINE: 9,8 g

GEBUTTERTER-KAFFEE-SHAKE

FÜR 1 PORTION
ZUBEREITUNG GESAMT: 10 MINUTEN

Diese kühlere, schaumigere Version des Gebutterterten Kaffees (Seite 22) schmeckt ebenso gut wie ihr heißer morgendlicher Cousin. Achten Sie darauf, auf jeden Fall qualitativ hochwertiges Öl und Butter zu verwenden, um das Beste aus den Nährstoffen zu bekommen. Dieser Smoothie ist perfekt, wenn man einen Energieschub braucht oder die Konzentrationsfähigkeit unterstützen möchte.

75 g Crushed Ice (zerstoßene Eiswürfel)

2 EL ungesalzene Butter von Kühen aus Weidehaltung

1½ EL MCT-Öl oder Kokosöl

375 ml Eiskaffee

60 ml Sahne

SUPER REICHHALTIGE SMOOTHIES & SHAKES

PRO PORTION (1 REZEPT)
RATIO: 4:1
KALORIEN: 486
FETT (INSGESAMT): 54,6 g
KOHLENHYDRATE: 0,9 g
NETTO-KOHLENHYDRATE: 0,9 g
BALLASTSTOFFE: 0 g
PROTEINE: 1,3 g

1. Die Hälfte Eis mit Butter, MCT-Öl und Eiskaffee im Standmixer pürieren.
2. Die Sahne und das restliche Eis zufügen.
3. Noch etwa 1 Minute glatt pürieren, dann servieren.

VANILLE-SHAKE

FÜR 2 PORTIONEN
ZUBEREITUNG GESAMT: 10 MINUTEN

Dieser Vanille-Shake ist ein richtiger Klassiker und wird für einen besonders intensiven, reichhaltigen Geschmack mit Proteinpulver und Vanilleextrakt zubereitet. Mixen Sie den Shake, bis er schön schaumig ist, und fügen Sie nach Belieben noch gehackte Mandeln, Blaubeeren und Zimt hinzu. Und wenn Sie möchten, kann etwas mehr Vanilleextrakt auch nicht schaden.

75 g Crushed Ice (zerstoßene Eiswürfel)

250 ml ungesüßte Mandelmilch

60 ml Sahne

1 EL Kokosöl

3 EL ungesüßtes Molkeproteinpulver mit Vanillegeschmack

1 TL reines Vanilleextrakt

1. Die Hälfte Eis mit Mandelmilch, Sahne und Kokosöl im Standmixer pürieren.
2. Molkeproteinpulver, Vanilleextrakt und das restliche Eis zufügen.
3. Noch etwa 1 Minute glatt pürieren, dann servieren.

PRO PORTION (½ REZEPTMENGE)

RATIO: 4:1

KALORIEN: 448

FETT (INSGESAMT): 41 g

KOHLENHYDRATE: 7,6 g

NETTO-KOHLENHYDRATE: 4,7 g

BALLASTSTOFFE: 2 g

PROTEINE: 16,6 g

KAPITEL

ÜPPIGE SNACKS

JALAPEÑO POPPERS

FÜR 1 PORTION

VORBEREITUNG: 10 MINUTEN ▪ GARZEIT: 15 MINUTEN ▪ GESAMT: 25 MINUTEN

Wenn man Lust auf eine pikante Kleinigkeit hat, sind diese gefüllten Jalapeño-Chilischoten ein grandioser Snack. Je nach Jahreszeit sind Jalapeños mild bis mäßig scharf. Der Frischkäse mildert die Schärfe etwas ab.

6 Jalapeño-Chilischoten

½ TL sehr fein gehackter Knoblauch

2 EL Frischkäse, bei Raumtemperatur

¼ TL Salz

⅛ TL frisch gemahlener schwarzer Pfeffer

110 g Monterey Jack oder Butterkäse, gerieben

1 TL Olivenöl

ÜPPIGE SNACKS

PRO PORTION (6 GEFÜLLTE JALAPEÑO-CHILISCHOTEN)

RATIO: 3:1

KALORIEN: 254

FETT (INSGESAMT): 21,5 g

KOHLENHYDRATE: 7,8 g

NETTO-KOHLENHYDRATE: 4,2 g

BALLASTSTOFFE: 3,6 g

PROTEINE: 9,8 g

1. Den Backofen auf 230 °C vorheizen.
2. Die Jalapeños waschen und den Stielansatz abschneiden. Die Schoten von oben bis zur Spitze einschneiden, ohne sie zu durchtrennen, dann vorsichtig auseinanderfalten und die Samen und Scheidewände entfernen. Beiseitelegen.
3. In einer kleinen Schüssel Knoblauch, Frischkäse, Salz und Pfeffer glatt rühren.
4. Den geriebenen Käse in den Jalapeños verteilen, sodass die Schoten gefüllt sind, sich aber noch gut schließen lassen.
5. Mit einem kleinen Messer oder Löffel vergleichbare Mengen der Frischkäse-Masse in den Jalapeño-Schoten verteilen (auf dem geriebenen Käse). Die Schoten sorgfältig über der Füllung verschließen und auf das vorbereitete Backblech legen.
6. Die Jalapeños mit Olivenöl beträufeln.
7. Im vorgeheizten Ofen 15 Minuten goldbraun backen.

TIPP ZU DEN ZUTATEN: Die ätherischen Öle in den Jalapeños können beim Vorbereiten Irritationen verursachen. Tragen Sie Einmal- oder Haushaltshandschuhe, während Sie die Schoten vorbereiten und fassen Sie sich damit nicht ins Gesicht oder an andere empfindliche Hautstellen.

SCHINKEN-FRISCHKÄSE-ROULADEN

FÜR 2 PORTIONEN
ZUBEREITUNG GESAMT: 10 MINUTEN

Wenn Sie auf der Suche nach einem schnellen Snack für unter der Woche sind, haben Sie ihn mit diesen Schinken-Frischkäse-Rouladen gefunden. Egal, ob Sie die Rouladen am Stück oder als in Häppchengröße geschnittene Scheiben genießen, die Rouladen sind ein Keto-Grundrezept, das Sie ganz nach Belieben anpassen können. Probieren Sie zum Beispiel Kombinationen wie Pute und Cheddar oder Roast Beef und Havarti aus.

6 Scheiben Schwarzwälder Schinken (insgesamt etwa 140 g)

85 g Frischkäse, bei Raumtemperatur

1 EL frisch gehackter Schnittlauch

20 g Monterey Jack oder Butterkäse, gerieben

½ TL Knoblauchpulver

½ TL Zwiebelpulver

⅛ TL Salz

⅛ TL frisch gemahlener schwarzer Pfeffer

1. Sechs Scheiben Schinken nebeneinander auf einem Schneidebrett ausbreiten. Den Frischkäse auf den einzelnen Schinken-Scheiben verstreichen, sodass sie gleichmäßig bedeckt sind.
2. Den Schnittlauch auf den Frischkäse streuen.
3. Den geriebenen Käse gleichmäßig darüber verteilen. Auf jede Portion etwas Knoblauchpulver, Zwiebelpulver, Salz und Pfeffer streuen.
4. Die Scheiben zu Rouladen aufrollen. Die Rouladen entweder am Stück genießen oder nach Belieben in etwa 2,5 cm dicke Scheiben schneiden und servieren.

ÜPPIGE SNACKS

PRO PORTION (3 ROULADEN)
RATIO: 3:1
KALORIEN: 345
FETT (INSGESAMT): 26,5 g
KOHLENHYDRATE: 5,7 g
NETTO-KOHLENHYDRATE: 4,4 g
BALLASTSTOFFE: 1,3 g
PROTEINE: 21,1 g

RUSSISCHE EIER MIT SPECK

FÜR 4 PORTIONEN
VORBEREITUNG: 5 MINUTEN ▪ GARZEIT: 15 MINUTEN ▪
GESAMT: 20 MINUTEN

Diese Interpretation des Party-Klassikers ist ein schnell zubereiteter Snack und perfekt fürs Wochenende. Das Rezept ist hervorragend für die Keto-Diät geeignet, aber auch für Nicht-keto-Gäste. Eine Prise Cayennepfeffer verleiht dem Ganzen extra Pfiff.

6 Eier
3–4 Scheiben Speck
1½ EL Mayonnaise
1 EL Senf
½ TL Paprikapulver
⅛ TL Salz
⅛ TL frisch gemahlener schwarzer Pfeffer

ÜPPIGE SNACKS

PRO PORTION (3 GEFÜLLTE EIERHÄLFTEN)
RATIO: 3:1
KALORIEN: 283
FETT (INSGESAMT): 21,1 g
KOHLENHYDRATE: 3,4 g
NETTO-KOHLENHYDRATE: 2,9 g
BALLASTSTOFFE: 0,5 g
PROTEINE: 19,6 g

1. Einen großen Topf Wasser zum Kochen bringen. Die Eier vorsichtig in das Wasser gleiten lassen, sodass die Schalen nicht einreißen, und 10 Minuten hart kochen. Den Topf vom Wasser nehmen, beiseitestellen und abkühlen lassen.
2. Während die Eier kochen, eine Pfanne auf mittlerer Stufe erhitzen. Den Speck in die heiße Pfanne legen und 3 Minuten braten. Wenden und von der zweiten Seite 2–3 Minuten knusprig braten. Auf Küchenpapier abtropfen lassen.
3. Die abgekühlten Eier vorsichtig schälen und dann längs halbieren.
4. Die Eigelbe vorsichtig aus der Mitte lösen und in eine kleine Schüssel geben. Mayonnaise, Senf, ¼ TL Paprikapulver, Salz und Pfeffer untermischen.
5. Den Speck fein würfeln. Die Hälfte unter das Eigelb mischen.
6. Die Eier mit der Schnittseite nach oben auf einem Teller arrangieren. Die Eigelb-Mischung gleichmäßig in den vom Eigelb hinterlassenen Mulden verteilen.
7. Die gefüllten Eier mit dem restlichen Speck und Paprikapulver garnieren und servieren.

TIPP ZUR ZUBEREITUNG: ZEIT SPAREN, INDEM SIE BEREITS GEBRATENEN SPECK KAUFEN. FRISCH GEBRATENER SPECK IST ZWAR IMMER VORZUZIEHEN, KÜCHENFERTIG GEBRATENEN SPECK EINZUKAUFEN BESCHLEUNIGT DIE ZUBEREITUNG DIESES REZEPTES AN DIESEN FRÜHEN MORGEN UNTER DER WOCHE JEDOCH.

GUACAMOLE MIT SPECK

FÜR 4 PORTIONEN
VORBEREITUNG: 5 MINUTEN ▪ GARZEIT: 10 MINUTEN ▪ GESAMT: 15 MINUTEN

Achtung: Diese Guacamole hat es in sich – nicht nur wegen des Specks. Das dezente und doch pikante Aroma der Serrano-Chilischoten regt die Geschmacksknospen an und wird Fans von scharfem Essen begeistern. Wer scharfe Guacamole nicht mag, lässt die Chilischoten einfach weg.

4 Scheiben Speck

2 Avocados, geschält, halbiert und Stein entfernt

60 g gelbe Zwiebel, gewürfelt

50 g Tomaten, gewürfelt

2 TL sehr fein gehackter Knoblauch

1 Jalapeño-Chilischote, Stielansatz, Samen und Scheidewände entfernt, sehr fein gehackt

1 Serrano-Chilischote, Stielansatz, Samen und Scheidewände entfernt, sehr fein gehackt

1 EL frisch gehacktes Koriandergrün

1 TL frisch gepresster Limettensaft

¼ TL Salz

⅛ TL frisch gemahlener schwarzer Pfeffer

¼ TL Cayennepfeffer

1. Eine große Pfanne auf mittlerer Stufe erhitzen. Den Speck in der heißen Pfanne 3 Minuten braten. Wenden und weitere 2–3 Minuten braten. Den knusprig gebratenen Speck auf Küchenpapier abtropfen und abkühlen lassen. Den abgekühlten Speck fein würfeln und beiseitelegen.
2. In einer großen Schüssel Avocados, Zwiebeln und Tomaten mischen.
3. Knoblauch, Jalapeño- und Serrano-Chilischote zufügen und vorsichtig unterheben.
4. Kurz bevor die Zutaten gleichmäßig vermengt sind, Koriandergrün, Speckwürfel, Limettensaft, Salz, schwarzen Pfeffer und Cayennepfeffer zufügen und vorsichtig unterheben (nicht zu stark umrühren).
5. Sofort servieren.

PRO PORTION
RATIO: 4:1
KALORIEN: 259
FETT (INSGESAMT): 22,8 g
KOHLENHYDRATE: 11,6 g
NETTO-KOHLENHYDRATE: 4,1 g
BALLASTSTOFFE: 7,5 g
PROTEINE: 5,1 g

Außer den
und humoristis
regen Uebu
und abwe
gesorgt.

FRITTIERTE AVOCADO

FÜR 3 PORTIONEN

VORBEREITUNG: 5 MINUTEN ▪ GARZEIT: 10 MINUTEN ▪ GESAMT: 17 MINUTEN

Diese frittierten Avocadospalten sind eine absolute Freude. Außen knusprig und kross, innen weich und cremig, kommen sie immer gut an und können auf unterschiedliche Art und Weise gewürzt werden. Serviert mit Ranch-Dressing (Seite 267) als Dip sind sie besonders lecker.

Öl zum Frittieren

1 Ei

1 EL Sahne

1 Avocado, geschält und Stein entfernt

¼ TL Salz

¼ TL frisch gemahlener schwarzer Pfeffer

10 g Parmesan, gerieben

4 EL Speckkrusten-Chips, fein zerstossen

¼ TL Zwiebelpulver

¼ TL Knoblauchpulver

ÜPPIGE SNACKS

1. Eine große, tiefe Pfanne etwa 4 cm hoch mit Öl füllen. Das Öl auf 190 °C erhitzen.
2. In einer kleinen Schüssel Ei und Sahne glatt rühren und beiseitestellen.
3. Die Avocadohälften in etwa 1 cm dicke Spalten schneiden. Mit Salz und Pfeffer würzen.
4. In einem tiefen Teller Parmesan, zerstossene Speckkrusten-Chips, Zwiebelpulver und Knoblauchpulver mischen.
5. Die Avocadospalten nacheinander in die Eier-Sahne-Mischung tunken, über der Schüssel kurz abtropfen lassen und dann in der Speckschwarten-Mischung wenden, sodass sie rundherum gleichmäßig bedeckt sind.
6. Ein paar panierte Avocadospalten auf einmal in das heiße Öl gleiten lassen und 1–2 Minuten goldbraun frittieren. Die frittierten Avocados auf Küchenpapier abtropfen lassen, während die nächste Ladung frittiert wird.
7. Vor dem Servieren 1–2 Minuten abkühlen lassen.

PRO PORTION (2 AVOCADO-SPALTEN)

RATIO: 4:1

KALORIEN: 347

FETT (INSGESAMT): 27,8 g

KOHLENHYDRATE: 7,6 g

NETTO-KOHLENHYDRATE: 3 g

BALLASTSTOFFE: 4,6 g

PROTEINE: 21,6 g

SCHARFER HÄHNCHENFLEISCH-DIP

FÜR 8 PORTIONEN

VORBEREITUNG: 10 MINUTEN ▪ GARZEIT: 40 MINUTEN ▪ GESAMT: 55 MINUTEN

Wenn Ihre Familie sich ähnlich verhält wie meine, wenn American Football im Fernsehen läuft, wird dieser Dip so gut ankommen wie ein perfekter Touch-Down. Cremiger Käse und pikantes Hähnchenfleisch – Sie werden jeden letzten Rest aus der Schüssel lecken wollen. Ich peppe das Ganze gerne noch mit ein paar Spritzern scharfer Sauce auf, am liebsten Tabasco-Chipotle-Pepper-Sauce für einen leicht rauchigen Geschmack.

90 g Butter

1 TL sehr fein gehackter Knoblauch

4 Hähnchenschenkelfilets

55 g Sour Cream

¼ TL Salz

¼ TL frisch gemahlener schwarzer Pfeffer

¼ TL Cayennepfeffer

¼ TL Paprikapulver

225 g Frischkäse, bei Raumtemperatur

125 ml Chilisauce, plus mehr nach Bedarf

125 ml Ranch-Dressing (Seite 267 oder fertig gekauftes Dressing)

90 g geriebener Mozzarella

35 g Cheddar, gerieben

ÜPPIGE SNACKS

PRO PORTION

RATIO: 3:1

KALORIEN: 358

FETT (INSGESAMT): 31,4 g

KOHLENHYDRATE: 3 g

NETTO-KOHLENHYDRATE: 2,8 g

BALLASTSTOFFE: 0,2 g

PROTEINE: 21,2 g

1. Den Backofen auf 225 °C vorheizen.
2. Eine große Pfanne mit Deckel auf mittlerer Stufe erhitzen. Die Butter in der heißen Pfanne zerlassen.
3. Knoblauch und Hähnchenfleisch in die zerlassene Butter geben und 3 Minuten anbraten. Die Temperatur reduzieren. Das Hähnchenfleisch unter gelegentlichem Wenden 12–15 Minuten braten.
4. Mit dem Fleischthermometer prüfen, ob das Hähnchenfleisch durchgegart ist. Es muss eine Kerntemperatur von 75 °C haben. Das fertig gegarte Hähnchenfleisch in eine große Schüssel legen, beiseitestellen und abkühlen lassen.
5. Das abgekühlte Hähnchenfleisch in häppchengroße Stücke schneiden.
6. Sour Cream, Salz, schwarzen Pfeffer, Cayennepfeffer und Paprikapulver unter die Hähnchenfleischstückchen mischen.

7. Den Frischkäse gleichmäßig auf dem Boden und an den Innenseiten einer quadratischen Auflaufform à 22 cm Seitenlänge verteilen. Die Hähnchenfleisch-Mischung daraufgeben.
8. Chilisauce und Ranch-Dressing gleichmäßig über die Hähnchenfleischmischung träufeln.
9. Mozzarella und Cheddar auf der Oberfläche verteilen.
10. Die Zutaten in der Auflaufform mit einem Buttermesser mit kreisförmigen Bewegungen grob vermengen.
11. Im vorgeheizten Ofen 15 Minuten backen, bis die Oberfläche leicht gebräunt ist und Blasen wirft.
12. Aus dem Ofen nehmen und den Dip vor dem Servieren etwa 5 Minuten abkühlen lassen.

KNUSPRIGE GRÜNKOHL-CHIPS

FÜR 2 PORTIONEN

VORBEREITUNG: 5 MINUTEN ▪ GARZEIT: 25 MINUTEN ▪ GESAMT: 33 MINUTEN

Dieses Rezept ist köstlich und nahrhaft. Genießen Sie die Chips als sättigenden Snack mit Ranch-Dressing (Seite 267) als Dip oder einfach so. Lassen Sie den Grünkohl beim Backen nicht aus den Augen – er brennt schnell an.

70 g Grünkohl, gewaschen, Stiele und zähe Blattadern entfernt

1 EL Olivenöl

½ TL Salz

½ TL frisch gemahlener schwarzer Pfeffer

½ TL Zwiebelpulver

½ TL Knoblauchpulver

1. Den Backofen auf 150 °C vorheizen.
2. In einer großen Schüssel die Grünkohlblätter im Olivenöl schwenken, sodass sie rundherum benetzt sind.
3. Salz, Pfeffer, Zwiebelpulver und Knoblauchpulver zufügen und erneut schwenken, sodass sich die trockenen Zutaten gleichmäßig auf dem Grünkohl verteilen.
4. Den Grünkohl in einer gleichmäßigen Schicht auf einem Backblech verteilen.
5. Im vorgeheizten Ofen 10 Minuten backen, dann das Blech wenden und den Grünkohl weitere 15 Minuten backen.
6. Das Backblech aus dem Ofen nehmen und den Grünkohl vor dem Servieren 3 Minuten darauf abkühlen lassen.

PRO PORTION

RATIO: 3:1

KALORIEN: 99

FETT (INSGESAMT): 7 g

KOHLENHYDRATE: 8,3 g

NETTO-KOHLENHYDRATE: 7,2 g

BALLASTSTOFFE: 1,2 g

PROTEINE: 2,2 g

TIPP ZUR ZUBEREITUNG: Wenn Sie einen Zerstäuber besitzen, können Sie das Olivenöl auf die Grünkohlblätter sprühen. Zu viel Öl beschwert den Grünkohl, sodass er eher anbrennt, als knusprig zu werden. Verwendet man zu wenig Öl, fallen die Blätter zusammen. Es ist wichtig, die einzelnen Blätter gleichmäßig mit Öl zu benetzen, nur dann gelingen die Grünkohl-Chips richtig gut.

GEBACKENER BLUMENKOHL MIT BLAUSCHIMMELKÄSESAUCE

FÜR 3 PORTIONEN

VORBEREITUNG: 5 MINUTEN · GARZEIT: 20 MINUTEN · GESAMT: 27 MINUTEN

Der perfekte Snack, wenn man Lust auf Hähnchenflügel mit Buffalo-Sauce hat, aber sich den Aufwand der Zubereitung ersparen möchte. Blumenkohl ist wahnsinnig vielseitig und kann mit den verschiedensten Aromen gewürzt werden. Probieren Sie dieses Rezept mit anderen Marinaden und Saucen aus, z. B. mit dem Fajita-Mix und Sour Cream.

ÜPPIGE SNACKS

PRO PORTION
RATIO: 4:1
KALORIEN: 340
FETT (INSGESAMT): 33,1 g
KOHLENHYDRATE: 6,4 g
NETTO-KOHLENHYDRATE: 4,3 g
BALLASTSTOFFE: 1,9 g
PROTEINE: 6,5 g

FÜR DEN GEBACKENEN BLUMENKOHL

260 g Blumenkohlröschen
1 EL Olivenöl
1 TL Knoblauchpulver
1 TL Zwiebelpulver
¼ TL Salz
⅛ TL frisch gemahlener schwarzer Pfeffer

FÜR DIE BUFFALO-SAUCE

60 g Butter
80 ml Chilisauce
1 EL Weißweinessig
¼ TL Worcestersauce

FÜR DIE BLAUSCHIMMELKÄSESAUCE

2 EL Blauschimmelkäsedressing
2 EL Sour Cream
15 g Blauschimmelkäse, zerbröselt

Zubereitung Blumenkohl

1. Den Backofen auf 220 °C vorheizen.
2. In einer großen Schüssel Blumenkohlröschen, Olivenöl, Knoblauchpulver, Zwiebelpulver, Salz und Pfeffer sorgfältig mischen, sodass der Blumenkohl rundherum gleichmäßig benetzt ist.
3. Die Blumenkohlröschen auf einem mit Backpapier ausgelegten Backblech verteilen. Im vorgeheizten Ofen etwa 20 Minuten backen, bis der Blumenkohl am Rand gebräunt ist.

Zubereitung Buffalo-Sauce

1. Eine mittlere Pfanne auf mittlerer Stufe erhitzen und die Butter darin zerlassen.
2. Chilisauce, Essig und Worcestersauce zufügen. Unter ständigem Rühren mit dem Schneebesen zum Kochen bringen. Die Pfanne vom Herd nehmen.

Zubereitung Blauschimmelkäsesauce

In einer kleinen Schüssel Blauschimmelkäsedressing und Sour Cream mit dem Schneebesen glatt rühren. Den Blauschimmelkäse unterheben. Bis zum Servieren abgedeckt im Kühlschrank ziehen lassen.

Fertigstellung

Den heißen gebackenen Blumenkohl in einer großen Schüssel in der Buffalo-Sauce schwenken, sodass die Röschen rundherum benetzt sind. Den Blumenkohl 1–2 Minuten abkühlen lassen und dann mit der Blauschimmelkäsesauce servieren.

TIPP ZU DEN ZUTATEN: Um die Buffalo-Sauce aufzupeppen, einfach etwas Cayennepfeffer untermischen oder für die Zubereitung eine extra scharfe Chilisauce verwenden. Vorsicht beim Schneiden von Chilischoten: Das Capsaicin, das den Schoten ihre Schärfe verleiht, bleibt an den Fingern haften und kann brennen. Tragen Sie daher immer Einmal- oder Haushaltshandschuhe, wenn Sie Chilischoten schneiden, und denken Sie daran, Ihre Hände sofort sorgfältig zu waschen, nachdem Sie mit Chilischoten gearbeitet haben. Passen Sie auch auf, dass Sie sich nicht ins Gesicht oder an andere empfindliche Hautstellen fassen.

GERÖSTETE MANDELN MIT ROSMARIN

FÜR 4 PORTIONEN

VORBEREITUNG: 5 MINUTEN ▪ GARZEIT: 15 MINUTEN ▪ GESAMT: 20 MINUTEN

Dieser Snack ist nur so vollgepackt mit dem Aroma von frischem Rosmarin und ist einer meiner persönlichen Favoriten. Auch auf Partys bei uns zu Hause kommt er immer gut an. Frischer Rosmarin macht den Geschmack aus – wenn Sie nur getrockneten Rosmarin da haben, heben Sie sich das Rezept besser für eine andere Gelegenheit auf. Ich habe mich so in den Geschmack dieser Mandeln verliebt, dass ich im kleinen Garten hinter meinem Haus Rosmarin angepflanzt habe. Genießen Sie diese Nüsse mit einer Tasse Tee oder zu Pökelfleisch und Käse.

ÜPPIGE SNACKS

PRO PORTION (70 G)
RATIO: 4:1
KALORIEN: 240
FETT (INSGESAMT): 21,5 g
KOHLENHYDRATE: 8,4 g
NETTO-KOHLENHYDRATE: 3,5 g
BALLASTSTOFFE: 4,9 g
PROTEINE: 7,6 g

225 g Mandeln
1 EL Olivenöl
1 EL gehackter frischer Rosmarin
½ TL Salz
½ TL frisch gemahlener schwarzer Pfeffer
¼ TL gemahlener Ingwer

1. Den Backofen auf 160 °C vorheizen und ein Backblech mit Alufolie auslegen.
2. In einer mittleren Schüssel Mandeln und Olivenöl mischen, bis die Mandeln rundherum gleichmäßig benetzt sind.
3. Rosmarin, Salz, Pfeffer und gemahlenen Ingwer zu den Mandeln geben und unterrühren.
4. Die Mandelmischung auf dem vorbereiteten Backblech verteilen.
5. Im vorgeheizten Ofen 15 Minuten hellgolden rösten, nach der Hälfte der Zeit gut durchmischen.

TIPP ZUM SPAREN: Mandeln sind häufig günstiger, wenn man sie in größeren Mengen (statt nur eine kleine Tüte) kauft.

KNOBLAUCH-PEPERONI-CHIPS

FÜR 4 PORTIONEN

VORBEREITUNG: 5 MINUTEN ▪ GARZEIT: 10 MINUTEN ▪ GESAMT: 15 MINUTEN

Immer, wenn mich das Verlangen nach Kartoffelchips packt, halte ich mich an diese köstliche Fleisch-Variante, um meine Gelüste zu befriedigen. Peperoniwurst hat einen hohen Fettgehalt, sodass sie im Ofen schön kross wird. Aber Vorsicht: eine Minute zu lang und die perfekt gebackenen Chips sind im Nullkommanichts verbrannt. Als ich an diesem Rezept arbeitete, um es zu perfektionieren, sind meine Rauchmelder ziemlich oft losgegangen.

170 g Peperoniwurst, in Scheiben geschnitten

½ TL Knoblauchpulver

ÜPPIGE SNACKS

PRO PORTION (40 G KNOBLAUCH-PEPERONI-CHIPS)

RATIO: 4:1

KALORIEN: 200

FETT (INSGESAMT): 17 g

KOHLENHYDRATE: 0,2 g

NETTO-KOHLENHYDRATE: 0,2 g

BALLASTSTOFFE: 0 g

PROTEINE: 8,6 g

1. Den Backofen auf 220 °C vorheizen und ein Backblech mit Backpapier auslegen.
2. Die Peperoniwurstscheiben mit etwa 1,5 cm Abstand auf das Backblech legen.
3. Knoblauchpulver auf die Wurstscheiben streuen.
4. Im vorgeheizten Ofen 7–8 Minuten backen. Das Blech aus dem Ofen nehmen und die Wurstscheiben vorsichtig wenden.
5. Zurück in den Ofen schieben und weitere 2–3 Minuten backen, bis die Wurstscheiben goldbraun und knusprig sind. Zum Abtropfen nebeneinander auf Küchenpapier legen.
6. In einem luftdicht verschlossenen Behälter sind die Peperoni-Chips bis zu 2 Tage haltbar.

KÄSE-KRÄCKER

FÜR 2 PORTIONEN

VORBEREITUNG: 5 MINUTEN ▪ GARZEIT: 15 MINUTEN ▪ GESAMT: 35 MINUTEN

Wenn Sie Verlangen nach einem knusprigen Snack verspüren, werden diese Käse-Kräcker Sie mit ihrer krossen Textur und dem aromatischen Geschmack überraschen. In diesem Rezept wird zwar Cheddar verwendet, aber auch andere Hartkäse wie Parmesan sind für die Zubereitung geeignet. Genießen Sie diese Kräcker mit einem leichten Dip oder Ihrem Lieblingsbelag.

8 EL geriebener Cheddar

1. Den Backofen auf 190 °C vorheizen und ein Backblech mit Backpapier auslegen.
2. Mit einem Esslöffel acht Portionen geriebenen Käse mit mindestens 4 cm Abstand auf das vorbereitete Backblech setzen.
3. Im vorgeheizten Ofen 10–15 Minuten goldbraun backen.
4. Aus dem Ofen nehmen und die Kräcker 10–15 Minuten auf dem Blech abkühlen lassen.
5. Die Kräcker vorsichtig vom Backblech lösen und genießen.

PERFEKTE KOMBINATION: Probieren Sie diese Kräcker mit dem Französischen Zwiebel-Dip (Seite 92) – die süße, milde Schärfe der Zwiebeln passt hervorragend zu den krossen Kräckern. Belegt mit einem Klecks Scharfer Hähnchenfleisch-Dip (Seite 78) schmecken die Kräcker ebenfalls hervorragend.

ÜPPIGE SNACKS

PRO PORTION (4 KRÄCKER)

RATIO: 3:1

KALORIEN: 114

FETT (INSGESAMT): 9,4 g

KOHLENHYDRATE: 0,4 g

NETTO-KOHLENHYDRATE: 0,4 g

BALLASTSTOFFE: 0 g

PROTEINE: 7 g

SPINAT-ARTISCHOCKEN-DIP

FÜR 8 PORTIONEN
VORBEREITUNG: 5 MINUTEN ▪ GARZEIT: 25 MINUTEN ▪ GESAMT: 35 MINUTEN

Der allgemein sehr beliebte Spinat-Artischocken-Dip eignet sich perfekt, um als Snack mit knusprigen Speckschwarten-Chips genossen zu werden. Traditionell wird der Dip mit Mozzarella und Parmesan zubereitet, diese Version enthält zusätzlich noch Gruyère, der einen wunderbar nussigen Geschmack hat.

2 EL Butter
2 EL sehr fein gehackter Knoblauch
90 g Spinat, gehackt
310 g Artischockenherzen, gehackt
225 g Frischkäse
80 g Parmesan
40 g geraspelter Mozzarella
30 g Gruyère, gerieben
3 EL Sour Cream
1 EL Mayonnaise
½ TL Salz
½ TL frisch gemahlener schwarzer Pfeffer
½ TL Paprikapulver

ÜPPIGE SNACKS

PRO PORTION
RATIO: 3:1
KALORIEN: 259
FETT (INSGESAMT): 20,3 g
KOHLENHYDRATE: 9,4 g
NETTO-KOHLENHYDRATE: 5,8 g
BALLASTSTOFFE: 3,6 g
PROTEINE: 12,5 g

1. Den Backofen auf 190 °C vorheizen.
2. Die Butter in einer großen Pfanne auf mittlerer Stufe zerlassen und den Knoblauch darin 1 Minute andünsten. Den gehackten Spinat zufügen und 1–2 Minuten sautieren, nach Bedarf länger. Die Artischocken untermischen und 1 Minute sautieren. Die Spinat-Artischocken-Mischung in eine große Schüssel füllen und beiseitestellen.
3. Die Pfanne bei mäßigerHitze zurück auf den Herd stellen. Den Frischkäse zufügen und unter Rühren erhitzen, bis eine cremige, dickflüssige Masse entstanden ist.
4. Die Hälfte Parmesan, den gesamten Mozzarella und den Gruyère untermischen. Unter Rühren etwa 2 Minuten erhitzen, bis der Käse geschmolzen ist.
5. Den geschmolzenen Käse über die Spinat-Artischocken-Mischung gießen und unterrühren.
6. Sour Cream, Mayonnaise, Salz, Pfeffer und Paprikapulver untermischen.
7. Die Masse in eine quadratische Auflaufform à 22 cm Seitenlänge verteilen. Den restlichen Parmesan darauf- streuen.
8. Im vorgeheizten Ofen 20–25 Minuten backen, bis die Oberfläche gebräunt ist und Blasen wirft.
9. Den Dip vor dem Servieren 5 Minuten abkühlen lassen.

ZUCCHINI-MINI-PIZZAS

FÜR 2 PORTIONEN

VORBEREITUNG: 10 MINUTEN ▪ GARZEIT: 5 MINUTEN ▪ GESAMT: 15 MINUTEN

Manchmal hat man einfach Lust auf Pizza. Für einen schnellen Snack geht nichts einfacher als meine Zucchini-Mini-Pizzas. Bestreut mit Mozzarella und belegt mit Peperoniwurst, werden Sie, noch bevor Sie die erste Portion ganz verputzt haben, schon die nächste Portion zubereiten wollen.

1 mittlere Zucchini, diagonal in Scheiben geschnitten (etwa 8 Scheiben)

1 TL Olivenöl

2 EL zuckerfreie Pizza-Sauce

20 g Mozzarella, gerieben

35 g Ziegenkäse, zerkrümelt

16 Scheiben Peperoniwurst (optional)

⅛ TL Salz

⅛ TL frisch gemahlener schwarzer Pfeffer

1 TL italienische Kräutermischung

1. Den Backofengrill vorheizen.
2. Die Zucchinischeiben auf ein Backblech legen und mit Olivenöl beträufeln.
3. Die Zucchini unter dem Ofengrill von jeder Seite 2 Minuten grillen. Aus dem Ofen nehmen.
4. Die Scheiben mit gleichmäßigen Mengen Pizza-Sauce, Mozzarella und Ziegenkäse belegen.
5. Nach Belieben zwei Scheiben Peperoniwurst auf jede Portion legen.
6. Jede Portion gleichmäßig mit Salz, Pfeffer und italienischer Kräutermischung würzen.
7. Das Backblech zurück in den Ofen schieben und die Mini-Pizzas noch 2 Minuten grillen, bis der Käse geschmolzen und goldbraun ist.

PRO PORTION (4 MINI-PIZZAS)

RATIO: 3:1

KALORIEN: 220

FETT (INSGESAMT): 15,9 g

KOHLENHYDRATE: 6,6 g

NETTO-KOHLENHYDRATE: 4,2 g

BALLASTSTOFFE: 1,4 g

PROTEINE: 14,1 g

GEBACKENE PAPRIKA MIT ZIEGENKÄSEFÜLLUNG

FÜR 4 PORTIONEN

VORBEREITUNG: 10 MINUTEN ▪ GARZEIT: 15 MINUTEN ▪ GESAMT: 25 MINUTEN

Gönnen Sie sich mit diesen gebackenen Paprikaschoten mit Ziegenkäsefüllung einen Tapas-Klassiker. Der aromatische cremige Ziegenkäse passt perfekt zur leichten Schärfe der Paprika und dem frischen Basilikum. Wenn Sie kein frisches Basilikum bekommen können, bereiten Sie etwas anderes zu – das Aroma von getrocknetem Basilikum kommt nicht an das von frischem heran.

170 g Ziegenfrischkäse, bei Raumtemperatur

1 TL sehr fein gehackter Knoblauch

2 TL frisch gehacktes Basilikum

¼ TL Salz

⅛ TL frisch gemahlener schwarzer Pfeffer

12 kleine süße Paprikaschoten, Stielansatz, Samen und Scheidewände entfernt (von oben – ohne die Paprikaschoten seitlich einzuschneiden)

1 EL Olivenöl

ÜPPIGE SNACKS

PRO PORTION (3 GEFÜLLTE PAPRIKASCHOTEN)

RATIO: 3:1

KALORIEN: 253

FETT (INSGESAMT): 18,6 g

KOHLENHYDRATE: 5,1 g

NETTO-KOHLENHYDRATE: 3,1 g

BALLASTSTOFFE: 2 g

PROTEINE: 13 g

1. Den Backofen auf 220 °C vorheizen und ein Backblech mit Backpapier auslegen.
2. In einer kleinen Schüssel Ziegenkäse, Knoblauch, Basilikum, Salz und Pfeffer glatt rühren.
3. Die Ziegenkäsemischung mit einem Löffel in die Paprikaschoten füllen.
4. Die gefüllten Paprikaschoten auf das vorbereitete Backblech legen und mit Olivenöl beträufeln.
5. Im vorgeheizten Ofen 15 Minuten backen, bis die Paprikaschoten goldbraun sind und der Käse Blasen wirft.

FRANZÖSISCHER ZWIEBEL-DIP

FÜR 4 PORTIONEN
VORBEREITUNG: 5 MINUTEN ▪ GARZEIT: 45 MINUTEN ▪ GESAMT: 2 STUNDEN

Zwiebel-Dip gibt es zwar auch fertig zu kaufen, sobald Sie dieses Rezept kennen, werden Sie den Dip aber lieber selbst machen. Durch das Karamellisieren der Zwiebeln kommt der natürliche Zucker zwar mehr zur Geltung, trotzdem kann der Dip im Rahmen der Keto-Diät in Maßen genossen werden. Zusammen mit knusprigen Speckkrusten-Chips oder Rohkost kann der Dip sofort nach der Zubereitung genossen werden oder man lässt ihn über Nacht im Kühlschrank ziehen, damit sich die Aromen noch besser entfalten können.

ÜPPIGE SNACKS

PRO PORTION
RATIO: 3:1
KALORIEN: 207
FETT (INSGESAMT): 18,4 g
KOHLENHYDRATE: 9,4 g
NETTO-KOHLENHYDRATE: 8,4 g
BALLASTSTOFFE: 1 g
PROTEINE: 1,7 g

2 EL Butter
160 g Zwiebel, gewürfelt
¾ TL Salz
250 g Sour Cream
85 g Mayonnaise
1 TL sehr fein gehackter Knoblauch
1 TL Worcestersauce
½ TL frisch gemahlener schwarzer Pfeffer

1. Die Butter in einer großen Pfanne auf mittlerer Stufe erhitzen. Die Zwiebeln und ¼ TL Salz zufügen und 1–2 Minuten sautieren. Die Temperatur reduzieren und die Zwiebeln unter gelegentlichem Rühren 35–40 Minuten karamellisieren lassen.
2. Die Zwiebeln vom Herd nehmen und abkühlen lassen, während die anderen Zutaten zubereitet werden.
3. In einer mittleren Schüssel Sour Cream, Mayonnaise, Knoblauch, Worcestersauce, Pfeffer und das restliche Salz mischen.
4. Die abgekühlten Zwiebeln sorgfältig unterrühren.
5. Den Dip vor dem Servieren abgedeckt mit Frischhaltefolie 1 Stunde im Kühlschrank ziehen lassen, damit sich die Aromen entfalten können – oder über Nacht, für das beste Ergebnis.

KNUSPRIGE SPECKSCHWARTEN-CHIPS MIT KÄSE

FÜR 1 PORTION

VORBEREITUNG: 10 MINUTEN ▪ GARZEIT: 5 MINUTEN ▪ GESAMT: 15 MINUTEN

Tortillachips haben keinen Platz in der Keto-Diät, und trotzdem können Sie den knusprigen, salzigen Geschmack in Form von Speckschwarten genießen. Dieses Grundrezept für die ketogene Variante von Nachos können Sie nach Belieben mit weiteren Keto-Zutaten erweitern. Für pikanten Pep zum Beispiel in Ringe geschnittene Jalapeño-Chilischoten zufügen.

40 g Speckschwarte

30 g Käsemischung (z. B. Butterkäse und Cheddar) gerieben

20 g gewürfelte Tomaten

1 Knoblauchzehe, sehr fein gehackt

¼ TL gemahlener Kreuzkümmel

30 g Sour Cream

Frisch gehacktes Koriandergrün, zum Servieren

ÜPPIGE SNACKS

PRO PORTION
RATIO: 3:1
KALORIEN: 461
FETT (INSGESAMT): 33,4 g
KOHLENHYDRATE: 4,5 g
NETTO-KOHLENHYDRATE: 4,5 g
BALLASTSTOFFE: 0 g
PROTEINE: 36,7 g

1. Die Speckschwarten auf einem großen mikrowellenfesten Teller verteilen und dabei darauf achten, dass sie sich nicht überlappen.
2. Den Käse gleichmäßig auf die Speckschwarten streuen, sodass sie jeweils bis zum Rand bedeckt sind.
3. Tomaten und Knoblauch darauf verteilen und mit dem Kreuzkümmel würzen.
4. In der Mikrowelle 1 Minute 15 Sekunden auf hoher Stufe erhitzen. Nachsehen, ob der Käse geschmolzen ist. Wenn nicht, in 15–30 Sekunden Intervallen weiter erhitzen, bis der Käse gleichmäßig geschmolzen ist. Aber nicht zu lange garen, sonst weichen die Speckkrusten-Chips auf.
5. Garniert mit Sour Cream und Koriandergrün servieren.

MOZZARELLA-STICKS IM SPECKMANTEL

FÜR 2 PORTIONEN

VORBEREITUNG: 10 MINUTEN ▪ GARZEIT: 5 MINUTEN ▪ GESAMT: 15 MINUTEN

Köstlich zerlaufener Mozzarella mit Speck ist ein Keto-Klassiker und eines meiner liebsten Snack-Rezepte. Im 5. Kapitel – Leckere Keto-Klassiker – finden Sie ein Rezept, das traditionellen Mozzarella-Sticks eher entspricht. Da mit Speck aber alles besser schmeckt, sollten Sie dieses Rezept auf jeden Fall mal ausprobieren. Außen knusprig, innen angenehm weich, kommen diese Mozzarella-Sticks immer gut an und sind der perfekte Snack für den späten Abend.

Öl zum Frittieren

2 dünne Stangen Mozzarella

4 Scheiben Speck

1. Einen großen Topf 5 cm hoch mit Öl füllen und das Öl auf 175 °C erhitzen.
2. Die Mozzarella-Stangen jeweils horizontal halbieren.
3. Jeweils eine Scheibe Speck um den Mozzarella wickeln und mit einem Zahnstocher fixieren. Damit sie gut garen, darauf achten, dass der Käse an beiden Enden ein Stück hervorsteht.
4. Die in Speck gewickelten Mozzarella-Stangen vorsichtig in das heiße Öl gleiten lassen und 2–3 Minuten frittieren, bis der Speck schön gebräunt und knusprig ist. Auf Küchenpapier abtropfen lassen.
5. Die Mozzarella-Sticks im Speckmantel schmecken einfach so oder mit zuckerfreier Marinara-Sauce zum Dippen.

ÜPPIGE SNACKS

PRO PORTION (2 MOZZARELLA-STICKS IM SPECKMANTEL)

RATIO: 3:1

KALORIEN: 381

FETT (INSGESAMT): 29,3 g

KOHLENHYDRATE: 1,7 g

NETTO-KOHLENHYDRATE: 1,7 g

BALLASTSTOFFE: 0 g

PROTEINE: 27,5 g

CAPRESE-SALATHÄPPCHEN

FÜR 6 PORTIONEN
ZUBEREITUNG GESAMT: 15 MINUTEN

Diese Caprese-Salathäppchen sind köstlich und ganz leicht gemacht: Der perfekte Snack. Die Kombination von aromatischen Tomaten, cremigem Mozzarella und frischem Basilikum ist einfach perfekt. Die Häppchen werden mit Olivenöl beträufelt, Balsamessig sorgt für Pep und Salz und Pfeffer runden das Ganze ab.

12 Kirschtomaten, halbiert

12 Bocconcini (kleine Mozzarella-Kugeln) oder 340 g Mozzarella, gewürfelt

12 frische Basilikum-Blätter

2 EL Olivenöl

1 EL Balsamessig

¼ TL Salz

⅛ TL frisch gemahlener schwarzer Pfeffer

1. Auf einen Zahnstocher eine Tomatenhälfte und ein Bocconcino stecken.
2. Ein Blatt Basilikum über dem Käse auf das Stäbchen fädeln und eine zweite Tomatenhälfte daraufstecken. Beiseitestellen.
3. Den Vorgang mit den übrigen Zutaten 11-mal wiederholen.
4. Die fertigen Spieße auf einer Servierplatte arrangieren. Olivenöl und Balsamessig darüberträufeln und mit Salz und Pfeffer würzen.
5. Sofort servieren oder bis zu 24 Stunden abgedeckt mit Frischhaltefolie im Kühlschrank aufbewahren.

PRO PORTION (2 CAPRESE-HÄPPCHEN)
RATIO: 3:1
KALORIEN: 287
FETT (INSGESAMT): 19,4 g
KOHLENHYDRATE: 8,3 g
NETTO-KOHLENHYDRATE: 5,3 g
BALLASTSTOFFE: 3 g
PROTEINE: 16,4 g

KETO-HOTDOGS

FÜR 4 PORTIONEN
VORBEREITUNG: 10 MINUTEN ▪ GARZEIT: 15 MINUTEN ▪ GESAMT: 30 MINUTEN

Hotdogs ohne Brötchen sind immer eine gute schnelle Keto-Mahlzeit, diese ebenso schnell zubereiteten und einfachen Keto-Hotdogs sind hervorragend aus der Hand zu essen. Die aus gemahlenen Mandeln und geriebenem Käse zubereiteten „Brötchen" gehen beim Backen stark auf und haben die perfekte Konsistenz, wenn sie fertig sind. Getunkt in zuckerfreie Marinara-Sauce schmecken diese Keto-Hotdogs sehr gut. Oder man lässt die italienische Kräutermischung weg und isst die Hotdogs mit zuckerfreiem Ketchup (Seite 264) und Senf – so, als wäre man im Stadion.

120 g geraspelter Mozzarella
2 EL Frischkäse, bei Raumtemperatur
80 g Mandelmehl
1 Ei
1 TL sehr fein gehackter Knoblauch
1 TL italienische Kräutermischung
4 Hotdog-Würste

ÜPPIGE SNACKS

PRO PORTION (1 KETO-HOTDOG)
RATIO: 4:1
KALORIEN: 435
FETT (INSGESAMT): 34,7 g
KOHLENHYDRATE: 7,6 g
NETTO-KOHLENHYDRATE: 5,3 g
BALLASTSTOFFE: 2,3 g
PROTEINE: 18,6 g

1. Den Backofen auf 220 °C vorheizen und ein Backblech mit Backpapier auslegen.
2. Mozzarella und Frischkäse in einer großen, mikrowellengeeigneten Schüssel mischen. Auf hoher Stufe in der Mikrowelle 1 Minute erhitzen. Aus der Mikrowelle nehmen, umrühren und weitere 30 Sekunden erhitzen. Die Mischung wird sehr heiß sein.
3. Gemahlene Mandeln, Ei, Knoblauch und italienische Kräutermischung sorgfältig unter die Käsemasse rühren.
4. Die Masse mit angefeuchteten Händen in vier gleich große Portionen teilen. Um jede Hotdog-Wurst jeweils eine Portion der Masse gleichmäßig verteilen.
5. Die mit der Masse umgebenen Hotdog-Würste auf das vorbereitete Backblech legen. Die Masse mit einer Gabel jeweils mehrmals einstechen, damit sich beim Backen keine Blasen bilden. Im vorgeheizten Ofen 7–8 Minuten backen.
6. Aus dem Ofen nehmen und prüfen, dass keine Blasen in der Masse entstanden sind (wenn doch, gegebenenfalls mit einer Gabel einstechen). Die Hotdogs wenden, zurück in den Ofen schieben und weitere 6–7 Minuten backen.

7. Im vorgeheizten Ofen 20–25 Minuten backen, bis die Oberfläche gebräunt ist und Blasen wirft.
8. Das Blech aus dem Ofen nehmen und die Keto-Hotdogs darauf vor dem Servieren 3–5 Minuten abkühlen lassen.

GEFÜLLTE PILZE MIT FRISCHKÄSE UND PROSCIUTTO

FÜR 4 PORTIONEN

VORBEREITUNG: 5 MINUTEN ▪ GARZEIT: 20 MINUTEN ▪ GESAMT: 27 MINUTEN

Perfekt als Party-Häppchen oder Nachmittagssnack – diese mit Frischkäse und Prosciutto gefüllten Pilze sind einfach köstlich. Prosciutto wird in Scheiben in verschiedener Dicke angeboten. Für dieses Rezept gilt: je feiner, umso besser. Dick geschnittener Prosciutto wird beim Garen unter Umständen zäh. Bitten Sie Ihren Metzger darum, Ihnen die Scheiben möglichst dünn zu schneiden.

180 g Frischkäse, bei Raumtemperatur

55 g Sour Cream

4 Scheiben Prosciutto, gewürfelt

1 TL frisch gehackte Petersilie

¼ TL Salz

⅛ TL frisch gemahlener schwarzer Pfeffer

16 kleine Champignons, Stiele und Lamellen entfernt

1 EL Olivenöl

ÜPPIGE SNACKS

PRO PORTION (4 GEFÜLLTE PILZE)
RATIO: 4:1
KALORIEN: 279
FETT (INSGESAMT): 25 g
KOHLENHYDRATE: 3,1 g
NETTO-KOHLENHYDRATE: 2,6 g
BALLASTSTOFFE: 0,5 g
PROTEINE: 12 g

1. Den Backofen auf 200 °C vorheizen und ein Backblech mit Backpapier auslegen.
2. In einer großen Schüssel Frischkäse und Sour Cream glatt rühren. Prosciutto, Petersilie, Salz und Pfeffer untermischen.
3. Die Champignons gleichmäßig mit der Frischkäse-Mischung füllen.
4. Die gefüllten Pilze mit der offenen Seite nach oben auf das vorbereitete Backblech setzen und mit Olivenöl beträufeln. Im vorgeheizten Ofen 20 Minuten goldbraun backen.
5. Das Backblech aus dem Ofen nehmen und die gefüllten Pilze vor dem Servieren 1–2 Minuten abkühlen lassen.

KAPITEL 5

LECKERE KETO-KLASSIKER

BLUMENKOHL „MAC AND CHEESE"

FÜR 8 PORTIONEN

VORBEREITUNG: 10 MINUTEN ▪ GARZEIT: 30 MINUTEN ▪ GESAMT: 45 MINUTEN

Blumenkohl ist ein extrem vielseitiges Gemüse, vor allem im Rahmen der ketogenen Ernährung. Er kann viele Formen und Aromen annehmen, was ihn zum perfekten Kohlenhydrat-Ersatz macht. In diesem Rezept wird Blumenkohl mit einer reichhaltigen, cremigen Käsesauce kombiniert. Eine Kombination, die jedes Verlangen nach Pasta stillen wird. Dieses Rezept war eines der ersten, die ich ausprobierte, als ich mit Keto begann, und es macht es unglaublich einfach, diesen Lifestyle zu mögen. Meine Freunde betteln mich regelrecht an, dieses Gericht zuzubereiten, wenn sie zum Abendessen kommen, so lecker ist es!

LECKERE KETO-KLASSIKER

PRO PORTION
RATIO: 3:1
KALORIEN: 198
FETT (INSGESAMT): 16,8 g
KOHLENHYDRATE: 3,3 g
NETTO-KOHLENHYDRATE: 2,4 g
BALLASTSTOFFE: 0,9 g
PROTEINE: 9,6 g

1 TL Salz

1 Kopf Blumenkohl, in kleine Stückchen geschnitten

250 ml Sahne

70 g Frischkäse

90 g Cheddar, gerieben

40 g geraspelter Mozzarella

½ TL sehr fein gehackter Knoblauch

¼ TL frisch gemahlener schwarzer Pfeffer

Kochspray für die Auflaufform

40 g Parmesan, gerieben

1. Den Backofen auf 200 °C vorheizen.
2. Einen großen Topf Wasser zum Kochen bringen und ½ TL Salz zufügen. Die Blumenkohlröschen vorsichtig in das kochende Wasser geben und 5 Minuten garen. Abgießen, gut abtropfen lassen und den Blumenkohl auf Küchenpapier ausbreiten, damit überschüssige Flüssigkeit aufgesogen wird. Dann in einer großen Schüssel beiseitestellen.
3. Die Sahne in einer großen Pfanne auf mittlerer Stufe zum Kochen bringen. Den Frischkäse in mehreren Portionen zufügen und die Mischung mit dem Schneebesen glatt rühren. Cheddar, Mozzarella und Knoblauch untermischen. Unter ständigem Rühren mit dem Schneebesen etwa 2 Minuten weiter erhitzen, bis der Käse vollständig geschmolzen ist und sich gut mit den anderen Zutaten verbunden hat.
4. Die Käsesauce vom Herd nehmen und über den Blumenkohl gießen. Gut umrühren, sodass die einzelnen Röschen gleichmäßig benetzt sind. Mit ½ TL Salz und dem Pfeffer würzen.

5. Eine quadratische Auflaufform à 20 cm Seitenlänge mit Kochspray fetten. Die Blumenkohl-Käse-Mischung gleichmäßig hineinfüllen. Die Oberfläche gleichmäßig mit Parmesan bestreuen.
6. Im vorgeheizten Ofen 20 Minuten backen, bis die Oberfläche goldbraun ist.
7. Vor dem Servieren 5 Minuten abkühlen lassen.

TIPP ZUR ZUBEREITUNG: Um Zeit zu sparen, Blumenkohl kaufen, der küchenfertig für die Zubereitung in der Mikrowelle abgepackt ist (frisch oder TK). In diesem Fall etwa 600 g Blumenkohlröschen für dieses Rezept verwenden.

BLUMENKOHL-„REIS“

FÜR 6 PORTIONEN

VORBEREITUNG: 5 MINUTEN ▪ GARZEIT: 15 MINUTEN ▪ GESAMT: 20 MINUTEN

Blumenkohl ist nicht nur ein hervorragender Nudelersatz, er macht sich auch gut als „Reis“. In einem Stir-Fry oder serviert mit einem Stück saftigem Fisch kann man den Unterschied oft nicht gleich erkennen. Das Geheimnis dieses Rezeptes liegt darin, frischen Blumenkohl zu verwenden – fertig abgepackte Blumenkohlröschen etc. also für andere Rezepte aufbewahren.

1 Kopf frischer Blumenkohl, die einzelnen Röschen abgetrennt, Strunk entfernt

LECKERE KETO-KLASSIKER

PRO PORTION
RATIO: 3:1
KALORIEN: 11
FETT (INSGESAMT): 0 g
KOHLENHYDRATE: 2,3 g
NETTO-KOHLENHYDRATE: 1,2 g
BALLASTSTOFFE: 1,1 g
PROTEINE: 0,9 g

1. Den Backofen auf 220 °C vorheizen.
2. Die Blumenkohlröschen in der Küchenmaschine 1 Minute mit der Impulsstufe sehr fein zerkleinern – auf die Größe von Reiskörnern.
3. Die Menge Blumenkohl-„Reis“, die nicht sofort weiterverarbeitet wird, in Gefrierbeutel füllen und für später einfrieren.
4. Den Blumenkohl-„Reis“ auf einem Backblech verteilen und im vorgeheizten Ofen 7 Minuten backen. Aus dem Ofen nehmen und den Blumenkohl umrühren und wenden. Zurück in den Ofen schieben und weitere 7–8 Minuten backen.
5. Den fertigen Blumenkohl-„Reis“ in einem Stir-Fry weiterverarbeiten oder so, wie er ist, als Beilage servieren.

PASST PERFEKT ZU …: Probieren Sie diesen Blumenkohl-„Reis“ im Stir-Fry mit Garnelen, Bambussprossen und Brokkoli (Seite 138) oder servieren Sie ihn zum Gebackenen Kabeljau mit Knoblauchbutter und Pak Choi (Seite 156). Beide Rezepte werden vom „Reis“ profitieren, der dem Hauptgericht entsprechend noch abgeschmeckt werden kann.

BLUMENKOHL-TORTILLAS

FÜR 6 PORTIONEN

VORBEREITUNG: 10 MINUTEN ▪ GARZEIT: 20 MINUTEN ▪ GESAMT: 30 MINUTEN

Gibt es etwas, das man mit dem unglaublich vielseitigen Blumenkohl nicht replizieren kann? Genießen Sie diese Blumenkohl-Tortillas mit dem Fleisch, das Sie am liebsten in Fajitas essen, oder mit Pulled Pork. Die Blumenkohl-Tortillas sind auch hervorragend als Wraps geeignet, zum Beispiel gefüllt mit Rührei, für ein Frühstück unterwegs.

¾ Kopf frischer Blumenkohl

2 Eier

½ TL Salz

¼ TL frisch gemahlener schwarzer Pfeffer

LECKERE KETO-KLASSIKER

PRO PORTION (1 TORTILLA)
RATIO: 3:1
KALORIEN: 38
FETT (INSGESAMT): 1,5 g
KOHLENHYDRATE: 3,7 g
NETTO-KOHLENHYDRATE: 2 g
BALLASTSTOFFE: 1,7 g
PROTEINE: 3,2 g

1. Den Backofen auf 190 °C vorheizen und ein Backblech mit Backpapier auslegen.
2. Den Blumenkohl in der Küchenmaschine mit der Impulsstufe fein zerkleinern.
3. Die feinen Blumenkohlstückchen in eine mikrowellengeeignete Schüssel füllen und auf hoher Stufe etwa 5 Minuten erhitzen. Umrühren und noch 2 Minuten erhitzen. Erneut umrühren.
4. Den Blumenkohl auf ein sauberes Küchentuch oder Mulltuch geben und gut darin ausdrücken, um überschüssige Flüssigkeit zu entfernen.
5. Den Blumenkohl zurück in die Schüssel geben. Eier, Salz und Pfeffer sorgfältig untermischen.
6. Auf das vorbereitete Backblech 6 oder 7 Portionen der Masse geben und mit den Händen vorsichtig zu runden Scheiben flachdrücken, möglichst gleichmäßig dick.

7. Im vorgeheizten Ofen 10 Minuten backen.
8. Das Backblech aus dem Ofen nehmen, die Blumenkohl-Tortillas vorsichtig vom Backpapier lösen und wenden. Zurück in den Ofen schieben und weitere 6–7 Minuten backen.
9. Vor dem Servieren nach Belieben in einer leicht mit Öl gefetteten Pfanne erhitzen.

TIPP ZU DEN ZUTATEN: Falls Sie fertigen Blumenkohl-„Reis" (Seite 106) im Haus haben, können Sie diesen zur Zubereitung der Tortillas verwenden. Er muss lediglich feiner zerkleinert werden, am besten in der Küchenmaschine oder dem Standmixer mit der Impulsstufe.

BLUMENKOHL-PIZZA

FÜR 2 PORTIONEN

VORBEREITUNG: 10 MINUTEN ▪ GARZEIT: 30 MINUTEN ▪ GESAMT: 40 MINUTEN

Mit Blumenkohl kann man im Rahmen der Keto-Diät fast alles machen. Das vielseitige Gemüse kann als Ersatz von Pasta, Reis und Pizzaboden dienen. In diesem Rezept wird Blumenkohl mit Käse als Bindemittel in Pizzaboden mit toller Textur verwandelt.

FÜR DEN PIZZABODEN

¾ TL Salz

260 g Blumenkohlröschen

1 Ei

220 g Mozzarella, gerieben

½ TL Knoblauchpulver

⅛ TL frisch gemahlener schwarzer Pfeffer

FÜR DIE PIZZA

60 ml zuckerfreie Pizza-Sauce

10 Scheiben Peperoniwurst

LECKERE KETO-KLASSIKER

PRO PORTION (1 PIZZA MIT 20 CM DURCHMESSER)

RATIO: 3:1

KALORIEN: 457

FETT (INSGESAMT): 30,7 g

KOHLENHYDRATE: 10,9 g

NETTO-KOHLENHYDRATE: 8,6 g

BALLASTSTOFFE: 2,3 g

PROTEINE: 35,5 g

Zubereitung Pizzaböden

1. Den Backofen auf 225 °C vorheizen und ein Backblech mit Backpapier auslegen.
2. Einen großen Topf Wasser zum Kochen bringen und ½ TL Salz zufügen. Den Blumenkohl vorsichtig in das sprudelnd kochende Wasser geben und 8 Minuten garen. Abgießen, gut abtropfen lassen und überschüssige Flüssigkeit sorgfältig mit Küchenpapier abtupfen.
3. Den möglichst trockenen Blumenkohl in der Küchenmaschine mit der Impulsstufe etwa 1 Minute zerkleinern, bis die Stückchen die Größe von Reiskörnern haben.
4. Den Blumenkohl in eine große Schüssel füllen. Ei, 100 g Mozzarella, Knoblauchpulver, ¼ TL Salz und Pfeffer untermischen. Umrühren, bis der Käse vollständig geschmolzen ist.
5. Die Blumenkohl-Masse halbieren und aus jeder Hälfte eine Kugel formen.
6. Die Kugeln auf dem vorbereiteten Backblech ausbreiten, sodass zwei Kreise à 20 cm Durchmesser entstehen. Die Pizzaböden sollen möglichst dünn sein.
7. Die Pizzaböden in den vorbereiteten Ofen schieben und 15–20 Minuten goldbraun backen. Die Ränder sollten sehr dunkel sein, fast angebrannt.
8. Die Pizzaböden aus dem Ofen nehmen und den Ofengrill vorheizen.

BLUMENKOHLPÜREE

FÜR 6 PORTIONEN

VORBEREITUNG: 5 MINUTEN ▪ GARZEIT: 10 MINUTEN ▪ GESAMT: 15 MINUTEN

Kartoffelbrei gehört zu den Gerichten, die in der Keto-Diät häufig vermisst werden. Aber keine Bange, Blumenkohl lässt in diesem köstlichen Blumenkohlpüree-Rezept wieder seine Magie wirken: Es ist die perfekte Möglichkeit, mehr Gemüse zu essen und gleichzeitig etwas zu genießen, das sich wie etwas ganz Besonderes anfühlt. Bestreut mit Speck, Schnittlauch und Cheddar erinnert das Püree an Ofenkartoffeln.

390 g Blumenkohlröschen

6 EL Butter

4 EL Parmesan, gerieben

2 EL Sour Cream

2 EL Frischkäse

2 EL Sahne

1 TL sehr fein gehackter Knoblauch

1 TL Salz

½ TL frisch gemahlener schwarzer Pfeffer

LECKERE KETO-KLASSIKER

PRO PORTION
RATIO: 4:1
KALORIEN: 214
FETT (INSGESAMT): 19,5 g
KOHLENHYDRATE: 4 g
NETTO-KOHLENHYDRATE: 2,7 g
BALLASTSTOFFE: 1,3 g
PROTEINE: 7,7 g

1. Einen Topf Wasser zum Kochen bringen. Die Blumenkohlröschen in das sprudelnd kochende Wasser geben und 4–5 Minuten blanchieren. Abgießen, gut abtropfen lassen und überschüssige Flüssigkeit mit Küchenpapier ausdrücken.
2. Blumenkohl, Butter, Parmesan, Sour Cream, Frischkäse, Sahne, Knoblauch, Salz und Pfeffer in die Küchenmaschine füllen.
3. Mit der Impulsstufe pürieren, bis eine glatte Masse entstanden ist.

PIZZA MIT KÄSEBODEN

FÜR 4 PORTIONEN
VORBEREITUNG: 10 MINUTEN ▪ GARZEIT: 20–25 MINUTEN ▪
GESAMT: 40 MINUTEN

Wenn Sie auf der Suche nach einer Pizza sind, die alle in Ihrer Familie glücklich machen wird, probieren Sie es mal mit diesem Rezept. Wie der Name schon sagt, besteht der Pizzaboden vor allem aus Käse. Gebunden mit einem Ei wird dieser knusprig gebacken, bevor der Belag darauf kommt. Wenn Sie dick belegte Pizza am liebsten mögen, empfehle ich Ihnen allerdings das Rezept für Blumenkohl-Pizza (Seite 110).

130 g Mozzarella, gerieben
35 g Cheddar
1 Ei
½ TL Knoblauchpulver
¼ TL Salz
⅛ TL frisch gemahlener schwarzer Pfeffer
60 ml zuckerfreie Pizza-Sauce
20 Scheiben Peperoniwurst

1. Den Backofen auf 225 °C vorheizen.
2. In einer großen Schüssel 100 g Mozzarella, den gesamten Cheddar, Ei, Knoblauchpulver, Salz und Pfeffer sorgfältig mischen.
3. Die Masse gleichmäßig in einer Pizza-Backform mit 40 cm Durchmesser verteilen. Darauf achten, dass in der dünn verteilten Masse keine Lücken sind.
4. Im vorgeheizten Ofen 15–20 Minuten goldbraun backen. Bereits nach 10 Minuten immer wieder nach dem Käse-Pizzaboden sehen, damit er nicht anbrennt.
5. Aus dem Ofen nehmen und den Ofengrill vorheizen.
6. Mit Küchenpapier überschüssiges Fett vom Käseboden tupfen.
7. Die Sauce auf dem Käseboden verteilen. Mit dem restlichen Mozzarella bestreuen und die Wurstscheiben darauf arrangieren.
8. Auf der obersten Einschubleiste unter den Ofengrill schieben und 3–4 Minuten grillen, bis der Käse geschmolzen und goldbraun ist.
9. Aus dem Ofen nehmen und die Pizza vor dem Anschneiden und Servieren 3–5 Minuten abkühlen lassen.

PRO PORTION (¼ DER 40-CM-DURCHMESSER-PIZZA)
RATIO: 3:1
KALORIEN: 351
FETT (INSGESAMT): 26,6 g
KOHLENHYDRATE: 3,8 g
NETTO-KOHLENHYDRATE: 3,8 g
BALLASTSTOFFE: 0 g
PROTEINE: 24 g

MANDELMUS-BROT

FÜR 12 PORTIONEN
VORBEREITUNG: 15 MINUTEN ▪ GARZEIT: 30–40 MINUTEN ▪
GESAMT: 1 STUNDE

Dieses Rezept für Mandelmus-Brot geht schnell und ist relativ unkompliziert. Mit nur 5 Zutaten ist es im Handumdrehen und einfach zubereitet. Allerdings ist das Brot im Ofen etwas kapriziös – also keine Panik, sollte es etwas länger dauern, bis die Masse fest wird. Bei derart niedrigen Ofentemperaturen ist es durchaus normal, dass es Abweichungen in der Kochzeit gibt.

50 g ungesüßtes, nicht aromatisiertes Molkeproteinpulver

⅛ TL Salz

2 TL Backpulver

200 g ungesüßtes Mandelmus

4 Eier

1 EL Butter für die Kastenform

LECKERE KETO-KLASSIKER

PRO PORTION (1 SCHEIBE)
RATIO: 3:1
KALORIEN: 102
FETT (INSGESAMT): 7,6 g
KOHLENHYDRATE: 2,8 g
NETTO-KOHLENHYDRATE: 2,4 g
BALLASTSTOFFE: 0,4 g
PROTEINE: 6,5 g

1. Den Backofen auf 150 °C vorheizen.
2. In einer kleinen Schüssel Molkeproteinpulver, Salz und Backpulver mischen.
3. In einer großen Schüssel das Mandelmus mit dem Handrührgerät aufschlagen. Die Eier eins nach dem anderen zufügen und jedes Mal vollständig untermischen, bevor das nächste Ei zugefügt wird. Die Masse luftig aufschlagen.
4. Die trockenen Zutaten vorsichtig und vollständig unter die Mandelmus-Eier-Mischung heben.
5. Eine Kastenform mit 1 EL Butter fetten. Dabei darauf achten, dass alle Ecken und Kanten gut ausgefettet sind.
6. Die Masse in die gefettete Kastenform füllen. Im vorgeheizten Ofen 30–40 Minuten backen, bis die Masse in der Mitte der Form nicht mehr wackelt, wenn man sanft an der Form rüttelt.
7. Die Kastenform aus dem Ofen nehmen und das Brot darin 5 bis 10 Minuten abkühlen lassen. Mit einem Messer an den Innenseiten der Form entlang fahren, um das Brot zu lösen. Das Brot aus der Form stürzen und auf einem Kuchengitter weitere 5 Minuten abkühlen lassen.
8. Das Brot nach Bedarf in Scheiben schneiden und in Frischhaltefolie gewickelt im Kühlschrank aufbewahren.

KÄSE-TACO-SCHALEN

FÜR 1 PORTION

VORBEREITUNG: 5 MINUTEN ▪ GARZEIT: 5 MINUTEN ▪ GESAMT: 10–15 MINUTEN

Manchmal reicht ein Salatblatt als Taco-Schale einfach nicht aus, vor allem, wenn man sich nach einer besonders knusprigen Schicht außen sehnt. Greifen Sie in solchen Momenten der Versuchung nach diesen krossen Käse-Taco-Schalen und füllen Sie sie nach Belieben mit gebratenem Rinderhack, Fajita-Hähnchen oder, zum Frühstück, mit Rührei. Je nachdem, welche Käsesorten Sie verwenden, müssen Sie die Garzeit gegebenenfalls etwas verlängern.

40 g Käsemischung (z. B. Butterkäse und Cheddar) gerieben

¼ TL Knoblauchsalz

1. Auf einem mit Wachsschicht überzogenen, mikrowellengeeigneten Papierteller die Hälfte Käse verteilen, sodass der Teller bis an den Rand komplett mit Käse bedeckt ist. Etwas Knoblauchsalz gleichmäßig darauf streuen.
2. Auf hoher Stufe in der Mikrowelle 1½ Minuten erhitzen, bis der Käse geschmolzen, am Rand leicht gebräunt und in der Mitte schön golden ist.
3. Aus der Mikrowelle nehmen und die Käsescheibe mit einem Messer vorsichtig vom Teller lösen. Die Käsescheibe sofort mittig über ein auf die Seite gestelltes Schneidebrett legen und 3–5 Minuten ruhen lassen. Mit dem restlichen Käse wiederholen.
4. Diese Taco-Schalen nach Belieben füllen und genießen.

LECKERE KETO-KLASSIKER

PRO PORTION (2 TACO-SCHALEN)
RATIO: 3:1
KALORIEN: 246
FETT (INSGESAMT): 19,8 g
KOHLENHYDRATE: 3,1 g
NETTO-KOHLENHYDRATE: 3,1 g
BALLASTSTOFFE: 0 g
PROTEINE: 14,2 g

ACHTUNG: Seien Sie geduldig mit diesen Käse-Taco-Schalen. Wenn der Teller aus der Mikrowelle kommt, ist der Käse kochend heiß und sieht vielleicht nicht so aus, als könnte er später als Taco dienen. Gehen Sie vorsichtig vor, wenn Sie die Käseschicht vom Teller lösen und passen Sie auf, dass Sie sich nicht die Finger verbrennen, wenn Sie den Käse zum Abkühlen und Erstarren über das Schneidebrett legen.

KOKOS-MANDELMEHL-BROT

FÜR 12 PORTIONEN

VORBEREITUNG: 15 MINUTEN ▪ GARZEIT: 1 STUNDE ▪ GESAMT: 1½ STUNDEN

Brot ist im Rahmen der ketogenen Ernährung nur schwer zu finden. Es sei denn, man wird ein bisschen kreativ. Dieses Brot basiert auf Nüssen und hat eine wunderbar luftige Krume. Es ist perfekt für Sandwiches geeignet und schmeckt auch einfach dick mit Butter bestrichen köstlich. Versuchen Sie nicht, die zum Abkühlen vorgesehene Zeit zu verkürzen, sonst fällt das Brot ein.

10 EL Butter, zerlassen, plus 1 EL für die Kastenform

1 EL Honig

1½ EL Apfelessig

8 Eier

80 g Mandelmehl

¾ TL Backpulver

¾ TL Salz

70 g Kokosmehl

1. Den Backofen auf 150 °C vorheizen.
2. In einer kleinen Schüssel die zerlassene Butter mit Honig und Apfelessig mischen. Abkühlen lassen.
3. In einer mittleren Schüssel die Eier schaumig aufschlagen.
4. Gemahlene Mandeln, Butter-Mischung, Backpulver und Salz mit dem Handrührgerät unter die Eiermasse rühren.
5. Das Kokosmehl allmählich darüber sieben und sorgfältig unterheben.
6. Eine Kastenform mit 1 EL Butter fetten. Dabei darauf achten, dass alle Ecken und Kanten gut ausgefettet sind.
7. Die Masse in die gefettete Form füllen. Im vorgeheizten Ofen 50–60 Minuten backen, bis sie auch in der Mitte nicht mehr wackelt, wenn man sanft an der Form rüttelt, und elastisch nachgibt, wenn man sanft mit den Fingerspitzen daraufdrückt.
8. Die Kastenform aus dem Ofen nehmen und das Brot darin mindestens 15 Minuten abkühlen lassen. Mit einem Messer an den Innenseiten der Form entlang fahren, um das Brot zu lösen. Das Brot aus der Form stürzen und auf einem Kuchengitter weitere 5 Minuten abkühlen lassen.
9. Das Brot in 12 Scheiben schneiden und gewickelt in Frischhaltefolie im Kühlschrank aufbewahren.

PRO PORTION (1 SCHEIBE)

RATIO: 3:1

KALORIEN: 213

FETT (INSGESAMT): 17,2 g

KOHLENHYDRATE: 6,5 g

NETTO-KOHLENHYDRATE: 3,5 g

BALLASTSTOFFE: 3 g

PROTEINE: 5,1 g

ZUCCHINI-LASAGNE

FÜR 8 PORTIONEN

VORBEREITUNG: 20 MINUTEN ▪ GARZEIT: 50–60 MINUTEN ▪ GESAMT: 1½ STUNDEN

Als Alternative für bestimmte Nudelgerichte ist Blumenkohl (so wunderbar er auch ist) einfach keine Option. Hier kommen Zucchini ins Spiel – ein Wundergemüse, das in Streifen oder Spiralen geschnitten eine Vielzahl von Nudelformen imitiert. Dieses Lasagne-Rezept enthält eine extra Portion Käse und muss vor dem Servieren etwas länger abkühlen als reguläre Lasagne, damit die gleiche Textur erreicht wird.

LECKERE KETO-KLASSIKER

PRO PORTION (¼ LASAGNE)
RATIO: 3:1
KALORIEN: 345
FETT (INSGESAMT): 20,9 g
KOHLENHYDRATE: 9,6 g
NETTO-KOHLENHYDRATE: 6,6 g
BALLASTSTOFFE: 3 g
PROTEINE: 24,7 g

2 EL Olivenöl

100 g Zwiebel, gewürfelt

1 TL sehr fein gehackter Knoblauch

450 g mageres (75 %) Rinderhack

500 ml zuckerfreie Pasta-Sauce

2 EL frisch gehackter Oregano

¼ TL Salz

1 EL frisch gehacktes Basilikum

2 mittlere Zucchini, längs in 0,3 cm dicke Streifen geschnitten (etwa 24 Streifen)

240 g Ricotta

8 EL geraspelter Mozzarella

40 g geraspelter Parmesan

¼ TL frisch gemahlener schwarzer Pfeffer

1. Den Backofen auf 190 °C vorheizen.
2. Das Olivenöl in einem großen Topf auf mittlerer Stufe etwa 1 Minute erhitzen. Zwiebel und Knoblauch im heißen Öl etwa 6 Minuten zart sautieren.
3. Das Rinderhack untermischen. Unter Rühren 5 Minuten braten und das Hackfleisch dabei mit dem Kochlöffel in kleine Stückchen zerteilen.
4. Die Pasta-Sauce zufügen. Die Mischung zum Sieden bringen, dann die Temperatur auf schwache Stufe reduzieren. Oregano, Salz und Basilikum unterrühren.
5. Auf den Boden einer quadratischen Auflaufform (20 cm Seitenlänge) nebeneinander 6 Zucchini-Streifen legen. Ein Viertel der Fleischsauce darauf verteilen. Ein Viertel Ricotta in mehreren Klecksen auf die Sauce setzen und 2 EL Mozzarella darüberstreuen.

6. Den Vorgang mit den restlichen Zucchini, Sauce, Ricotta und Mozzarella noch dreimal wiederholen und dabei die Zucchini-Streifen jedes Mal in abwechselnde Richtung ausrichten.
7. Abschließend mit Parmesan und Pfeffer bestreuen.
8. Die Auflaufform in den vorgeheizten Ofen schieben und die Lasagne 50–60 Minuten goldbraun backen.
9. Aus dem Ofen nehmen und vor dem Anschneiden und Servieren 15 Minuten abkühlen lassen.

SPAGHETTIKÜRBIS MIT FLEISCHKLÖßCHEN

FÜR 4 PORTIONEN
VORBEREITUNG: 20 MINUTEN · GARZEIT: 30 MINUTEN · GESAMT: 50 MINUTEN

Warum sollte man Spaghetti im Rahmen einer Low-Carb-Diät missen müssen, wenn sie in diesem köstlichen und nahrhaften Gemüse natürlich vorkommen? Dieses Rezept enthält dank frischer Kräuter wie Petersilie, Basilikum und Oregano viele italienische Aromen, wird sicherlich der ganzen Familie schmecken und sich schnell zu einem Standardessen bei Ihnen zu Hause entwickeln.

LECKERE KETO-KLASSIKER

PRO PORTION (3 FLEISCHKLÖßCHEN, 60 ML SAUCE, ¼ SPAGHETTIKÜRBIS)
RATIO: 3:1
KALORIEN: 460
FETT (INSGESAMT): 28 g
KOHLENHYDRATE: 10,9 g
NETTO-KOHLENHYDRATE: 9,6 g
BALLASTSTOFFE: 1,3 g
PROTEINE: 43,4 g

FÜR DEN SPAGHETTIKÜRBIS

1 großer Spaghettikürbis

3 EL Wasser

2 EL Olivenöl

½ Bund frische Petersilie, gehackt

FÜR DIE FLEISCHKLÖßCHEN

230 g mageres (80 %) Rinderhack

230 g Schweinehackfleisch

40 g Parmesan, gerieben

2 EL frisch gehacktes Basilikum

2 EL frisch gehackter Oregano

½ TL Zwiebelpulver

½ TL sehr fein gehackter Knoblauch

¼ TL Salz

¼ TL frisch gemahlener schwarzer Pfeffer

250 ml zuckerfreie Pasta-Sauce

Zubereitung Spaghettikürbis

1. Den Spaghettikürbis längs aufschneiden und die Kerne entfernen. Die beiden Hälften jeweils mit der Schnittseite nach unten auf einen mikrowellengeeigneten Teller legen. Je 3 EL Wasser zufügen und die beiden Kürbis-Hälften auf hoher Stufe nacheinander je 12 Minuten in der Mikrowelle erhitzen.
2. Mit einer Gabel das Fruchtfleisch aus den Kürbis-Hälften schaben.
3. In einer großen Pfanne 1 EL Olivenöl auf mittlerer Stufe etwa 1 Minute erhitzen. Den Kürbis in das heiße Öl geben und unter Rühren 7 Minuten sautieren, bis die austretende Flüssigkeit verdampft und das Kürbisfruchtfleisch leicht gebräunt ist.
4. Vom Herd nehmen und den sautierten Kürbis in eine große Schüssel füllen. Die Hälfte der Petersilie untermischen und beiseitestellen.

Für die Fleischklößchen

1. In einer mittleren Schüssel die zweite Hälfte der Petersilie mit Rinder- und Schweinehack, der Hälfte Parmesan, Basilikum, Oregano, Zwiebelpulver, Knoblauch, Salz und Pfeffer mischen.
2. Aus der Masse 12 gleich große Klößchen formen.
3. Das restliche Olivenöl in einer großen Pfanne auf mittlerer Stufe etwa 1 Minute erhitzen. Die Fleischklößchen im heißen Öl von jeder Seite 1–2 Minuten goldbraun braten, insgesamt etwa 5 Minuten.
4. Die Pasta-Sauce zufügen und vorsichtig umrühren, sodass die Fleischklößchen rundherum bedeckt sind.
5. Die Temperatur auf schwache Stufe reduzieren und die Pfanne mit dem Deckel verschließen. Die Sauce 10–15 Minuten sanft köcheln lassen, bis die Fleischklößchen durchgegart sind.
6. Zum Servieren den gegarten Spaghettikürbis auf vier Teller verteilen. Drei Fleischklößchen und ein Viertel der Sauce auf jede Portion geben. Den restlichen Parmesan gleichmäßig über die vier Portionen streuen und genießen.

FLADENBROT MIT ZWIEBELN, ZIEGENKÄSE UND BARBECUESAUCE

FÜR 2 PORTIONEN
VORBEREITUNG: 20 MINUTEN ▪ GARZEIT: 10–15 MINUTEN ▪
GESAMT: 35 MINUTEN

Fladenbrot ist ein bisschen so wie Pizzaboden, nur leichter und luftiger. Dieses Fladenbrot aus Kokosmehl hat eine lockere Krume und ist außen schön kross. Perfekt geeignet für einen kontrastierenden Belag aus Barbecue-Sauce, Zwiebeln und Ziegenkäse! Falls Sie gegrilltes Hähnchen oder anderes Fleisch da haben, fügen Sie es für eine extra Portion Proteine gerne hinzu.

LECKERE KETO-KLASSIKER

PRO PORTION (½ BELEGTES FLADENBROT)
RATIO: 3:1
KALORIEN: 565
FETT (INSGESAMT): 37,8 g
KOHLENHYDRATE: 17,3 g
NETTO-KOHLENHYDRATE: 13,3 g
BALLASTSTOFFE: 4 g
PROTEINE: 35,7 g

FÜR DAS FLADENBROT

2 EL Kokosmehl
⅛ TL Backpulver
4 Eiweiß
¼ TL Zwiebelpulver
¼ TL Knoblauchpulver
60 ml Kokosmilch

FÜR DAS TOPPING

2 EL zuckerfreie Barbecue-Sauce
90 g Ziegenkäse, zerbröckelt
60 g gelbe Zwiebel, in Ringe geschnitten
½ TL sehr fein gehackter Knoblauch
⅛ TL frisch gemahlener schwarzer Pfeffer

Zubereitung Fladenbrot

1. In einer mittleren Schüssel Kokosmehl, Backpulver, Eiweiß, Zwiebelpulver, Knoblauchpulver und Kokosmilch sorgfältig mit dem Schneebesen glatt rühren, bis keine Klümpchen mehr in der Masse sind.
2. Eine große Pfanne auf mittlerer Stufe erhitzen. Die Kokosmasse in die heiße Pfanne gießen und die Pfanne vorsichtig hin und her bewegen, sodass sich die Masse gleichmäßig auf dem Boden verteilt. Etwa 2 Minuten braten, bis die Masse am Rand goldbraun ist. Wenden und von der zweiten Seite 1–2 Minuten braten.
3. Das Fladenbrot aus der Pfanne nehmen.

Zubereitung Belag und Fertigstellung

1. Den Backofen auf 220 °C vorheizen.
2. Die Barbecue-Sauce gleichmäßig auf dem gebratenen Fladenbrot verstreichen. Ziegenkäse, Zwiebelringe, Knoblauch und Pfeffer darauf verteilen.
3. Auf das vorbereitete Backblech legen und im vorgeheizten Ofen 5–7 Minuten backen, bis der Käse geschmolzen ist.
4. Aus dem Ofen nehmen und vor dem Anschneiden und Servieren 2 Minuten abkühlen lassen.

KLASSISCHE MOZZARELLA-STICKS

FÜR 4 PORTIONEN

VORBEREITUNG: 10 MINUTEN ▪ GARZEIT: 15 MINUTEN ▪ GESAMT: 1½ STUNDEN

Fast wie die klassischen Mozzarella-Sticks meiner Kindheit: Dieses Rezept kommt sehr nahe an das panierte Original heran. Das Geheimnis ist der zu feinem Pulver zerstoßene Parmesan, da er die Eigenschaften einer Panade imitiert, ohne Kohlenhydrate zu enthalten. Mit geriebenem Parmesan könnte man nicht die gleiche knusprige Oberfläche erzielen. Nach einem langen, anstrengenden Tag bereite ich mir diese Mozzarella-Sticks gerne schnell zu und genieße sie dann vor dem Fernseher. Sie lassen sich übrigens auch gut einfrieren, falls Sie sie im Voraus zubereiten möchten.

60 g sehr fein geriebener Parmesan

1 TL italienische Kräutermischung

1 Ei

2 Kugeln Mozzarella

Öl zum Frittieren

Pizza-Sauce (Seite 276) oder Ranch-Dressing (Seite 267) zum Servieren

LECKERE KETO-KLASSIKER

PRO PORTION (4 MOZARELLA-STICKS)

RATIO: 3:1

KALORIEN: 275

FETT (INSGESAMT): 22,1 g

KOHLENHYDRATE: 1,9 g

NETTO-KOHLENHYDRATE: 1,9 g

BALLASTSTOFFE: 0 g

PROTEINE: 21,1 g

1. In einer großen Schüssel Parmesanpulver und italienische Kräutermischung mischen.
2. In einer separaten Schüssel das Ei 1 Minute mit dem Schneebesen aufschlagen.
3. Mozzarella abtropfen lassen, mit Küchenpapier trocken tupfen und längs halbieren. Jede Hälfte längs in 4 Stücke schneiden.
4. Eine Mozzarella-Stange in die Eiermasse tauchen, überschüssiges Ei abtropfen lassen und den Mozzarella dann in der Parmesanmischung wenden.
5. Erneut in die Eiermasse tauchen, abtropfen lassen und dann noch einmal im Parmesan wenden.
6. Den mit Parmesan überzogenen Mozzarella zwischen den Handflächen reiben, damit der Parmesan gut an der Stange haftet.
7. Mit den übrigen Mozzarella-Stangen wiederholen.
8. Die „panierten" Mozzarella-Stangen mindestens 1 Stunde einfrieren.
9. Zum Frittieren einen großen Topf 2,5 cm hoch mit Öl füllen und das Öl auf 175 °C erhitzen.

10. Zwei bis drei „panierte“ Mozzarella-Stangen vorsichtig in das heiße Öl gleiten lassen (um den Topf nicht zu überfüllen) und 4–6 Minuten goldbraun frittieren, dabei nach der Hälfte der Zeit einmal mit dem Schaumlöffel wenden.
11. Mit dem Schaumlöffel aus dem heißen Öl nehmen und auf Küchenpapier legen, damit überschüssiges Fett abtropfen kann.
12. In mehreren Etappen mit den übrigen Mozzarella-Stangen wiederholen.
13. Mit Pizza-Sauce (Seite 276) oder Ranch-Dressing (Seite 267) servieren.

„SPAGHETTI"-AUFLAUF

FÜR 8 PORTIONEN
VORBEREITUNG: 30 MINUTEN ▪ GARZEIT 1 ½ STUNDEN ▪ GESAMT: 2 STUNDEN

Spaghetti gehören zu den typischen Familienmahlzeiten unter der Woche. Im Rahmen einer ketogenen Ernährung kann man diesen Klassiker genießen, indem man die traditionellen Nudeln durch Spaghettikürbis ersetzt, dessen Fruchtfleisch im gegarten Zustand aussieht wie Spaghetti. Belegt mit einer ordentlichen Portion Käse und zuckerfreier Pasta-Sauce wird das allen schmecken.

LECKERE KETO-KLASSIKER

PRO PORTION
RATIO: 3:1
KALORIEN: 493
FETT (INSGESAMT): 32,5 g
KOHLENHYDRATE: 15,2 g
NETTO-KOHLENHYDRATE: 9,1 g
BALLASTSTOFFE: 6,1 g
PROTEINE: 33,7 g

1 großer Spaghettikürbis
90 g Butter
230 g mageres (80 %) Rinderhack
230 g italienische Wurst
230 g Hähnchenwurst
125 ml Rotwein
1 große Zwiebel, gewürfelt
5 Knoblauchzehen, sehr fein gehackt
230 g Champignons, in Scheiben geschnitten
170 g Tomatenmark
1 große Dose (500 g) gewürfelte Tomaten
1 EL italienische Kräutermischung
110 g Ricotta
110 g Mozzarella
225 g Parmesan, gerieben
½ TL Salz
½ TL frisch gemahlener schwarzer Pfeffer

1. Den Backofen auf 175 °C vorheizen.
2. Den Spaghettikürbis in eine große, mikrowellengeeignete Schüssel legen und mit der Spitze eines scharfen Messers rundherum mehrmals einstechen. Auf hoher Stufe in der Mikrowelle 15–20 Minuten erhitzen (abhängig von der Größe des Kürbis). Aus der Mikrowelle nehmen, beiseitestellen und abkühlen lassen.
3. Eine große Pfanne auf mittlerer Stufe erhitzen. Die Butter in der Pfanne in 1–2 Minuten zerlassen.
4. Das Hackfleisch und beide Sorten Wurst in die Pfanne geben und unter gelegentlichem Rühren 10 Minuten sautieren.
5. Mit dem Rotwein ablöschen, dann die Temperatur auf mittlere Stufe reduzieren und das Ganze 3–5 Minuten köcheln lassen.
6. Zwiebel und Knoblauch zufügen und etwa 4 Minuten sautieren, bis das Gemüse zart ist. Die Pilze untermischen und unter gelegentlichem Rühren weitere 8–9 Minuten sautieren.

7. Tomatenmark, gewürfelte Tomaten (inklusive Saft aus der Dose) und die italienischen Kräutermischung sorgfältig unterrühren. Das Ganze 10–15 Minuten köcheln lassen, bis die Flüssigkeit um die Hälfte reduziert ist.
8. Inzwischen den Spaghettikürbis längs halbieren. Die Kerne entfernen und dann das Fruchtfleisch mit einer Gabel aus den Kürbishälften schaben.
9. Die halbe Menge Spaghettikürbis auf dem Boden einer großen Auflaufform verteilen. Darauf 55 g Ricotta, 55 g Mozzarella und 110 g Parmesan verteilen. Mit der Tomatensauce bedecken und darauf den restlichen Spaghettikürbis verteilen.
10. Den Rest von Ricotta, Mozzarella und Parmesan gleichmäßig auf der Oberfläche verteilen.
11. Die Auflaufform mit einem Deckel oder Alufolie abdecken. Im vorgeheizten Ofen 20 Minuten backen.
12. Die Auflaufform aus dem Ofen nehmen und den Deckel vorsichtig entfernen. Zurück in den Ofen schieben und weitere 15–20 Minuten backen. Abschließend die Oberfläche unter dem heißen Ofengrill 2–3 Minuten knusprig bräunen.
13. Vor dem Anschneiden und Servieren 10–15 Minuten abkühlen lassen.

TOFU-FRITTEN

FÜR 2 PORTIONEN

VORBEREITUNG: 15 MINUTEN ▪ GARZEIT: 15 MINUTEN ▪ GESAMT: 30 MINUTEN

Wenn Sie Burger mit Pommes und dazu einen Shake vermissen, verzweifeln Sie nicht, sondern probieren Sie dieses Rezept für Tofu-Fritten aus. Die Fritten sind außen knusprig und innen schön saftig. Serviert mit zuckerfreiem Ketchup (Seite 264) oder Knoblauch-Aioli ist es schwer, den Unterschied zum Original zu erkennen. Achten Sie darauf, vor dem Frittieren so viel überschüssige Feuchtigkeit wie möglich vom Tofu zu entfernen, denn nur so werden die Fritten richtig schön knusprig.

LECKERE KETO-KLASSIKER

PRO PORTION (170 G)
RATIO: 3:1
KALORIEN: 197
FETT (INSGESAMT): 14,3 g
KOHLENHYDRATE: 6,5 g
NETTO-KOHLENHYDRATE: 4 g
BALLASTSTOFFE: 2,5 g
PROTEINE: 1,7 g

Öl zum Frittieren

1 Paket (340 g) extra fester Tofu, in etwa 0,5 cm dicke Scheiben geschnitten

1 EL Salz

2 TL frisch gemahlener schwarzer Pfeffer

1 TL gemahlener Kreuzkümmel

1 TL getrocknete Petersilie

1 TL Knoblauchpulver

½ TL Zwiebelpulver

¼ TL Paprikapulver

¼ TL Cayennepfeffer

Zuckerfreier Ketchup (Seite 264) zum Servieren

1. Einen großen Topf etwa 10 cm hoch mit Öl füllen und das Öl auf 175 °C erhitzen.
2. Die Tofu-Scheiben sorgfältig mit Küchenpapier oder einem sauberen Küchentuch trocken tupfen.
3. In einer mittleren Schüssel Salz, schwarzen Pfeffer, Kreuzkümmel, Petersilie, Knoblauchpulver, Zwiebelpulver, Paprikapulver und Cayennepfeffer mischen.
4. Die trockenen Tofu-Scheiben in der Gewürzmischung wenden und beiseitelegen.
5. Die Tofu-Scheiben in mehreren Portionen (damit der Topf nicht überfüllt ist, denn dann würden die Fritten zusammenkleben) im heißen Öl jeweils etwa 4 Minuten goldbraun frittieren. Mit dem Schaumlöffel aus dem Öl heben und auf Küchenpapier abtropfen lassen.
6. In mehreren Portionen mit den restlichen Tofu-Scheiben wiederholen.
7. Mit zuckerfreiem Ketchup (Seite 264) servieren.

KAPITEL 6

FISCH-FAVORITEN

GEDÄMPFTE MUSCHELN MIT KNOBLAUCH UND THYMIAN

FÜR 8 PORTIONEN

VORBEREITUNG: 25 MINUTEN ▪ GARZEIT: 20 MINUTEN ▪ GESAMT: 45 MINUTEN

Frisch gedämpfte Miesmuscheln enthalten zwar mehr Kohlenhydrate als viele andere Meeresfrüchte, aber im Geschmack kommt nichts an sie heran. Zusammen mit frischem Thymian und einer ordentlichen Portion Knoblauch sind diese aromatischen Häppchen die perfekte Vor- oder Hauptspeise. Servieren Sie dazu Kokos-Mandelmehl-Brot (Seite 117) oder eine Mischung knackiger Gemüse, zum Beispiel Stangensellerie und Paprika.

FISCH-FAVORITEN

PRO PORTION
RATIO: 3:1
KALORIEN: 374
FETT (INSGESAMT): 22,5 g
KOHLENHYDRATE: 11,1 g
NETTO-KOHLENHYDRATE: 11,5 g
BALLASTSTOFFE: 0,4 g
PROTEINE: 28,4 g

etwa 2 kg frische Miesmuscheln, gewaschen, gut abgeschrubbt und entbartet

90 g Butter

3 EL Olivenöl

60 g Zwiebel, gewürfelt

4 Knoblauchzehen, sehr fein gehackt

85 g Tomaten, gewürfelt

1 EL frische Thymianblättchen

125 ml Weißwein

250 ml Hühnerbrühe oder Fischbouillon

2 EL frisch gepresster Zitronensaft

½ TL Salz

¼ TL frisch gemahlener schwarzer Pfeffer

1. Die geputzten Muscheln in einer großen Schüssel mit kaltem Wasser bedecken und beiseitestellen.
2. Einen großen Topf mit dickem Boden auf mittlerer Stufe erhitzen. Butter und Olivenöl zufügen und die Butter in etwa 1 Minute zerlassen. Die Zwiebeln zufügen und 3–5 Minuten glasig dünsten. Den Knoblauch zufügen und 1–2 Minuten weiter dünsten.
3. Tomaten, Thymian, Weißwein, Brühe (oder Bouillon), Zitronensaft, Salz und Pfeffer zufügen. Die Temperatur erhöhen und die Mischung zum Kochen bringen.
4. Die Muscheln zufügen und den Topf mit dem Deckel verschließen. Die Muscheln 8–10 Minuten dämpfen und den Topf zwischendurch immer wieder schütteln, damit die Meeresfrüchte gleichmäßig garen.
5. Die dampfend heißen Muscheln in eine Servierschüssel umfüllen. Muscheln, die sich beim Dämpfen nicht geöffnet haben, ausnahmslos entsorgen. Sofort servieren.

KOKOS-GARNELEN

FÜR 6 PORTIONEN
VORBEREITUNG: 15 MINUTEN ▪ GARZEIT: 15 MINUTEN ▪ GESAMT: 30 MINUTEN

Nichts erinnert so sehr an ein tropisches Paradies wie eine Portion Kokos-Garnelen. Zusammen mit pikanter Aioli schmecken diese Garnelen ebenso gut wie die nicht-ketogene Version – wenn nicht sogar besser.

FÜR DIE KOKOS-GARNELEN

Öl zum Frittieren

135 g ungesüßtes Kokosfruchtfleisch

20 g ungesüßte Kokosflocken

60 ml ungesüßte Kokosmilch

85 g Mayonnaise

2 Eigelb

¼ TL Salz

⅛ TL frisch gemahlener schwarzer Pfeffer

½ TL Knoblauchpulver

450 g Garnelen, geschält (Schwänze intakt) und Darmfäden entfernt

FÜR DIE AIOLI

85 g Mayonnaise

2 EL Chilisauce

2 TL frisch gepresster Limettensaft

1 TL rote Chiliflocken

FISCH-FAVORITEN

PRO PORTION
RATIO: 4:1
KALORIEN: 466
FETT (INSGESAMT): 40,8 g
KOHLENHYDRATE: 6 g
NETTO-KOHLENHYDRATE: 3,8 g
BALLASTSTOFFE: 2,2 g
PROTEINE: 19,2 g

Zubereitung Kokos-Garnelen

1. Einen großen Topf 5 cm hoch mit Öl füllen und das Öl zum Frittieren auf 175 °C erhitzen.
2. In einer mittleren Schüssel Kokosfruchtfleisch, Kokosflocken, Kokosmilch, Mayonnaise, Eigelb, Salz, Pfeffer und Knoblauchpulver sorgfältig mischen.
3. Eine Garnele rundherum gleichmäßig mit 1–2 EL dieser Masse bedecken, den Schwanz aber hervorschauen lassen.
4. Die mit der Masse umgebene Garnele sofort in das heiße Öl gleiten lassen. Mit 2–3 weiteren Garnelen wiederholen. Die Garnelen 4–6 Minuten goldbraun frittieren.
5. Die frittierten Garnelen mit der Schaumkelle aus dem heißen Öl nehmen und zum Abtropfen auf einen mit Küchenpapier ausgelegten Teller legen. Den Vorgang in mehreren Etappen mit den restlichen Garnelen wiederholen.

Zubereitung Aioli

1. In einer kleinen Schüssel Mayonnaise, Chilisauce, Limettensaft und rote Chiliflocken sorgfältig mischen.
2. Sofort zu den heißen Kokos-Garnelen servieren.

GARNELEN VOM GRILL MIT AVOCADO-SALAT

FÜR 3 PORTIONEN

VORBEREITUNG: 20 MINUTEN • GARZEIT: 5 MINUTEN • GESAMT: 25 MINUTEN

Diese leichte, aber erfrischende Kombination gegrillter Garnelen mit Avocado ist von traditionellen Rezepten tropischer Inseln inspiriert. Denken Sie daran, dass Garnelen schnell garen und zäh werden, wenn man sie zu lange grillt oder brät. Avocados sind ebenfalls empfindlich und sollten vor dem Servieren möglichst wenig angefasst werden.

FISCH-FAVORITEN

PRO PORTION
RATIO: 3:1
KALORIEN: 409
FETT (INSGESAMT): 25 g
KOHLENHYDRATE: 10,9 g
NETTO-KOHLENHYDRATE: 5,8 g
BALLASTSTOFFE: 5,1 g
PROTEINE: 36,1 g

450 g Garnelen, geschält und Darmfäden entfernt

2 EL Olivenöl

½ TL Knoblauchpulver

½ TL Salz

⅛ TL frisch gemahlener schwarzer Pfeffer

1 Avocado, geschält und Stein entfernt, das Fruchtfleisch in Würfel geschnitten

35 g Paprika, gewürfelt

40 g Tomaten, gewürfelt

20 g Zwiebel, gewürfelt

1 TL frisch gepresster Limettensaft

1. Eine Grillpfanne auf mittlerer Stufe erhitzen.
2. In einer großen Schüssel Garnelen, Olivenöl, Knoblauchpulver, ¼ TL Salz und Pfeffer sorgfältig mischen, bis die Garnelen rundherum gleichmäßig benetzt sind.
3. In einer mittleren Schüssel Avocado, Paprika, Tomaten, Zwiebel und Limettensaft mischen und ¼ TL Salz darüber streuen. Abgedeckt im Kühlschrank ziehen lassen.
4. Die Garnelen in der heißen Pfanne von einer Seite 2–3 Minuten grillen. Wenden und von der zweiten Seite 1–2 Minuten grillen.
5. Mit dem Avocado-Salat anrichten und sofort servieren.

STIR-FRY MIT GARNELEN, BAMBUSSPROSSEN UND BROKKOLI

FÜR 2 PORTIONEN
VORBEREITUNG: 15 MINUTEN · GARZEIT: 15 MINUTEN · GESAMT: 30 MINUTEN

Chinesisches Essen scheint im Rahmen der ketogenen Ernährung Welten entfernt – nicht jedoch mit diesem modifizierten Stir-Fry-Rezept. Servieren Sie es mit Blumenkohl-„Reis" (Seite 106) oder genießen Sie es einfach so. Beides ist lecker. Die Bambussprossen sorgen neben Garnelen und Brokkoli dafür, dass diese sättigende Mahlzeit eine tolle Konsistenz hat.

FISCH-FAVORITEN

PRO PORTION
RATIO: 3:1
KALORIEN: 394 g
FETT (INSGESAMT): 18,4 g
KOHLENHYDRATE: 14,2 g
NETTO-KOHLENHYDRATE: 10,7 g
BALLASTSTOFFE: 3,5 g
PROTEINE: 43,9 g

2 EL Olivenöl

340 g Garnelen, geschält und Darmfäden entfernt

1 EL sehr fein gehackter Knoblauch

135 g Bambussprossen, in Streifen geschnitten

20 g Zwiebel, gewürfelt

70 g Brokkoliröschen

½ TL Sesamöl

3 EL Sojasauce

½ TL ungesüßter Reisweinessig

½ TL Chinesische Fünf-Gewürze-Mischung

¼ TL frisch gemahlener schwarzer Pfeffer

1. Eine große Pfanne auf mittlerer Stufe erhitzen. Das Olivenöl zufügen und 1 Minute erhitzen.
2. Garnelen und Knoblauch in das heiße Öl geben und unter gelegentlichem Wenden 2–3 Minuten braten, bis die Garnelen rundherum fast goldbraun sind. Die Garnelen aus der Pfanne nehmen und beiseitestellen.
3. Die Temperatur reduzieren. Bambussprossen, Zwiebeln und Brokkoli zufügen und 5–8 Minuten sautieren. Sesamöl, Sojasauce, Reisweinessig, Chinesische Fünf-Gewürze-Mischung und schwarzen Pfeffer zufügen. Sorgfältig umrühren.

RÄUCHERLACHS-AVOCADO-SUSHI

FÜR 4 PORTIONEN

VORBEREITUNG: 15 MINUTEN ▪ GARZEIT: 20 MINUTEN ▪ GESAMT: 35 MINUTEN

Lust auf Sushi im Rahmen der Keto-Diät ist eine richtige Herausforderung. Sashimi ist immer noch erlaubt, Sushi-Rollen ohne Reis sind in den meisten Restaurants aber schwer zu finden. Machen Sie sie mit diesem einfachen Rezept, das alle Aromen Ihres Lieblings-Sushi hat, doch einfach selber. Dazu gibt es eingelegten Ingwer und Low-Carb-Sojasauce.

400 g Räucherlachs
1 EL Wasabipaste (optional)
150 g Frischkäse, bei Raumtemperatur
½ Avocado, in Spalten geschnitten
1 EL Sesamsamen

1. Ein Schneidebrett mit einem großen Stück Frischhaltefolie auslegen.
2. Die Räucherlachsscheiben leicht überlappend auf das vorbereitete Brett legen, sodass ein 15–17 cm langes und 10 cm breites Rechteck entsteht.
3. In einer kleinen Schüssel Wasabipaste (wenn verwendet) und Frischkäse glatt rühren.
4. Die Frischkäsemasse gleichmäßig auf dem Räucherlachs-Rechteck verstreichen, sodass der Lachs vollkommen bedeckt ist.
5. Die Avocado-Spalten in der Mitte des Rechtecks nebeneinander auf den Frischkäse legen.
6. Die Frischhaltefolie am unteren Ende vorsichtig anheben und den Lachs von unten her aufrollen. Die Folie dabei immer eng an der entstehenden Roulade halten und beim Aufrollen so sanften Druck ausüben, dass die Roulade eng zusammenhält.
7. Die Frischhaltefolie von der Sushi-Rolle entfernen.
8. Die Sesamsamen auf einem flachen Teller verteilen und die Rolle vorsichtig darin wälzen, sodass sie rundherum mit Sesamsamen bedeckt ist
9. Im Kühlschrank 15–20 Minuten ziehen lassen.
10. Die Rolle mit einem sehr scharfen Messer in Scheiben schneiden und servieren.

FISCH-FAVORITEN

PRO PORTION
RATIO: 3:1
KALORIEN: 539
FETT (INSGESAMT): 42,2 g
KOHLENHYDRATE: 12,3 g
NETTO-KOHLENHYDRATE: 6,6 g
BALLASTSTOFFE: 5,7 g
PROTEINE: 31,3 g

KORIANDER-LIMETTEN-GARNELEN UND GEMÜSE-KEBABS MIT CHIPOTLE-SOUR-CREAM-SAUCE

FÜR 2 PORTIONEN

VORBEREITUNG: 20 MINUTEN • GARZEIT: 10 MINUTEN • GESAMT: 30 MINUTEN

Probieren Sie diese Koriander-Limetten-Garnelen-Kebabs, wenn Ihnen nach einer mexikanisch-inspirierten Geschmacksexplosion ist. Die köstlichen Kebabs mit Zwischenschichten aus Zwiebeln und Paprika können drinnen oder draußen zubereitet werden (allerdings profitieren sie selbstverständlich von den Räucheraromen, die beim Grillen entstehen). Kann der Grill nicht verwendet werden, alternativ einfach ½ TL Liquid Smoke unter die Marinade mischen.

FISCH-FAVORITEN

PRO PORTION
RATIO: 3:1
KALORIEN: 410
FETT (INSGESAMT): 23 g
KOHLENHYDRATE: 9,9 g
NETTO-KOHLENHYDRATE: 8,7 g
BALLASTSTOFFE: 1,2 g
PROTEINE: 40,3 g

FÜR DIE GARNELEN

340 g Garnelen, geschält und Darmfäden entfernt

2 EL Olivenöl

2 EL frisch gepresster Limettensaft

¼ TL Knoblauchpulver

¼ TL Zwiebelpulver

½ Handvoll frisch gehacktes Koriandergrün

¼ TL Salz

¼ TL frisch gemahlener schwarzer Pfeffer

½ TL Liquid Smoke (optional)

70 g Paprika, in große Stücke geschnitten

30 g Zwiebel, in große Stücke geschnitten

FÜR DIE CHIPOTLE-SOUR-CREAM-SAUCE

55 g Sour Cream

1 TL Chipotle-Chilipulver

¼ TL Knoblauchpulver

¼ TL Zwiebelpulver

Zubereitung Garnelen

1. Den Grill oder eine Grillpfanne mäßig erhitzen.
2. In einer großen Schüssel Garnelen, Olivenöl, Limettensaft, ¼ TL Knoblauchpulver, ¼ TL Zwiebelpulver, Koriandergrün, Salz und Pfeffer mischen. Wird drinnen gekocht (die Grillpfanne für die Zubereitung verwendet), nach Belieben den Liquid Smoke zufügen.

3. Mischen, bis die Garnelen rundherum gleichmäßig mit Kräutern und Gewürzen bedeckt sind.

Zubereitung Chipotle-Sour-Cream-Sauce

Sour Cream, Chipotle-Chilipulver, 1⁄4 TL Knoblauchpulver und 1⁄4 TL Zwiebelpulver in einer kleinen Schüssel mischen, glatt rühren und bis zum Servieren im Kühlschrank ziehen lassen.

Zubereitung Kebabs

1. Die Garnele abwechselnd mit Paprika- und Zwiebelstücken auf Grillspieße stecken.
2. Die Kebabs auf dem heißen Grill (in der heißen Grillpfanne) 3–5 Minuten grillen. Dann wenden und von der zweiten Seite 3–5 Minuten grillen.
3. Vom Grill nehmen und prüfen, ob die Garnelen gar sind. Sie sind so weit, wenn die Textur fest, das Fleisch nicht mehr durchscheinend ist und die Oberfläche stattdessen die typische pink-orange Farbe hat.
4. Garnelen und Gemüse von den Kebabs ziehen. Mit der Chipotle-Sour-Cream-Sauce servieren.

SCAMPI MIT ZUCCHINI-NUDELN

FÜR 3 PORTIONEN

VORBEREITUNG: 20 MINUTEN ▪ GARZEIT: 10 MINUTEN ▪ GESAMT: 30 MINUTEN

Nudeln mit Scampi sind ein Klassiker, der für dieses Rezept einer keto-freundlichen Behandlung unterzogen wurde: Die Hartweizengrieß-Nudeln werden einfach durch Zucchini ersetzt. Ein Spiralschneider, mit dem die Zucchini-Nudeln für dieses Gericht vorbereitet werden, ist ein vielseitiges Kücheninstrument, das für die Keto-Diät sehr hilfreich ist, und in das es sich deshalb zu investieren lohnt. Mit einer Mandoline lassen sich die einzigartigen „Zudeln" auch schneiden.

2 EL Olivenöl

1 EL sehr fein gehackter Knoblauch

450 g Scampi

60 ml Weißwein

2 EL frisch gepresster Zitronensaft

1 EL Butter

3 EL Sahne

345 g Zucchini-Nudeln

¼ TL Salz

¼ TL frisch gemahlener schwarzer Pfeffer

1 EL frisch gehackte Petersilie

FISCH-FAVORITEN

PRO PORTION
RATIO: 3:1
KALORIEN: 384
FETT (INSGESAMT): 21,6 g
KOHLENHYDRATE: 7,7 g
NETTO-KOHLENHYDRATE: 6,5 g
BALLASTSTOFFE: 1,2 g
PROTEINE: 36,3 g

1. Das Olivenöl in einer großen Pfanne auf mittlerer Stufe etwa 1 Minute erhitzen. Den Knoblauch zufügen und 1 Minute sautieren.
2. Die Scampi in die heiße Pfanne zum Knoblauch geben und unter gelegentlichem Wenden insgesamt 4 Minuten braten. Die Scampi aus der Pfanne nehmen und beiseitelegen, den Bratensaft in der Pfanne lassen.
3. Weißwein und Zitronensaft in die Pfanne geben. Unter ständigem Rühren 2 Minuten köcheln lassen und dabei mit dem Kochlöffel Bratensatz vom Pfannenboden lösen.
4. Butter und Sahne zufügen und 1 Minute köcheln lassen. Die Zucchini-Nudeln zur Butter-Sahne-Mischung in die Pfanne geben. Unter gelegentlichem Rühren etwa 2 Minuten köcheln lassen, bis die Zucchini al dente sind, also eine nudelähnliche Konsistenz haben.
5. Die Scampi zurück in die Pfanne geben. Mit Salz und Pfeffer abschmecken und gut umrühren, um die Zutaten gut zu mischen.
6. Sofort servieren, garniert mit frisch gehackter Petersilie.

JAKOBSMUSCHELN IM SPECKMANTEL MIT BROKKOLINI

FÜR 3 PORTIONEN
VORBEREITUNG: 15 MINUTEN ▪ GARZEIT: 15 MINUTEN ▪ GESAMT: 30 MINUTEN

Jakobsmuscheln sind delikate Meeresfrüchte, die ganz einfach viele Aromen annehmen. In diesem Rezept sind das die Aromen von pikantem Speck. Dazu gibt es Brokkolini mit zerlassener Butter. Falls Sie Brokkolini noch nicht kennen – sie sind anderen Gemüsesorten aus der Familie der Kreuzblütengewächse sehr ähnlich. Die Kreuzung von Brokkoli und Kai-Lan (auch: chinesischer Brokkoli) ist ballaststoffreich und enthält viel Vitamin C.

FISCH-FAVORITEN

PRO PORTION (3 JAKOBSMUSCHELN IM SPECKMANTEL)
RATIO: 3:1
KALORIEN: 510
FETT (INSGESAMT): 35,4 g
KOHLENHYDRATE: 8,7 g
NETTO-KOHLENHYDRATE: 7,9 g
BALLASTSTOFFE: 0,8 g
PROTEINE: 41,5 g

5 Scheiben Speck
450 g Jakobsmuscheln (etwa 10 Stück)
½ TL Salz
¼ TL frisch gemahlener schwarzer Pfeffer
4 EL Butter
15 Stängel Brokkolini
1 TL sehr fein gehackter Knoblauch
2 EL trockener Weißwein
2 TL Olivenöl

1. Den Speck quer in Hälften schneiden, sodass insgesamt 10 kleine Scheiben entstehen. Um jede Jakobsmuschel eine Scheibe Speck wickeln und mit einem Zahnstocher fixieren. Mit ¼ TL Salz und ⅛ TL Pfeffer würzen.
2. Eine mittlere Pfanne auf mittlerer Stufe erhitzen und 3 EL Butter darin zerlassen, das dauert etwa 2 Minuten.
3. Brokkolini, Knoblauch und Wein zufügen und 2 Minuten sautieren. Die Pfanne mit dem Deckel verschließen und die Temperatur reduzieren.
4. Eine große Pfanne auf mittlerer Stufe erhitzen. Die restliche Butter und das Olivenöl zufügen und 2 Minuten erhitzen, bis die Butter zerlassen ist.
5. Die Temperatur auf starke Hitze erhöhen. Die Jakobsmuscheln in die heiße Pfanne setzen und von oben und unten je 1½ Minuten scharf anbraten. Die Jakobsmuscheln dann auf die Seiten rollen und rundherum 1 Minute anbraten, damit der Speck knusprig wird.

6. Prüfen, ob die Brokkolini gar sind. Mit ¼ TL Salz und ⅛ TL Pfeffer würzen.
7. Die gebratenen Jakobsmuscheln sofort mit den Brokkolini als Beilage servieren und mit Knoblauchbutter aus der Pfanne beträufeln.

TIPP ZUM SPAREN: Ein Pfund TK-Jakobsmuscheln ist in der Regel etwas günstiger als frische Jakobsmuscheln und qualitativ trotzdem gut, da dafür frisch gefangene Jakobsmuscheln schockgefrostet werden.

KRABBENFRIKADELLEN MIT KNOBLAUCH-AIOLI

FÜR 4 PORTIONEN
VORBEREITUNG: 15 MINUTEN · GARZEIT: 15 MINUTEN · GESAMT: 30 MINUTEN

Kaum etwas macht mich so glücklich wie Krabbenfrikadellen. Krabbenfrikadellen werden häufig paniert oder es werden Semmelbrösel zum Binden der Masse verwendet. In diesem Rezept (übrigens eines meiner Lieblingsrezepte) werden Parmesan und Kokosmehl als Bindemittel verwendet. Kross und aromatisch – ich kann nicht genug davon bekommen und bereite oft gleich die doppelte Menge zu, damit ich eine Hälfte für die Momente einfrieren kann, in denen ich zu faul bin, fürs Abendessen zu arbeiten. Denken Sie daran, dass Krabbenfleisch häufig maschinell separiert wird, sehen Sie es also immer noch mal selbst durch, um sicherzugehen, dass keine Schalenreste darin enthalten sind.

FISCH-FAVORITEN

PRO PORTION
RATIO: 3:1
KALORIEN: 576
FETT (INSGESAMT): 46,4 g
KOHLENHYDRATE: 10,5 g
NETTO-KOHLENHYDRATE: 7,4 g
BALLASTSTOFFE: 3,1 g
PROTEINE: 31,9 g

FÜR DIE KRABBENFRIKADELLEN

450 g Krebsfleisch

45 g Mayonnaise

1 Ei, verquirlt

30 g Kokosmehl

1 TL Senf

1 TL Meeresfrüchte-Gewürzmischung

¼ TL Paprikapulver

1 TL sehr fein gehackter Knoblauch

20 g Zwiebel, sehr fein gewürfelt

35 g Paprika, sehr fein gewürfelt

1 EL fein gehackte frische Petersilie

¼ TL Salz

¼ TL frisch gemahlener schwarzer Pfeffer

80 g Parmesan, fein gerieben

3 EL Butter

FÜR DIE AIOLI

2 TL sehr fein gehackter Knoblauch

1 EL frisch gepresster Zitronensaft

1 Ei

½ TL Salz

⅛ TL frisch gemahlener schwarzer Pfeffer

125 ml Olivenöl

Zubereitung Krabbenfrikadellen

1. In einer großen Schüssel Krabbenfleisch, Mayonnaise, Ei, Kokosmehl, Senf, Meeresfrüchte-Gewürzmischung, Paprikapulver, Knoblauch, Zwiebel, Paprika, Petersilie, Salz und Pfeffer sorgfältig mischen.

2. Den geriebenen Parmesan untermischen. Die Krabbenfleisch-Mischung gleichmäßig in sechs Portionen teilen und Frikadellen daraus formen. Abgedeckt im Kühlschrank ziehen lassen, während die Aioli zubereitet wird, damit die Masse etwas fester wird.

Zubereitung Aioli

1. Knoblauch und Zitronensaft in der Küchenmaschine glatt pürieren.
2. Eier, Salz und Pfeffer untermischen. Die Maschine langsam weiterlaufen lassen und dabei das Olivenöl allmählich in einem dünnen Strahl zufügen, bis die Masse die Konsistenz von Mayonnaise hat. Beiseitestellen.

Fertigstellung

1. Eine große Pfanne auf mittlerer Stufe erhitzen. Die Butter zufügen und in etwa 1 Minute zerlassen.
2. Die Krabbenfrikadellen vorsichtig in die Pfanne setzen und 7 Minuten braten. Aufpassen, dass die Butter nicht anbrennt. Die Temperatur reduzieren. Die Frikadellen wenden und von der zweiten Seite 5–7 Minuten braten, bis sie durchgegart sind (nach Bedarf länger braten). Die gebratenen Krabbenfrikadellen auf Küchenpapier setzen, damit überschüssiges Fett abtropfen kann.
3. Sofort servieren und die Hälfte der Aioli dazu reichen. Die zweite Hälfte der Aioli in einem luftdicht verschlossenen Behälter im Kühlschrank aufbewahren.

TILAPIA MIT PARMESANKRUSTE UND SAUTIERTEM SPINAT

FÜR 2 PORTIONEN
VORBEREITUNG: 15 MINUTEN ▪ GARZEIT: 15 MINUTEN ▪ GESAMT: 30 MINUTEN

Parmesan macht sich exzellent als Kruste und kann in vielen Rezepten auch anstelle von Semmelbröseln verwendet werden. Als Kruste für den Tilapia bekommt der Parmesan Unterstützung von gemahlenen Mandeln, damit er sich besser mit der Oberfläche des Fisches verbindet und beim Garen auch an Ort und Stelle bleibt. Mit sautiertem Spinat als Beilage tut diese Mahlzeit nicht nur dem Herzen gut, sondern ist auch das perfekte Abendessen unter der Woche.

FISCH-FAVORITEN

PRO PORTION (1 TILAPIA-FILET, ½ MENGE SPINAT)
RATIO: 3:1
KALORIEN: 376
FETT (INSGESAMT): 26,6 g
KOHLENHYDRATE: 4,1 g
NETTO-KOHLENHYDRATE: 2,4 g
BALLASTSTOFFE: 1,7 g
PROTEINE: 32 g

40 g Parmesan, fein gerieben
2 EL Mandelmehl
1 TL Paprikapulver
¼ TL Salz
⅛ TL frisch gemahlener schwarzer Pfeffer
2 Tilapia-Filets
2 EL Olivenöl
120 g Spinat
½ TL Knoblauchpulver
1 EL frisch gehackte Petersilie

1. Den Backofen auf 200 °C vorheizen.
2. In einer mittleren Schüssel Parmesan, gemahlene Mandeln, Paprikapulver, Salz und Pfeffer mischen.
3. Die Tilapia-Filets auf einen Teller legen und mit 1 EL Olivenöl beträufeln. Das Öl mit den Fingerspitzen rundherum in den Fisch reiben und die Filets dann in der Parmesan-Mischung wenden, sodass sie gleichmäßig damit bedeckt sind.
4. Eine Auflaufform mit Alufolie auslegen und die Filets hineinlegen. Im vorgeheizten Ofen 10–15 Minuten backen (abhängig von der Dicke der Filets).
5. Inzwischen das restliche Olivenöl in einer großen Pfanne auf mittlerer Stufe erhitzen.
6. Den Spinat im heißen Öl etwa 6 Minuten sautieren.
7. Das Knoblauchpulver untermischen. Die Pfanne mit dem Deckel verschließen und die Temperatur reduzieren. Den Spinat so 3–5 Minuten zart dünsten.

8. Die Auflaufform mit den Tilapia-Filets aus dem Ofen nehmen. Nachsehen, ob der Fisch gar ist.
9. Die Filets auf dem Spinat anrichten und garniert mit frisch gehackter Petersilie sofort servieren.

SESAM-INGWER-LACHS MIT BLUMENKOHLPÜREE

FÜR 2 PORTIONEN

VORBEREITUNG: 20 MINUTEN ▪ GARZEIT: 20 MINUTEN ▪ GESAMT: 40 MINUTEN

In diesem asiatisch inspirierten Lachsrezept werden nussige Sesamsamen mit erfrischend scharfem Ingwer kombiniert, dazu gibt es Blumenkohlpüree (Seite 112). Ein großartiges Abendessen für unter der Woche. Reste können am nächsten Tag zum Mittagessen aufgewärmt werden. Falls Sie das Blumenkohlpüree als Kartoffelbrei-Alternative zu einer anderen Mahlzeit servieren möchten, bereiten Sie doch einfach gleich die doppelte Menge zu und heben die Hälfte für später auf – das Püree lässt sich gut einfrieren.

FISCH-FAVORITEN

PRO PORTION (1 LACHSFILET)
RATIO: 3:1
KALORIEN: 539
FETT (INSGESAMT): 39,5 g
KOHLENHYDRATE: 7,3 g
NETTO-KOHLENHYDRATE: 5 g
BALLASTSTOFFE: 2,3 g
PROTEINE: 41,8 g

1 EL sehr fein gehackter frischer Ingwer
½ TL Sesamöl
1 TL Olivenöl
½ TL Reisweinessig
1 TL Sojasauce
2 Lachsfilets (à 250 g)

1. Den Backofen auf 200 °C vorheizen.
2. In einer mittleren Schüssel Ingwer, Sesamöl, Olivenöl, Reisweinessig und Sojasauce mischen.
3. Die Lachsfilets hineinlegen und wenden, sodass sie vollständig mit der Marinade bedeckt sind.
4. Eine große Auflaufform mit Alufolie auslegen. Die Lachsfilets nebeneinander in die Auflaufform legen und die restliche Marinade über den Fisch gießen.
5. Im vorgeheizten Ofen 15–20 Minuten backen (abhängig von der Dicke der Filets).
6. Die Auflaufform aus dem Ofen nehmen und nachsehen, ob die Filets gar sind.
7. Sofort servieren und dazu Blumenkohlpüree (Seite 112) reichen.

GEBRATENER ALASKALACHS MIT GRÜNEN BOHNEN

FÜR 4 PORTIONEN

VORBEREITUNG: 15 MINUTEN ▪ GARZEIT: 25 MINUTEN ▪ GESAMT: 40 MINUTEN

An den meisten Esstischen kommt Lachs immer gut an, aber manche Menschen (wie meine bessere Hälfte) finden den speziellen Geschmack von Lachs meistens zu dominant. Für solche Leute (und meinen persönlichen Testesser) ist dieses Rezept eine gute Option, dank der aromatischen Gewürze. Außerdem gibt es dazu meine Lieblingsbeilage: Grüne Bohnen mit viel Knoblauch. Den Lachs für die besten Resultate über Nacht in der Gewürzmischung ziehen lassen.

FÜR DIE GEWÜRZMISCHUNG

2 EL Stevia oder ein anderes zuckerfreies Süßungsmittel

1 EL Chilipulver

1 TL frisch gemahlener schwarzer Pfeffer

½ EL gemahlener Kreuzkümmel

½ EL Paprikapulver

½ EL Salz

¼ TL Senfpulver

1 Prise Zimt

FÜR DEN LACHS

4 EL Kokosöl

4 Alaskalachsfilets (à 110–170 g)

4 EL Dijon-Senf

FÜR DIE GRÜNEN BOHNEN

3 EL Butter

1 EL Olivenöl

4 Knoblauchzehen, sehr fein gehackt

450 g Grüne Bohnen

½ TL Salz

¼ TL frisch gemahlener schwarzer Pfeffer

FISCH-FAVORITEN

PRO PORTION (1 LACHSFILET)

RATIO: 3:1

KALORIEN: 539

FETT (INSGESAMT): 42,2 g

KOHLENHYDRATE: 12,3 g

NETTO-KOHLENHYDRATE: 6,6 g

BALLASTSTOFFE: 5,7 g

PROTEINE: 31,3 g

Zubereitung Gewürzmischung

In einer mittleren Schüssel Stevia, Chilipulver, schwarzen Pfeffer, Kreuzkümmel, Paprikapulver, Senfpulver und Zimt mischen.

Zubereitung Lachs

1. Das Kokosöl in einer großen Pfanne auf mittlerer Stufe etwa 5 Minuten erhitzen.
2. Jeweils 1 EL Senf rundherum auf den Lachsfilets verstreichen.
3. Die Filets in der Gewürzmischung wenden, sodass sie rundherum bedeckt sind. Beiseitelegen.
4. Sobald das Kokosöl aufgewärmt ist, die Temperatur unter der Pfanne auf mäßig hohe Stufe erhöhen. Die Lachsfilets im heißen Öl 2 Minuten braten. Wenden und die Temperatur auf mittlere Stufe reduzieren. Die Filets von der zweiten Seite 6–8 Minuten (oder mehr) braten, bis sie nicht mehr durchscheinend sind.

Zubereitung Grüne Bohnen

1. Butter und Olivenöl in eine separate große Pfanne geben und auf mittlerer Stufe erhitzen, bis die Butter zerlassen ist. Den Knoblauch zufügen und etwa 1 Minute aromatisch dünsten.
2. Grüne Bohnen, Salz und Pfeffer zufügen. Die Pfanne mit dem Deckel verschließen und die Temperatur reduzieren. Unter gelegentlichem Rühren 10–12 Minuten köcheln lassen.
3. Sofort zum Lachs servieren.

TIPP ZU DEN ZUTATEN: Wenn Sie keinen Alaskalachs (Rotlachs) bekommen können, verwenden Sie einfach eine andere Sorte frischen Lachs.

TERIYAKI-LACHS MIT PIKANTER MAYO UND GRÜNEM SPARGEL

FÜR 2 PORTIONEN

VORBEREITUNG: 20 MINUTEN · GARZEIT: 25 MINUTEN · GESAMT: 45 MINUTEN

Traditionell enthält Teriyaki-Sauce Zucker, für unsere keto-freundliche Version (Seite 263) verwenden wir hingegen ein zuckerfreies Süßungsmittel. Das Ergebnis ist dem Original sehr ähnlich und schmeckt außer auf Lachs auch auf Fleisch. Mit einem Klecks pikanter Mayonnaise und grünem Spargel mit Butter als Beilage ist dieser zarte Fisch ein klassisches Abendessen. Nach Belieben können Sie direkt vor dem Servieren ein paar Mandelblättchen unter den grünen Spargel mischen, für etwas mehr Biss.

FISCH-FAVORITEN

PRO PORTION (1 LACHSFILET UND 6 STANGEN GRÜNER SPARGEL)
RATIO: 3:1
KALORIEN: 577
FETT (INSGESAMT): 42,2 g
KOHLENHYDRATE: 12,9 g
NETTO-KOHLENHYDRATE: 9,6 g
BALLASTSTOFFE: 3,3 g
PROTEINE: 41,5 g

FÜR DIE PIKANTE MAYO

2 TL sehr fein gehackter Knoblauch

1 EL frisch gepresster Zitronensaft

1 Ei

½ TL Salz

1 EL Cayennepfeffer

⅛ TL frisch gemahlener schwarzer Pfeffer

125 ml Olivenöl

FÜR DEN LACHS UND GRÜNEN SPARGEL

12 Stangen grüner Spargel

½ TL sehr fein gehackter frischer Ingwer

2 TL Olivenöl

½ TL Reisweinessig

¼ TL frisch gemahlener schwarzer Pfeffer

4 EL Teriyaki-Sauce (Seite 263) oder fertig gekaufte zuckerfreie Teriyaki-Sauce (z. B. von Seal Sama)

2 Lachsfilets (à 225 g)

Frühlingszwiebeln, in Ringe geschnitten, zum Servieren

Zubereitung pikante Mayonnaise

1. Knoblauch and Zitronensaft in der Küchenmaschine glatt pürieren.
2. Ei, Salz, Cayennepfeffer und schwarzen Pfeffer zu dem Knoblauch-Zitronenpüree geben. Auf niedriger Stufe untermischen und dabei das Olivenöl allmählich in einem feinen Strahl hinzulaufen lassen, bis eine Mayonnaise entstanden ist. Abgedeckt im Kühlschrank ziehen lassen, während der Lachs gegart wird.

Zubereitung Lachs und grüner Spargel

1. Den Backofen auf 200 °C vorheizen.
2. Die holzigen Enden vom Spargel abschneiden, sodass nur der zarte Teil der Stangen übrig bleibt.
3. In einer mittleren Schüssel Ingwer, 1 TL Olivenöl, Reisweinessig, Pfeffer und Teriyaki-Sauce (Seite 263) mischen.
4. Den Lachs zufügen und in der Sauce wenden, sodass er rundherum gleichmäßig bedeckt ist.
5. Eine Auflaufform mit Alufolie auslegen. Den Lachs aus der Sauce nehmen und in die vorbereitete Form legen. Die restliche Sauce über die Filets gießen. Den grünen Spargel um die Filets verteilen und mit dem restlichen Olivenöl beträufeln.
6. Im vorgeheizten Ofen 15–20 Minuten backen (abhängig von der Dicke der Filets).
7. Aus dem Ofen nehmen und prüfen, ob die Filets wirklich gar sind.
8. Sofort servieren, garniert mit Frühlingszwiebelringen, und die Hälfte der pikanten Mayo dazu reichen. Die restliche Mayonnaise in einem luftdicht verschlossenen Behälter im Kühlschrank aufbewahren.

GEBACKENER KABELJAU MIT KNOBLAUCHBUTTER UND PAK CHOI

FÜR 2 PORTIONEN

VORBEREITUNG: 5 MINUTEN ▪ GARZEIT: 20 MINUTEN ▪ GESAMT: 25 MINUTEN

Dieses Rezept für gebackenen Kabeljau mit Pak Choi gehört zu meinen persönlichen Favoriten. Gedämpft in Alufolie-Päckchen ist der Fisch schnell zubereitet, und man kann mit wenig Aufwand großen Eindruck machen. Pak Choi ist das ganze Jahr über erhältlich, Hauptsaison hat er aber im Winter. Wenn Sie dieses Rezept zu anderen Jahreszeiten zubereiten, ersetzen Sie den Pak Choi am besten durch saisonales Gemüse, etwa Brokkoli oder Rübstiel.

FISCH-FAVORITEN

PRO PORTION (1 KABELJAU-FILET MIT ½ MENGE PAK CHOI)
RATIO: 3:1
KALORIEN: 317
FETT (INSGESAMT): 23,8 g
KOHLENHYDRATE: 4 g
NETTO-KOHLENHYDRATE: 2,7 g
BALLASTSTOFFE: 1,3 g
PROTEINE: 22,6 g

2 Kabeljau-Filets (à 225 g)
55 g Butter, in dünne Scheiben geschnitten
1 EL sehr fein gehackter Knoblauch
230 g Baby Pak Choi, längs halbiert
¼ TL Salz
¼ TL frisch gemahlener schwarzer Pfeffer

1. Den Backofen auf 200 °C vorheizen.
2. Die Kabeljau-Filets jeweils auf ein großes Stück Alufolie legen. Butterscheiben und Knoblauch gleichmäßig darauf verteilen.
3. Den Pak Choi um die Filets verteilen. Mit Salz und Pfeffer würzen.
4. Die Alufolie jeweils über den Filets zusammenführen und die Seiten gut versiegeln, sodass zwei gut verschlossene Pakete entstehen und die Butter nicht herauslaufen kann.
5. Die versiegelten Alufolie-Päckchen in eine Auflaufform setzen. Im vorgeheizten Ofen 15–20 Minuten backen (abhängig von der Dicke der Filets).
6. Aus dem Ofen nehmen und nachsehen, ob die Filets gar sind.
7. Sofort servieren.

GEBACKENE FORELLE MIT MANGOLD

FÜR 4 PORTIONEN
VORBEREITUNG: 30 MINUTEN ▪ GARZEIT: 15 MINUTEN ▪ GESAMT: 45 MINUTEN

Nach einem langen Tag, den man mit Angeln im Freien verbracht hat, schmeckt nichts besser als einfach gebackene Forelle mit frischem Gemüse. Und selbst wenn man sich die Forelle im Supermarkt geangelt hat, wird sie, gegart in Alufolie-Päckchen, köstlich schmecken. Zusammen mit frischem Dill und Fenchel sind Aroma und Präsentation des Fisches beeindruckend.

1 TL Salz

½ TL frisch gemahlener schwarzer Pfeffer

4 Forellen (à etwa 225 g), ausgenommen, entgrätet und geputzt

4 Stängel frischer Dill

4 Stängel Fenchelgrün

900 g Mangold, gewaschen, Blätter und Stiele getrennt

4 EL Olivenöl

4 EL Butter

1 Zitrone, geviertelt

4 EL trockener Wermut oder Weißwein

FISCH-FAVORITEN

PRO PORTION (1 FORELLE MIT ¼ MENGE MANGOLD)
RATIO: 3:1
KALORIEN: 556
FETT (INSGESAMT): 36,1 g
KOHLENHYDRATE: 11,4 g
NETTO-KOHLENHYDRATE: 7 g
BALLASTSTOFFE: 4,4 g
PROTEINE: 43,6 g

1. Den Backofen auf 225 °C vorheizen.
2. Die Forellen innen mit (insgesamt) ½ TL Salz und ¼ TL Pfeffer würzen. In jede Forelle 1 Stängel Dill und 1 Stängel Fenchelgrün legen.
3. Die Mangoldstiele in 5 cm große Stücke schneiden. Die Blätter quer in knapp 4 cm breite Streifen schneiden. Beiseitelegen.
4. Vier große Stücke Alufolie ovalförmig zurechtschneiden, sodass jedes Stück locker um eine Forelle und ¼ Menge Mangold passt und noch ausreichend Platz ist, die Ränder der Folie zum Versiegeln zusammenzuführen.
5. Die Forellen mit dem Küchenpinsel mit insgesamt ¾ EL Olivenöl rundherum bestreichen. Auf die Mitte jedes Alufolie-Ovals jeweils eine Forelle legen und mit ¼ Menge Mangold bedecken.
6. Die Forellen mit dem restlichen Salz und Pfeffer würzen und insgesamt 3 EL Olivenöl über die Forellen träufeln. Auf jeden Fisch 1 EL Butter setzen.
7. Über jeder Portion Mangold und Forelle den Saft von ¼ Zitrone träufeln, gefolgt von 1 EL Wermut. Die Alufolie nach oben falten und gut versiegeln, sodass über Forelle und Mangold noch Platz in den Alufolie-Päckchen ist.

8. Die Folien-Pakete auf ein Backblech setzen und im vorgeheizten Ofen 10–12 Minuten backen (abhängig von der Dicke des Fisches).
9. Aus dem Ofen nehmen und die Pakete vor dem Öffnen 1–2 Minuten abkühlen lassen. In der Folie servieren.

KAPITEL 7

GROẞARTIGES GEFLÜGEL

HÄHNCHENSCHENKEL IN SENF-SCHALOTTEN-SAUCE

FÜR 4 PORTIONEN

VORBEREITUNG: 15 MINUTEN ■ GARZEIT: 20 MINUTEN ■ GESAMT: 35 MINUTEN

Aromatisch und scharf – diese Drumsticks (Hähnchenschenkel) werden für eine einfache Zubereitung mit Senf, Schalotten und Weißwein bedeckt. Frische Kräuter und cremige Sauce passen hervorragend zu gedämpftem Gemüse (zum Beispiel Brokkoli) mit zerlassener Butter. In einigen Rezepten können Schalotten durch eine Kombination von Knoblauch und Zwiebeln ersetzt werden. Für dieses Gericht ist der einzigartige Geschmack der Schalotten aber wichtig, also möglichst Schalotten verwenden.

GROẞARTIGES GEFLÜGEL

PRO PORTION
RATIO: 3:1
KALORIEN: 420
FETT (INSGESAMT): 21,4 g
KOHLENHYDRATE: 3,3 g
NETTO-KOHLENHYDRATE: 3,3 g
BALLASTSTOFFE: 0 g
PROTEINE: 48,3 g

680 g Hähnchenunterschenkel (mit Haut)

¼ TL Salz

¼ TL frisch gemahlener schwarzer Pfeffer

2 EL Butter

3 EL fein gehackte Schalotten

2 frische Zweige Thymian

1 EL Balsamessig

60 ml trockener Weißwein

1 TL Worcestersauce

125 ml Hühnerbrühe

2 TL Tomatenmark

125 ml Sahne

1 EL Dijon-Senf

2 EL fein gehackte Petersilie

1. Die Hähnchenschenkel rundherum mit Salz und Pfeffer würzen. Beiseitestellen.
2. Die Butter in einer großen Pfanne bei mäßiger Hitze zerlassen. Die Hähnchenschenkel mit der Hautseite nach unten in die zerlassene Butter legen und 6–7 Minuten goldbraun braten. Auf die Seite legen und weitere 2 Minuten braten. Die Hähnchenschenkel auf die noch nicht gegarte Seite legen und noch 3–4 Minuten braten. Mit einem Bratenthermometer die Kerntemperatur des Hähnchenfleisches messen. Die Temperatur sollte 75 °C betragen, bevor das Hähnchenfleisch aus der Pfanne genommen wird.
3. Die gebratenen Hähnchenschenkel auf einen Servierteller geben und warm halten.
4. Schalotten und Thymian zu den Butterresten in der Pfanne geben und 1 Minute zart dünsten.

5. Essig, Weißwein und Worcestersauce zufügen und die Mischung zum Kochen bringen.
6. Die Hühnerbrühe unterrühren und die Mischung erneut zum Kochen bringen.
7. Das Tomatenmark untermischen. Die Sauce 5–6 Minuten köcheln lassen, bis sie um die Hälfte reduziert ist.
8. Die Sahne unter die reduzierte Sauce rühren. Erneut aufkochen. Den Senf zufügen und mit dem Schneebesen glatt rühren. Insgesamt sollte das etwa 240 ml Sauce ergeben.
9. Die Sauce über die gebratenen Hähnchenschenkel gießen und 2 Minuten ziehen lassen.
10. Garniert mit frisch gehackter Petersilie servieren.

BRATHÄHNCHEN MIT KRÄUTERN UND YAMBOHNEN

FÜR 4 PORTIONEN

VORBEREITUNG: 15 MINUTEN ▪ GARZEIT: 1¼ STUNDEN ▪ GESAMT: 1¾ STUNDEN

Brathähnchen – ein absoluter Klassiker – ist nicht nur eine großartige Familienmahlzeit, die Reste lassen sich auch hervorragend verwerten: Hähnchenbrust kann in Scheiben geschnitten und in Sandwiches oder Wraps gefüllt werden, das Fleisch der Hähnchenschenkel gehackt und für Hähnchenfleischsalat verwendet werden. Die Kräutermischung aus diesem Rezept kann nach Belieben verändert werden. Yambohnen enthalten eine Menge Ballaststoffe und können gut mit dem Hähnchen zusammen gebraten werden, dann erhalten sie eine ähnliche Textur wie Ofenkartoffeln.

GROẞARTIGES GEFLÜGEL

PRO PORTION
RATIO: 3:1
KALORIEN: 604
FETT (INSGESAMT): 48,8 g
KOHLENHYDRATE: 3,4 g
NETTO-KOHLENHYDRATE: 1,8 g
BALLASTSTOFFE: 1,6 g
PROTEINE: 38,5 g

- 1 Schalotte, sehr fein gewürfelt
- 2 Zweige frischer Thymian, die Blättchen abgezupft
- 2 Zweige frischer Rosmarin, die Blättchen gehackt
- 2 Knoblauchzehen, sehr fein gehackt
- 2 Zweige frischer Salbei, die Blätter gehackt
- 2 EL frisch gehackte Petersilie
- 1 Hähnchen (etwa 2 kg)
- 60 ml Olivenöl
- 140 g Yambohne, grob gewürfelt
- ½ TL Salz
- ¼ TL frisch gemahlener schwarzer Pfeffer

1. Den Backofen auf 220 °C vorheizen.
2. Schalotte, Thymian, Rosmarin und Knoblauch in der Küchenmaschine mit der Impulsstufe fein hacken. Salbei und Petersilie zufügen und ein paar Impulse weiter mixen, bis die Zutaten gut vermischt sind.
3. Das Hähnchen mit der Brust nach oben auf ein großes Schneidebrett legen. Vorsichtig die Finger auf jeder Brust zwischen Haut und Fleisch schieben, sodass jeweils eine Tasche entsteht. Die Haut nicht vom Hähnchen entfernen.
4. Das Hähnchen auf die Seite drehen. Den Vorgang mit der Haut an den Schenkeln wiederholen.

5. Gleiche Mengen der Kräutermischung unter die Haut auf beiden Seiten der Brust und der Hähnchenschenkel schieben. Das Hähnchen auf ein Bratenblech setzen.
6. Das Hähnchen mit dem Olivenöl beträufeln und das Öl mit den Fingern in die Haut reiben. Falls Kräutermischung übrig ist, diese auf dem Hähnchen verteilen.
7. Im vorgeheizten Ofen 15 Minuten braten. Aus dem Ofen nehmen.
8. Die Yambohnen rund um das Hähnchen verteilen und mit Salz und Pfeffer würzen. Zurück in den Ofen schieben und die Ofentemperatur auf 190 °C reduzieren. Das Hähnchen etwa 1 Stunde braten, bis die Kerntemperatur des Fleisches 75 °C beträgt.
9. Aus dem Ofen nehmen und vor dem Tranchieren und Servieren 15 Minuten ruhen lassen.

HÄHNCHENSCHENKEL MIT SPINAT-SPECK-FÜLLUNG

FÜR 4 PORTIONEN

VORBEREITUNG: 15 MINUTEN ▪ GARZEIT: 35 MINUTEN ▪ GESAMT: 50 MINUTEN

Hähnchenschenkel kann man im Rahmen der ketogenen Ernährung hervorragend genießen – besonders dann, wenn sie mit köstlichen Zutaten gefüllt sind. Dieses Rezept betont die Kombination von Speck und Spinat für eine reichhaltige, herzhafte Mahlzeit. Dazu ein leichter Salat mit Vinaigrette aus Zitrusfrüchten und schon hat man ein großartiges Abendessen. (Reste machen sich am nächsten Tag zum Mittagessen hervorragend.)

GROßARTIGES GEFLÜGEL

PRO PORTION
RATIO: 4:1
KALORIEN: 527
FETT (INSGESAMT): 44,1 g
KOHLENHYDRATE: 2,4 g
NETTO-KOHLENHYDRATE: 2,4 g
BALLASTSTOFFE: 0 g
PROTEINE: 29,3 g

5 Scheiben Speck
2 EL Butter
110 g Spinat
1 TL sehr fein gehackter Knoblauch
180 g Frischkäse, bei Raumtemperatur
450 g Hähnchenschenkel, filetiert
4 EL Emmentaler oder Appenzeller, gerieben
¼ TL Salz
¼ TL frisch gemahlener schwarzer Pfeffer

1. Den Backofen auf 220 °C vorheizen.
2. Die Speck-Scheiben mit je 1,5 cm Abstand auf ein Backblech legen und im vorgeheizten Ofen 10–15 Minuten kross braten. Beiseitestellen und abkühlen lassen. Die Ofentemperatur beibehalten
3. Die Butter in einer großen Pfanne bei mäßiger Hitze zerlassen. Spinat und Knoblauch zufügen und etwa 2 Minuten sautieren, bis der Spinat in sich zusammenfällt. Aus der Pfanne nehmen und beiseitelegen.
4. Den abgekühlten Speck fein würfeln.
5. In einer großen Schüssel Frischkäse, sautierten Spinat und Speckwürfel mischen.
6. Die filetierten Hähnchenschenkel auf ein großes Schneidebrett legen. Das Fleisch aufklappen, sodass die Schenkel flach auf dem Brett liegen. Gleiche Mengen der Frischkäse-Mischung auf die Mitte der aufgeklappten Hähnchenschenkel geben.
7. Den geriebenen Emmentaler gleichmäßig auf den Frischkäse-Portionen verteilen.

8. Die gefüllten Hähnchenschenkel wieder zusammenklappen und mit Zahnstochern fixieren. Mit Salz und Pfeffer würzen. In eine Auflaufform legen.
9. Die Auflaufform mit den Hähnchenschenkeln in den vorgeheizten Ofen schieben und 18 Minuten backen. Mit dem Bratenthermometer die Kerntemperatur messen. Vor dem Servieren sollte diese 75 °C betragen.

ZUM ZEIT-SPAREN: Küchenfertig für die Mikrowelle vorbereiteten Spinat und gebraten gekauften Speck verwenden, um dieses Gericht im Handumdrehen zuzubereiten. Halten Sie dabei nach gehacktem Spinat und dicken gebratenen Speckscheiben Ausschau. Meistens ist küchenfertig gebratener Speck sehr dünn geschnitten und macht geschmacklich nicht viel her, also kaufen Sie für die besten Ergebnisse das Produkt einer hochwertigen Marke.

HÄHNCHEN-PICCATA

FÜR 4 PORTIONEN

VORBEREITUNG: 10 MINUTEN ▪ GARZEIT: 15 MINUTEN ▪ GESAMT: 25 MINUTEN

Ein aus italienischen Restaurants bekannter Klassiker wird hier der Keto-Behandlung unterzogen. Die einzigartige Kombination von Kapern und Zitronensaft passt hervorragend zum Hähnchenfleisch mit Weißwein. Traditionell wird das Gericht mit Hähnchenbrust zubereitet, in diesem Rezept werden jedoch Hähnchenschenkel verwendet, um die Fettmenge zu erhöhen.

450 g Hähnchenschenkel, filetiert

¼ TL Salz

⅛ TL frisch gemahlener schwarzer Pfeffer

60 ml Olivenöl

125 ml trockener Weißwein

1 EL frisch gepresster Zitronensaft

1 Knoblauchzehe, sehr fein gehackt

1 EL Kapern, gehackt

3 EL frisch gehackte Petersilie

PRO PORTION
RATIO: 4:1

KALORIEN: 377

FETT (INSGESAMT): 29,7 g

KOHLENHYDRATE: 1,4 g

NETTO-KOHLENHYDRATE: 1,4 g

BALLASTSTOFFE: 0 g

PROTEINE: 20,3 g

1. Die filetierten Hähnchenschenkel aufgeklappt auf ein großes Schneidebrett legen und mit dem Fleischhammer vorsichtig flach klopfen, etwa 0,6 cm dick.
2. Das Olivenöl in einer großen Pfanne etwa 1 Minute auf mittlerer Stufe erhitzen. Zwei Hähnchenschenkelfilets im heißen Öl von jeder Seite je 4 Minuten braten. Auf einen Teller legen und beiseitestellen. Mit den anderen Hähnchenschenkeln wiederholen (jeweils 2 auf einmal braten). Beiseitestellen.
3. Die Temperatur auf starke Hitze erhöhen. Weißwein, Zitronensaft, Knoblauch und Kapern zufügen. Umrühren und dabei Bratensatz von den Hähnchenschenkeln vom Pfannenboden lösen. Die Sauce zum Kochen bringen und 1 Minute köcheln lassen.
4. Die Hähnchenschenkel zurück in die Pfanne geben und zum Aufwärmen 1 Minute in der Sauce ziehen lassen.
5. Die frisch gehackte Petersilie untermischen und servieren.

PERFEKTE KOMBINATION: Zucchini-Nudeln (Seite 142) sind eine schnelle und einfache Beilage zu diesem Gericht, das i. d. R. mit Pasta serviert wird. Die Zucchini-Nudeln in einer Pfanne in heißem Olivenöl al dente garen. Mit der Piccata-Sauce oder einem Löffel zuckerfreier Pasta-Sauce (Seite 273) servieren.

HÄHNCHENSCHENKEL MIT FETA-OLIVEN-FÜLLUNG

FÜR 4 PORTIONEN

VORBEREITUNG: 15 MINUTEN ▪ GARZEIT: 20 MINUTEN ▪ GESAMT: 35 MINUTEN

Wenn Sie Lust auf mediterrane Aromen haben, probieren Sie dieses Rezept für Hähnchenschenkel mit Feta-Oliven-Füllung aus. Die Schenkel schmecken großartig alleine oder serviert mit Zucchini-Nudeln (Seite 142) und explodieren quasi vor Geschmacksnoten, die an Griechenland erinnern. Nach Belieben können Sie zum Servieren noch eine extra Portion Feta darüberstreuen.

125 g Feta, zerbröckelt
20 g Emmentaler, gerieben
1 TL sehr fein gehackter Knoblauch
1 EL Olivenöl
20 g Oliven, entsteint und gewürfelt
450 g Hähnchenschenkel, filetiert
¼ TL Salz
¼ TL frisch gemahlener schwarzer Pfeffer

GROßARTIGES GEFLÜGEL

PRO PORTION
RATIO: 4:1
KALORIEN: 407
FETT (INSGESAMT): 31,3 g
KOHLENHYDRATE: 2,7 g
NETTO-KOHLENHYDRATE: 2,3 g
BALLASTSTOFFE: 0,4 g
PROTEINE: 27,3 g

1. Den Backofen auf 220 °C vorheizen.
2. In einer großen Schüssel Feta, Emmentaler, Knoblauch, Olivenöl und Oliven mischen.
3. Die Hähnchenschenkel auf ein großes Schneidebrett legen und aufklappen, sodass sie flach auf dem Brett liegen. Gleiche Mengen der Feta-Oliven-Mischung auf der Mitte der aufgeklappten Hähnchenschenkel verteilen. Die Die gefüllten Hähnchenschenkel wieder zusammenklappen und mit Zahnstochern fixieren. Mit Salz und Pfeffer würzen.
4. Die gefüllten Hähnchenschenkel nebeneinander in eine Auflaufform legen. Im vorgeheizten Ofen 18 Minuten backen. Die Kerntemperatur des Hähnchenfleisches mit dem Bratenthermometer prüfen. Vor dem Servieren muss sie 75 °C betragen.

HÄHNCHENSCHENKEL MIT ZITRONEN-CREMESAUCE

FÜR 4 PORTIONEN

VORBEREITUNG: 15 MINUTEN ▪ GARZEIT: 20 MINUTEN ▪ GESAMT: 35 MINUTEN

In diesem einfachen Rezept wird die cremige Sauce mit Zitrone abgeschmeckt. Als Beilage passt am besten aromatisches Gemüse wie grüner Spargel. Die Menge des verwendeten Zitronensafts kann ganz dem persönlichen Geschmack angepasst werden. Wenn Sie Freude an dieser Sauce haben, können Sie die doppelte Menge zubereiten, um die Extra-Portion auf Omelette oder Frühstückseiern zu servieren.

1 EL Butter

1 EL sehr fein gehackte Schalotte

250 g Sour Cream

2 EL frisch gepresster Zitronensaft

½ TL Salz

¼ TL frisch gemahlener schwarzer Pfeffer

450 g Hähnchenschenkel (mit Knochen)

1. Den Backofen auf 220 °C vorheizen.
2. Die Butter in einer großen Pfanne bei mäßiger Hitze zerlassen und die gewürfelte Schalotte darin 3–4 Minuten zart dünsten. Die Temperatur reduzieren und Sour Cream, Zitronensaft, ¼ TL Salz und ⅛ TL Pfeffer untermischen. In eine Schüssel füllen, sorgfältig umrühren und abgedeckt bis zum Servieren im Kühlschrank stehen lassen.
3. Die Hähnchenschenkel rundherum mit ¼ TL Salz und ⅛ TL Pfeffer würzen.
4. Auf ein Bratenblech legen und im vorgeheizten Ofen 18 Minuten braten. Mit dem Bratenthermometer die Kerntemperatur prüfen – vor dem Servieren muss sie 75 °C betragen.
5. Die Hähnchenschenkel gleichmäßig mit Zitronensauce beträufelt servieren.

GROßARTIGES GEFLÜGEL

PRO PORTION
RATIO: 4:1

KALORIEN: 393

FETT (INSGESAMT): 32 g

KOHLENHYDRATE: 3,1 g

NETTO-KOHLENHYDRATE: 3,1 g

BALLASTSTOFFE: 0 g

PROTEINE: 22,1 g

GEBACKENE „CHICKEN TENDERS"

FÜR 4 PORTIONEN

VORBEREITUNG: 15 MINUTEN ▪ GARZEIT: 20 MINUTEN ▪ GESAMT: 35 MINUTEN

„Chicken Tenders", kleine Stücke paniertes und gebratenes zartes Hähnchenfleisch, sind in den USA bei Kindern sehr beliebt und bekommen in diesem Rezept einen „Keto-Anstrich", indem eine Panade verwendet wird, die keine Semmelbrösel, dafür aber eine Menge anderer überraschender Zutaten enthält: Fein zerstoßene, knusprig gebackene Speckkrusten-Chips und geriebener Parmesan ergeben eine knusprig-krosse Kruste. Servieren Sie die „Chicken Tenders" mit Ranch-Dressing (Seite 267) oder zuckerfreiem Ketchup (Seite 264) zum Dippen.

GROẞARTIGES GEFLÜGEL

PRO PORTION
RATIO: 3:1
KALORIEN: 489
FETT (INSGESAMT): 32,9 g
KOHLENHYDRATE: 2,2 g
NETTO-KOHLENHYDRATE: 2,2 g
BALLASTSTOFFE: 0 g
PROTEINE: 45,8 g

2 Eier

10 g Speckkrusten-Chips, fein zerstoßen

40 g Parmesan, gerieben

1 TL Knoblauchpulver

1 TL Zwiebelpulver

¼ TL Salz

⅛ TL frisch gemahlener schwarzer Pfeffer

450 g Hähnchenschenkel, filetiert und halbiert

1. Den Backofen auf 200 °C vorheizen.
2. Ein Backblech mit Backpapier auslegen.
3. In einer mittleren Schüssel die Eier gut verquirlen.
4. In einer separaten mittleren Schüssel Speckkrustenkrümel, Parmesan, Knoblauchpulver, Zwiebelpulver, Salz und Pfeffer mischen.
5. Die Schüsseln zum Panieren neben dem vorbereiteten Backblech bereitstellen: erst die Schüssel mit den verquirlten Eiern, dann die Schüssel mit den trockenen Zutaten.
6. Das Hähnchenfleisch in die verquirlten Eier tunken, abtropfen lassen und dann in der Speckkrusten-Parmesan-Mischung wenden. Die „Panade" mit den Fingern an das Fleisch pressen, damit sie gut daran haftet. Das „panierte" Hähnchenfleisch auf das vorbereitete Backblech legen. Mit den restlichen Stücken Hähnchenfleisch wiederholen.
7. Im vorgeheizten Ofen 18–20 Minuten backen, bis die „Chicken Tenders" goldbraun und knusprig sind.

HÄHNCHEN-CHILI-ENCHILADA-AUFLAUF

FÜR 8 PORTIONEN
VORBEREITUNG: 30 MINUTEN ▪ GARZEIT: 45 MINUTEN ▪ GESAMT: 1½ STUNDEN

Milde, aber aromatische grüne Chilischoten verbinden sich in diesem leckeren Auflauf wunderbar mit der cremigen Enchilada-Sauce. Bei uns zu Hause gibt es dieses Gericht mindestens einmal im Monat. Belegt mit Low-Carb-Tortilla-Streifen fängt dieses Rezept den Geschmack traditioneller Enchiladas ein, hat dabei aber keinen hohen Kohlenhydrat-Gehalt.

GROẞARTIGES GEFLÜGEL

PRO PORTION
RATIO: 3:1
KALORIEN: 413
FETT (INSGESAMT): 26,9 g
KOHLENHYDRATE: 8,3 g
NETTO-KOHLENHYDRATE: 6,2 g
BALLASTSTOFFE: 2,1 g
PROTEINE: 33,1 g

750 ml Hühnerbrühe

675 g Hähnchenschenkel, filetiert

260 g frisch geröstete grüne Chilischoten, gehackt, oder aus der Dose

250 g Sour Cream

200 g Monterey Jack oder Butterkäse gerieben

60 g Zwiebel, gewürfelt

1 EL sehr fein gehackter Knoblauch

½ TL Salz

½ TL frisch gemahlener schwarzer Pfeffer

¼ TL Cayennepfeffer

1 EL Olivenöl

1 Bund Koriandergrün, gehackt

2 Low-Carb-Tortillas, in 1,5 cm dicke Streifen geschnitten

1. Den Backofen auf 200 °C vorheizen.
2. Die Hühnerbrühe in einem großen Topf bei starker Hitze zum Kochen bringen. Dann die Temperatur reduzieren. Die Hähnchenschenkel in die siedende Brühe geben und 12 Minuten darin garen. Aus der Brühe nehmen, beiseitelegen und abkühlen lassen. Das abgekühlte Hähnchenfleisch in häppchengroße Stücke schneiden. In eine große Schüssel geben.
3. Die grünen Chilischoten, Sour Cream, geriebenen Käse, Zwiebeln, Knoblauch, Salz, schwarzen Pfeffer und Cayennepfeffer sorgfältig unter das Hähnchenfleisch mischen.
4. Das Olivenöl in einer mittleren Pfanne auf mittlerer Stufe etwa 1 Minute erhitzen. Die Low-Carb-Tortilla-Streifen im heißen Öl unter gelegentlichem Rühren, damit sie nicht anbrennen, 2–3 Minuten knusprig braten.
5. Die Hähnchenfleischmischung in einer großen Auflaufform verteilen und großzügig mit frisch gehacktem Koriandergrün bestreuen. Die knusprigen Tortilla-Streifen darauf verteilen.

6. Den Auflauf im vorgeheizten Ofen 15–20 Minuten goldbraun backen.
7. Aus dem Ofen nehmen und vor dem Servieren 5 Minuten abkühlen lassen.

GEBACKENE „CHICKEN WINGS“

FÜR 4 PORTIONEN

VORBEREITUNG: 15 MINUTEN ▪ GARZEIT: 50 MINUTEN ▪ GESAMT: 1 STUNDE

Diese klassischen Chicken Wings sind perfekt für Football-Sonntage oder andere informelle Zusammenkünfte an Wochenenden. Gebacken statt frittiert, spart man bei der Zubereitung dieser Chicken Wings nicht nur Zeit, sondern auch Öl. Für ein rauchiges Aroma das Hähnchenfleisch einfach für die gleiche Zeit auf mittlerer Stufe auf dem Grill garen.

1 EL Olivenöl

1 TL Salz

½ TL frisch gemahlener schwarzer Pfeffer

900 g Hähnchenflügel

60 ml Chilisauce

1 EL Butter, zerlassen

¼ TL Cayennepfeffer

250 ml Blauschimmelkäsesauce (Seite 266) oder Ranch-Dressing (Seite 267), alternativ fertig gekauftes, zuckerfreies Dressing

GROẞARTIGES GEFLÜGEL

PRO PORTION
RATIO: 3:1
KALORIEN: 507
FETT (INSGESAMT): 23,4 g
KOHLENHYDRATE: 3,7 g
NETTO-KOHLENHYDRATE: 3,7 g
BALLASTSTOFFE: 0 g
PROTEINE: 66,5 g

1. Den Backofen auf 200 °C vorheizen.
2. In einer großen Schüssel Olivenöl, ½ TL Salz und ¼ TL schwarzen Pfeffer mischen. Die Hähnchenflügel zufügen und alles gut vermengen, damit das Hähnchenfleisch rundherum fein mit der Mischung überzogen ist.
3. Die Hähnchenflügel auf zwei Backbleche verteilen und im vorgeheizten Ofen 45–50 Minuten backen, bis die Haut schön kross ist.
4. In einer separaten großen Schüssel Chilisauce, zerlassene Butter, Cayennepfeffer, ½ TL Salz und ¼ TL schwarzen Pfeffer mischen. Die gegarten Hähnchenflügel zufügen, in der Sauce wenden und 1 Minute darin ziehen lassen.
5. Mit Blauschimmelkäsesauce (Seite 266) oder Ranch-Dressing (Seite 267) servieren.

HÄHNCHEN IM SPECKMANTEL MIT JALAPEÑOS

FÜR 4 PORTIONEN

VORBEREITUNG: 30 MINUTEN ▪ GARZEIT: 20 MINUTEN ▪ GESAMT: 55 MINUTEN

Hähnchenbrust bekommt hier eine ordentliche Portion würziger Schärfe von gehackten Jalapeño-Chilischoten, die von Frischkäse leicht gemildert wird. Als Beilage dazu passt Blumenkohl „Mac and Cheese“ (Seite 104).

4 Hähnchenbrustfilets (à etwa 110 g)

180 g Frischkäse, bei Raumtemperatur

4 Jalapeño-Chilischoten, halbiert

1 TL Zwiebelpulver

2 Knoblauchzehen, sehr fein gehackt

8 Scheiben Speck

¼ TL Salz

⅛ TL frisch gemahlener schwarzer Pfeffer

2 EL Olivenöl

GROßARTIGES GEFLÜGEL

PRO PORTION
RATIO: 3:1
KALORIEN: 586
FETT (INSGESAMT): 42,2 g
KOHLENHYDRATE: 3,8 g
NETTO-KOHLENHYDRATE: 3,3 g
BALLASTSTOFFE: 0,5 g
PROTEINE: 46,9 g

1. Den Backofen auf 200 °C vorheizen.
2. Die Hähnchenbrustfilets auf einem Schneidebrett jeweils in der Mitte horizontal einschneiden, fast bis zum anderen Ende, und dann aufklappen.
3. Den Frischkäse auf die flach aufgeklappten Filets verteilen und gleichmäßig verstreichen.
4. Auf jedes Hähnchenbrustfilet zwei Jalapeño-Hälften legen. Zwiebelpulver und fein gehackten Knoblauch daraufstreuen. Die Hähnchenbrustfilets über der Füllung zusammenfalten. Um jedes Filet zwei Scheiben Speck wickeln und mit Zahnstochern fixieren. Rundherum mit Salz und Pfeffer würzen.
5. Die Hähnchenbrustfilets im Speckmantel nebeneinander in eine Auflaufform legen und mit Olivenöl beträufeln.

6. Im vorgeheizten Ofen 20 Minuten backen, bis die Kerntemperatur des Hähnchenfleisches 75 °C beträgt.
7. Aus dem Ofen nehmen und die Hähnchenbrustfilets 2–3 Minuten abkühlen lassen. Vor dem Servieren die Zahnstocher entfernen.

TIPP ZUR ZUBEREITUNG: Die doppelte Menge vorbereiten und die Hälfte der Hähnchenbrustfilets im Speckmantel für ein schnelles Essen an stressigen Abenden individuell einfrieren. Den Ofen auf 200 °C vorheizen und die gefrorenen Hähnchenbrustfilets 5–7 Minuten länger backen als im Rezept oben angegeben (insgesamt 25–27 Minuten). Lässt man die gefrorenen Hähnchenbrustfilets zunächst auftauen, bleibt es bei der ursprünglichen Garzeit.

KORIANDER-CHILI-HÄHNCHENSPIESSE

FÜR 4 PORTIONEN

VORBEREITUNG: 15 MINUTEN ▪ GARZEIT: 10 MINUTEN ▪ GESAMT: 40 MINUTEN

Koriander und pikante Chilipaste finden auf diesen aromatisch-frischen Hähnchenfleischspießen mit Paprika und Zwiebeln wunderbar zusammen. Die Spieße können unter dem Ofengrill oder auf mäßig hoher Hitze auf dem Grill gegart werden. Genießen Sie dazu Low-Carb-Tortillas oder eine Portion Blumenkohl-„Reis" (Seite 106).

1 Bund Koriandergrün, gehackt

2 EL Olivenöl

4 EL rote Chilipaste

2 EL Sojasauce

2 Knoblauchzehen, sehr fein gehackt

1 TL Zwiebelpulver

1 TL sehr fein gehackter frischer Ingwer

¼ TL frisch gemahlener schwarzer Pfeffer

450 g Hähnchenbrustfilets, in 2,5 cm große Würfel geschnitten

1 Zwiebel, grob gewürfelt

2 rote Paprikas, Stielansatz, Samen und Scheidewände entfernt, grob gewürfelt

GROSSARTIGES GEFLÜGEL

PRO PORTION
RATIO: 3:1
KALORIEN: 355
FETT (INSGESAMT): 25 g
KOHLENHYDRATE: 11,2 g
NETTO-KOHLENHYDRATE: 9 g
BALLASTSTOFFE: 2,2 g
PROTEINE: 21,7 g

1. Den Ofengrill vorheizen.
2. In einer großen Schüssel Koriandergrün, Olivenöl, rote Chilipaste, Sojasauce, Knoblauch, Zwiebelpulver, Ingwer und schwarzen Pfeffer mischen.
3. Das Hähnchenfleisch zufügen und ordentlich in den anderen Zutaten schwenken. Abgedeckt 15 Minuten im Kühlschrank ziehen lassen.
4. Das Hähnchenfleisch aus dem Kühlschrank nehmen. Die Hähnchenfleisch-Würfel auf Spieße stecken, dazwischen jeweils abwechselnd ein Stück Zwiebel und ein Stück rote Paprika.
5. Ein mit Alufolie ausgelegtes Backblech auf der niedrigsten Einschubleiste in den Ofen schieben.

6. Die Hähnchenfleisch-Spieße auf einen Ofenrost legen, im rechten Winkel zu den Gitterstäben. Auf mittlerer Einschubleiste (über dem Backblech) in den Ofen schieben und 3 Minuten grillen. Die Spieße wenden und 3 Minuten weiter grillen. Die Spieße erneut wenden und noch 4 Minuten grillen. Mit dem Bratenthermometer die Kerntemperatur des Fleisches messen. Wenn 74 °C erreicht sind, die Spieße aus dem Ofen nehmen und leicht abkühlen lassen.
7. Die Spieße servieren, wie sie sind, oder Hähnchenfleisch und Gemüse vor dem Servieren von den Spießen lösen.

AVOCADO-HÄHNCHEN-BURGER

FÜR 4 PORTIONEN
VORBEREITUNG: 5 MINUTEN ▪ GARZEIT: 15 MINUTEN ▪ GESAMT: 20 MINUTEN

Diese Avocado-Hähnchen-Burger gehören wahrscheinlich zu den einfachsten Rezepten im Rahmen der Keto-Diät. Voll mit gesunden Fetten sind Avocados die ultimative Zugabe zu jeder auf Proteinen basierenden Mahlzeit. Servieren Sie auf den Bratlingen Alfalfa-Sprossen und Ziegenkäse oder eine Scheibe Appenzeller – so oder so sind sie eine Gaumenfreude!

450 g Hähnchenhackfleisch

50 g Mandelmehl

2 Knoblauchzehen, sehr fein gehackt

1 TL Zwiebelpulver

¼ TL Salz

⅛ TL frisch gemahlener schwarzer Pfeffer

1 Avocado, gewürfelt

2 EL Olivenöl

4 Low-Carb-Burgerbrötchen oder Kopfsalatsalat-Blätter als Wraps (optional)

GROßARTIGES GEFLÜGEL

PRO PORTION (1 BRATLING)
RATIO: 3:1

KALORIEN: 413

FETT (INSGESAMT): 25,7 g

KOHLENHYDRATE: 7,9 g

NETTO-KOHLENHYDRATE: 2,9 g

BALLASTSTOFFE: 5 g

PROTEINE: 33,9 g

1. In einer großen Schüssel Hähnchenhackfleisch, gemahlene Mandeln, Knoblauch, Zwiebelpulver, Salz und Pfeffer mischen.
2. Die Avocadowürfel vorsichtig unter die Mischung heben und Bratlinge formen. Beiseitelegen.
3. Das Olivenöl in einer großen Pfanne auf mäßiger Stufe etwa 1 Minute erhitzen. Die Bratlinge in der heißen Pfanne von jeder Seite 8 Minuten goldbraun braten, bis sie durchgegart sind.
4. Nach Belieben auf Low-Carb-Burgerbrötchen oder in Wraps aus Salatblättern servieren – oder einfach so.

TIPP ZU DEN ZUTATEN: Bei der Verwendung von Alfalfa-Sprossen ist zu beachten, dass darauf manchmal schädliche Bakterien sein können. Um Probleme zu vermeiden, Alfalfa-Sprossen vor dem Verzehr daher mindestens 2-mal waschen.

HÄHNCHEN-CURRY

FÜR 4 PORTIONEN

VORBEREITUNG: 10 MINUTEN ▪ GARZEIT: 25 MINUTEN ▪ GESAMT: 35 MINUTEN

Reichhaltige Kokosmilch wird in diesem exzellenten Hähnchen-Curry-Rezept mit Currypulver gewürzt. Begleitet von Bambussprossen und Zwiebeln absorbiert das Hähnchenfleisch die Aromen von Paprika und Ingwer in diesem knackig-aromatischen Curry. Serviert wird es auf knusprig gebratenem Blumenkohl-„Reis“ (Seite 106) oder, mal was anderes, auf Zucchini-Nudeln (Seite 142).

4 EL Kokosöl

20 g Zwiebel, gewürfelt

135 g Bambussprossen

450 g Hähnchenschenkelfilets, gewürfelt

1 TL sehr fein gehackter frischer Ingwer

1 EL Currypulver

1 EL Paprikapulver

310 ml Kokosmilch

60 ml Sahne

¼ TL Salz

⅛ TL frisch gemahlener schwarzer Pfeffer

1. Das Kokosöl in einer großen Pfanne auf mittlerer Stufe etwa 1 Minute erhitzen. Zwiebel, Bambussprossen und Hähnchenfleisch im heißen Öl unter gelegentlichem Rühren etwa 5 Minuten anbraten.
2. Ingwer, Curry- und Paprikapulver untermischen und 2–3 Minuten weiter braten.
3. Kokosmilch und Sahne zufügen. Das Curry bei mäßiger Hitze unter gelegentlichem Rühren 15 Minuten köcheln lassen. Mit Salz und Pfeffer würzen.
4. Auf Blumenkohl-„Reis“ (Seite 106) oder Zucchini-Nudeln (Seite 142) servieren.

PRO PORTION
RATIO: 4:1
KALORIEN: 582
FETT (INSGESAMT): 51,9 g
KOHLENHYDRATE: 9,2 g
NETTO-KOHLENHYDRATE: 5,3 g
BALLASTSTOFFE: 3,9 g
PROTEINE: 23,5 g

HÄHNCHEN NACH JAMAIKANISCHER ART

FÜR 4 PORTIONEN
VORBEREITUNG: 10 MINUTEN ▪ GARZEIT: 1 STUNDE ▪
GESAMT: 5 STUNDEN, INKLUSIVE MARINIEREN

Dieses authentische Rezept für jamaikanisches Jerk-Chicken lässt Assoziationen zu karibischen Inseln aufkommen. Traditionell wird die Jerk-Marinade mit Zucker zubereitet, nicht jedoch diese keto-freundliche Variante, die gleich in doppelter Menge für andere Verwendungen zubereitet werden kann. Meistens wird Jerk-Chicken über offener Flamme gegart, die Zugabe von Liquid Smoke übernimmt diese Aufgabe, wenn man das Fleisch im Ofen gart.

GROßARTIGES GEFLÜGEL

PRO PORTION
RATIO: 3:1
KALORIEN: 557
FETT (INSGESAMT): 36 g
KOHLENHYDRATE: 4 g
NETTO-KOHLENHYDRATE: 3,1 g
BALLASTSTOFFE: 0,9 g
PROTEINE: 42,8 g

1 Zwiebel, fein gehackt
105 g Frühlingszwiebeln, in feine Ringe geschnitten
3 EL Sojasauce
1 EL Apfelessig
1 EL Olivenöl
2 TL frisch gehackter Thymian
2 TL Splenda oder ein anderes zuckerfreies Süßungsmittel
1 TL Liquid Smoke
1 TL Salz
1 TL gemahlener Piment
1 TL Cayennepfeffer
1 TL frisch gemahlener schwarzer Pfeffer
½ TL Muskatnuss
½ TL Zimt
1 ganzes Hähnchen, geviertelt

1. In einer mittleren Schüssel Zwiebeln, Frühlingszwiebeln, Sojasauce, Apfelessig, Olivenöl, Thymian, Splenda, Liquid Smoke, Salz, Piment, Cayennepfeffer, schwarzen Pfeffer, Muskatnuss und Zimt mischen.
2. Das Hähnchenfleisch mit der Haut nach unten in eine Auflaufform legen. Die Marinade darüber gießen und im Kühlschrank mindestens 4 Stunden ziehen lassen.
3. Wenn es soweit ist, das Hähnchenfleisch zu garen, den Backofen auf 220 °C vorheizen.
4. Die Auflaufform mit Hähnchenfleisch und Marinade in den vorgeheizten Ofen schieben und 30 Minuten backen.
5. Aus dem Ofen nehmen und das Hähnchenfleisch wenden, sodass die Hautseite oben liegt. Zurück in den Ofen schieben und weitere 20–30 Minuten backen, bis die Kerntemperatur des Hähnchenfleischs 75 °C beträgt.
6. Das Hähnchen vor dem Tranchieren und Servieren 5 Minuten abkühlen lassen.

HÄHNCHENSCHENKEL VOM GRILL MIT SESAMÖL

FÜR 4 PORTIONEN

VORBEREITUNG: 5 MINUTEN ▪ GARZEIT: 20 MINUTEN ▪ GESAMT: 25 MINUTEN

Wenn Sie so große Lust auf chinesisches Take Away haben, wie ich, bereiten Sie sich einfach diese schnellen und einfachen Hähnchenschenkel zu, statt zum Telefon zu greifen, um sich Essen zu bestellen. In diesem süß-pikanten Gericht hält der intensiv-nussige Geschmack des Sesamöls die Süße des Ahornsirups im Zaum. Für eine sättigende Mahlzeit serviere ich dazu gerne gedämpftes Gemüse wie Brokkoli mit Butter und Blumenkohl-„Reis" (Seite 106). Optional kann das Ganze zum Servieren noch mit Sesamsamen bestreut werden – so machen Sie dem Lieferdienst vor Ort Konkurrenz.

GROßARTIGES GEFLÜGEL

PRO PORTION (1 HÄHNCHENSCHENKEL)
RATIO: 3:1
KALORIEN: 360
FETT (INSGESAMT): 26 g
KOHLENHYDRATE: 2,2 g
NETTO-KOHLENHYDRATE: 2,2 g
BALLASTSTOFFE: 0 g
PROTEINE: 27,1 g

4 Hähnchenschenkel (mit Haut und Knochen)

¼ TL Salz

¼ TL frisch gemahlener schwarzer Pfeffer

2 EL Sojasauce

2 EL zuckerfreier Ahornsirup

1 EL Sesamöl

1 TL sehr fein gehackter Knoblauch

1 TL Rotweinessig

½ TL zerstoßene Chiliflocken

1. Die Hähnchenschenkel rundherum mit Salz und Pfeffer würzen. Beiseitestellen.
2. In einer großen Schüssel (die Hähnchenschenkel sollen alle hinein passen), Sojasauce, Ahornsirup, Sesamöl, Knoblauch, Essig und Chiliflocken mischen. Etwa ein Viertel dieser Sauce separat beiseitestellen.
3. Die Hähnchenschenkel mit der Hautseite nach oben in die Sauce legen, sodass sie vollständig bedeckt sind. Abgedeckt mindestens 15 Minuten im Kühlschrank ziehen lassen.
4. Den Backofengrill vorheizen.
5. Das Hähnchenfleisch aus dem Kühlschrank nehmen. Die marinierten Hähnchenschenkel mit der Hautseite nach unten nebeneinander in eine Auflaufform legen.
6. Die Auflaufform auf einen Ofenrost etwa 15 cm unter dem Grillelement in den Ofen stellen und das Hähnchenfleisch

5–6 Minuten bei leicht geöffneter Ofentür grillen. Dann wenden, sodass die Hautseite oben ist, und 2 Minuten weiter grillen.

7. Das Hähnchenfleisch erneut wenden und den Rost mit der Auflaufform auf der unteren Einschubleiste in den Ofen schieben. Die Ofentür verschließen und das Hähnchenfleisch 6–8 Minuten weiter garen.
8. Das Hähnchenfleisch erneut wenden, sodass die Hautseite oben ist, und die beiseitegestellte Sauce darüber gießen. Die Ofentür erneut verschließen und 2 Minuten fertig garen.
9. Das Hähnchenfleisch aus dem Ofen nehmen und mit dem Bratenthermometer die Kerntemperatur prüfen – sie muss mindestens 74 °C betragen.
10. Vor dem Servieren 5 Minuten abkühlen lassen.

TIPP ZUM SPAREN: Im Rahmen der Keto-Diät sind Hähnchenschenkel mit Knochen Hähnchenschenkelfilets vorzuziehen. Hähnchenschenkel sind häufig günstiger, wenn man größere Mengen auf einmal kauft. Decken Sie sich gut mit Hähnchenschenkeln ein und wenn in einem Rezept nach Hähnchenschenkelfielts verlangt wird, entfernen Sie die Knochen einfach selbst und verwenden diese für die Zubereitung hausgemachter Hühnerbrühe.

CREMIG ÜBERBACKENE HÄHNCHENBRUST MIT SPECK

FÜR 4 PORTIONEN

VORBEREITUNG: 10 MINUTEN · GARZEIT: 55 MINUTEN · GESAMT: 1 STUNDE

Es heißt, dass mit Speck alles besser schmeckt. Und wenn der Speck mit Ranch-Dressing (Seite 267) serviert wird, dann ist noch mehr Wahrheit an dieser Aussage. Diese mit Ranchdressing, Speck und Käse gegarten Hähnchenbrüste sind saftig und zart und perfekt für ein einfaches Essen unter der Woche. Servieren Sie dazu eine leichtere Beilage, zum Beispiel gedämpftes Gemüse.

GROẞARTIGES GEFLÜGEL

PRO PORTION (1 HÄHNCHENBRUSTFILET)
RATIO: 4:1
KALORIEN: 674
FETT (INSGESAMT): 52,3 g
KOHLENHYDRATE: 4,2 g
NETTO-KOHLENHYDRATE: 3,9 g
BALLASTSTOFFE: 0,3 g
PROTEINE: 46,5 g

Kochspray für die Auflaufform
3 EL Olivenöl
4 Hähnchenbrustfilets
½ TL Salz
¼ TL frisch gemahlener schwarzer Pfeffer
1 EL Knoblauchpulver
8 Scheiben Speck
4 EL Butter
4 EL Ranch-Dressing (Seite 267), oder fertig gekauftes Ranch-Dressing
35 g Cheddar, gerieben
40 g geraspelter Mozzarella
40 g Parmesan, gerieben
½ TL getrocknete Petersilie

1. Den Backofen auf 175 °C vorheizen und eine Auflaufform mit Kochspray ausfetten.
2. Das Olivenöl in einer großen Pfanne etwa 1 Minute auf mittlerer Stufe erhitzen. Die Hähnchenbrustfilets rundherum mit Salz, Pfeffer und Knoblauchpulver würzen. Nebeneinander in die heiße Pfanne legen und von jeder Seite je 5 Minuten braten.
3. Die Speck-Scheiben in feine Streifen schneiden – etwa 12 Streifen pro Scheibe.
4. Die angebratenen Hähnchenbrustfilets nebeneinander in die Auflaufform legen. Auf jedes Filet 1 EL Butter und 1 EL Ranch-Dressing geben.
5. Die Speck-Streifen auf den Hähnchenbrustfilets verteilen, sodass sie jeweils vollständig bedeckt sind.
6. Im vorgeheizten Ofen 30 Minuten backen. Dann aus dem Ofen nehmen.

7. Cheddar, Mozzarella und Parmesan mischen und gleichmäßig über die gebackenen Hähnchenbrustfilets streuen. Mit der getrockneten Petersilie würzen. Zurück in den Ofen schieben.
8. Im vorgeheizten Ofen 10–12 Minuten weiter backen, bis der Käse geschmolzen und goldbraun ist.
9. Vor dem Servieren 2 Minuten abkühlen lassen.

GEFÜLLTE PAPRIKA MIT HÄHNCHENFLEISCH

FÜR 6 PORTIONEN
VORBEREITUNG: 10 MINUTEN ▪ GARZEIT: 50 MINUTEN ▪ GESAMT: 1 STUNDE

Heute Abend gibt es zuhause leckere, mexikanisch-inspirierte gefüllte Paprika. Schön pikant, dank der selbst gemachten Fajita-Gewürzmischung, kann man für dieses Rezept auch andere Sorten Gemüse oder Fleisch nach Belieben verwenden. Besonders gut sehen die gefüllten Paprika aus, wenn man zum Servieren einen Klecks Sour Cream und eine Prise Chilipulver darauf gibt.

GROßARTIGES GEFLÜGEL

PRO PORTION (1 GEFÜLLTE PAPRIKA)
RATIO: 3:1
KALORIEN: 419
FETT (INSGESAMT): 28,3 g
KOHLENHYDRATE: 11,8 g
NETTO-KOHLENHYDRATE: 7,8 g
BALLASTSTOFFE: 4 g
PROTEINE: 29,2 g

90 g Butter
450 g Hähnchenschenkel
60 g Zwiebel, gewürfelt
220 g Blumenkohl-„Reis" (Seite 106)
60 g Frühlingszwiebeln, in feine Ringe geschnitten
125 ml Hühnerbrühe
2 TL Chilipulver
1 TL Paprikapulver
1 TL Salz
½ TL Kreuzkümmel
½ TL Knoblauchpulver
¼ TL getrockneter Oregano
¼ TL Cayennepfeffer (optional)
6 Paprika, das obere Ende mit Stielansatz abgeschnitten, Samen und Scheidewände entfernt
90 g Käsemischung (z. B. Butterkäse und Cheddar) gerieben

1. Den Backofen auf 175 °C vorheizen.
2. In einer großen Pfanne 6 EL Butter bei mäßiger Hitze zerlassen. Das Hähnchenfleisch darin von beiden Seiten 3–4 Minuten anbraten. Die Pfanne mit dem Deckel verschließen, die Temperatur reduzieren und das Hähnchenfleisch 10–12 Minuten fertig garen. Prüfen, dass das Hähnchenfleisch durchgegart ist. Abkühlen lassen.
3. Das abgekühlte Hähnchenfleisch in kleine Stücke schneiden und beiseitestellen.
4. Die restliche Butter (2 EL) in einer großen Pfanne bei mäßiger Hitze zerlassen. Die Zwiebeln darin 3–4 Minuten glasig dünsten.
5. Blumenkohl-„Reis" (Seite 106), Hähnchenfleischstückchen, Frühlingszwiebeln, Hühnerbrühe, Chilipulver Paprikapulver, Salz, gemahlenen Kreuzkümmel, Knoblauchpulver, getrockneten Oregano und Cayennepfeffer (nach Belieben) untermischen.

6. Vom unteren Ende jeder Paprika eine dünne Scheibe abschneiden (ohne ein Loch in die Paprikas zu schneiden), damit sie aufrecht stehen können. Die Paprikas mit der offenen Seite nach oben auf ein Backblech stellen.
7. Die Hähnchenfleischmischung gleichmäßig in den Paprikas verteilen.
8. Jede gefüllte Paprika mit Käsemischung bestreuen.
9. Im vorgeheizten Ofen etwa 30 Minuten backen, bis der Käse geschmolzen und goldbraun ist.

TIPP: Füllung und Belag dieses von Fajitas inspirierten Rezeptes machen sich auch hervorragend in Tacos. Füllen Sie zum Beispiel die Käse-Taco-Schalen (Seite 115) damit (aber lassen Sie bei der Zubereitung der Füllung dafür die Hühnerbrühe weg).

„WEISSES“ CHILI

FÜR 12 PORTIONEN

VORBEREITUNG: 15 MINUTEN · GARZEIT: 6 STUNDEN · GESAMT: 7 STUNDEN

An kalten Abenden wärmt nichts besser als eine Schüssel Chili. Falls Chili mit Rindfleisch nicht so ihr Ding ist, wird dieses „weiße“ Hähnchenfleischchili sicher ins Grüne treffen. Cheddar und Sour Cream mindern die leichte Schärfe der grünen Chilischoten weiter ab – insgesamt ist es ein sehr mildes Chili. Wenn Sie es gerne etwas schärfer mögen, fügen Sie einfach noch eine Jalapeño- oder Serrano-Chilischote zu.

GROẞARTIGES GEFLÜGEL

PRO PORTION
RATIO: 3:1
KALORIEN: 413
FETT (INSGESAMT): 28,3 g
KOHLENHYDRATE: 8,4 g
NETTO-KOHLENHYDRATE: 6,8 g
BALLASTSTOFFE: 1,6 g
PROTEINE: 30,6 g

90 g Butter

200 g Zwiebel, gewürfelt

300 g Weiße Rüben, gewürfelt

220 g rote Paprika, Stielansatz, Samen und Scheidewände entfernt, gewürfelt

70 g orange oder gelbe Paprika, Stielansatz, Samen und Scheidewände entfernt, gewürfelt

1 Dose (85 g) gewürfelte grüne Chilischote

4 Knoblauchzehen, sehr fein gehackt

900 g Hähnchenhackfleisch

1,2 l Hühnerbrühe

2 TL Chilipulver (oder nach Belieben)

2 TL gemahlener Kreuzkümmel

2 TL Oregano

1 TL Cayennepfeffer

1 TL Salz

1 TL frisch gemahlener schwarzer Pfeffer

450 g Sour Cream

175 g Cheddar, gerieben

1. Die Butter in einem großen Suppentopf bei mäßiger Hitze zerlassen und die Zwiebel darin 8–10 Minuten unter gelegentlichem Rühren zart und glasig dünsten.
2. Weiße Rüben, beide Sorten Paprika, grüne Chilischoten und Knoblauch zufügen und 5–6 Minuten sautieren.
3. Das Hähnchenhackfleisch zufügen. Umrühren, dabei das Fleisch in kleine Stücke brechen, und unter gelegentlichem Rühren 6–8 Minuten braten.
4. Die Hühnerbrühe zugießen und umrühren.
5. Chilipulver, Kreuzkümmel, Oregano und Cayennepfeffer untermischen. Zum Kochen bringen und die Temperatur auf die niedrigste Stufe reduzieren.

6. Das Chili 6–8 Stunden köcheln lassen, bis die Flüssigkeit reduziert und angedickt ist. Mit Salz und schwarzem Pfeffer abschmecken.
7. Mit Sour Cream und Cheddar servieren.

HÄHNCHEN CORDON BLEU

FÜR 8 PORTIONEN

VORBEREITUNG: 25 MINUTEN ▪ GARZEIT: 30 MINUTEN ▪ GESAMT: 55 MINUTEN

Ein Restaurant-Klassiker bekommt hier den Keto-Anstrich, mit einer Überraschungs-Zutat für die krosse Panade. Fein zerstoßene Speckschwarten-Chips übernehmen die Aufgabe der Semmelbrösel, sodass eine Kruste entsteht, die nicht nur einzigartig sondern auch wunderbar geschmackvoll ist. Servieren Sie dazu gedämpftes Gemüse oder Blumenkohlpüree (Seite 112) und schon haben Sie eine sättigende Mahlzeit.

GROßARTIGES GEFLÜGEL

PRO PORTION (1 HÄHNCHEN-ROULADE)
RATIO: 3:1
KALORIEN: 481
FETT (INSGESAMT): 32,6 g
KOHLENHYDRATE: 1,6 g
NETTO-KOHLENHYDRATE: 1,3 g
BALLASTSTOFFE: 0,3 g
PROTEINE: 45,3 g

Kochspray für die Backform
8 Hähnchenbrustfilets (etwa 510 g)
225 g Speckschwarte
10 g Parmesan, gerieben
½ TL getrocknete Petersilie
½ TL getrockneter Oregano
½ TL getrocknetes Basilikum
¼ TL getrockneter Rosmarin
¼ TL Knoblauchpulver
¼ TL Zwiebelpulver
¼ TL rote Chiliflocken
¼ TL Salz
¼ TL frisch gemahlener schwarzer Pfeffer
2 Eier
4 Scheiben Schinken, längs halbiert
4 Scheiben Emmentaler, längs halbiert
8 EL Butter

1. Den Backofen auf 225 °C vorheizen.
2. Eine Auflaufform mit Kochspray ausfetten.
3. Die Hähnchenbrustfilets zwischen zwei Lagen Frischhaltefolie auf ein Schneidebrett legen und mit dem Fleischhammer flach klopfen, etwa 0,5 cm dick. Beiseitelegen.
4. Die Speckschwarte in der Küchenmaschine zerkleinern, bis ein feines Pulver entstanden ist. In eine große Schüssel füllen.
5. Parmesan, Petersilie, Oregano, Basilikum, Knoblauchpulver, Zwiebelpulver, Chiliflocken, Salz und Pfeffer sorgfältig untermischen.
6. In einer mittleren Schüssel die Eier verquirlen.
7. Eine „Panierstation“ vorbereiten: Die Schüssel mit den verquirlten Eiern und die Schüssel mit der Speckschwarten-Mischung neben die vorbereitete Auflaufform stellen.

8. Die flach geklopften Hähnchenbrustfilets nebeneinander auf ein großes Schneidebrett legen. Jeweils eine halbe Scheibe Schinken und eine halbe Scheibe Emmentaler darauf legen und je 1 EL Butter darauf setzen. Das Hähnchenfleisch von einer Seite über dem Belag zusammenrollen und mit dem Saum nach unten auf das Brett stellen (eventuell mit Zahnstocher fixieren).
9. Diese Rouladen nacheinander erst vorsichtig in die Eiermasse tunken, sodass sie gleichmäßig benetzt sind, und dann in der Speckschwarten-Mischung wälzen. Darauf achten, dass die Panade gut am Hähnchenfleisch haftet. Die panierten Hähnchen-Rouladen mit dem Saum nach unten in die vorbereitete Auflaufform setzen.
10. Im vorgeheizten Ofen 25–30 Minuten goldbraun backen.

HÄHNCHEN MIT PARMESANKRUSTE

FÜR 6 PORTIONEN

VORBEREITUNG: 20 MINUTEN ▪ GARZEIT: 35 MINUTEN ▪ GESAMT: 55 MINUTEN

Die Kombination von gemahlenen Mandeln und geriebenem Parmesan ergibt die perfekte Kruste für dieses Keto-Hähnchen-Rezept. Serviert mit zuckerfreier Pasta-Sauce (Seite 273) und geschmolzenem Mozzarella passen zu dieser Hauptspeise außerdem sautiertes Gemüse oder Zucchini-Nudeln (Seite 142). Für zusätzlichen Fettgehalt können Sie dieses Rezept auch mit Hähnchenschenkeln zubereiten.

3 große Hähnchenbrustfilets, halbiert

60 g Parmesan, gerieben

50 g Mandelmehl

1 TL Italienische Kräutermischung

½ TL Knoblauchpulver

¼ TL Salz

⅛ TL frisch gemahlener schwarzer Pfeffer

1 Ei

60 ml Olivenöl

6 EL zuckerfreie Pasta-Sauce (Seite 273)

90 g geraspelter Mozzarella

GROßARTIGES GEFLÜGEL

PRO PORTION (½ HÄHNCHENBRUST MIT SAUCE UND KÄSE)
RATIO: 3:1

KALORIEN: 469

FETT (INSGESAMT): 29,8 g

KOHLENHYDRATE: 3,9 g

NETTO-KOHLENHYDRATE: 2,6 g

BALLASTSTOFFE: 1,3 g

PROTEINE: 43,9 g

1. Den Backofen auf 175 °C vorheizen.
2. Das Hähnchenfleisch zwischen zwei Lagen Frischhaltefolie auf ein Schneidebrett legen und mit dem Fleischhammer flach klopfen, etwa 0,5 cm dick.
3. In einer mittleren Schüssel 50 g Parmesan, gemahlene Mandeln, italienische Kräutermischung, Knoblauchpulver, Salz und Pfeffer mischen.
4. In einer separaten Schüssel das Ei verquirlen.
5. Eine „Panierstation" vorbereiten: Die Schüssel mit den verquirlten Eiern, die Schüssel mit der Parmesan-Mischung und ein sauberes großes Schneidebrett nebeneinanderstellen. Die Hähnchenfleischstücke zunächst in die Eiermasse tunken, kurz abtropfen lassen und dann in der Panade wenden, sodass sie vollständig damit überzogen sind. Das panierte Hähnchenfleisch auf das Brett legen.
6. Das Olivenöl in einer großen Pfanne auf mittlerer Stufe etwa 2 Minuten erhitzen. Das panierte Hähnchenfleisch im heißen Öl von beiden Seiten 5–7 Minuten goldbraun anbraten.

7. Das Hähnchenfleisch aus der Pfanne nehmen und auf ein mit Backpapier ausgelegtes Backblech legen.
8. Auf jedes Stück 1 EL Pasta-Sauce (Seite 273) geben und den Mozzarella gleichmäßig auf den einzelnen Portionen verteilen. Mit dem restlichen Parmesan bestreuen.
9. Im vorgeheizten Ofen 20 Minuten backen, bis der Käse goldbraun geschmolzen ist.

KAPITEL

HAUPTSACHE FLEISCH

SCHWEINELENDE IM SPECKMANTEL

FÜR 4 PORTIONEN

VORBEREITUNG: 10 MINUTEN ▪ GARZEIT: 45 MINUTEN ▪ GESAMT: 1 STUNDE

Schweinefleisch in Schweinefleisch zu wickeln, erscheint zunächst vielleicht überflüssig, aber Sie werden schnell merken, dass der Speckmantel sich deutlich auf den Gesamtgeschmack auswirkt. Und es ist nicht nur der Geschmack – der Speck sorgt dafür, dass die Schweinelende schön saftig bleibt. Servieren Sie dazu ihr gedämpftes Lieblingsgemüse und Blumenkohlpüree (Seite 112).

HAUPTSACHE FLEISCH

PRO PORTION
RATIO: 3:1
KALORIEN: 518
FETT (INSGESAMT): 29,9 g
KOHLENHYDRATE: 1,9 g
NETTO-KOHLENHYDRATE: 1,9 g
BALLASTSTOFFE: 0 g
PROTEINE: 57,3 g

FÜR DIE GEWÜRZMISCHUNG

1 TL Salz
1 TL Knoblauchpulver
1 TL Zwiebelpulver
½ TL geräuchertes Paprikapulver
½ TL getrocknetes Basilikum
½ TL getrockneter Thymian
½ TL getrockneter Rosmarin
½ TL getrockneter Salbei
½ TL frisch gemahlener schwarzer Pfeffer
¼ TL Cayennepfeffer
¼ TL gemahlener Kreuzkümmel
⅛ TL gemahlener Zimt
⅛ TL gemahlene Muskatnuss
⅛ TL gemahlene Gewürznelken

FÜR DIE SCHWEINELENDE

900 g Schweinelende
2 EL Olivenöl
8–12 Scheiben Speck

Zubereitung Gewürzmischung

In einer mittleren Schüssel Salz, Knoblauchpulver, Zwiebelpulver, Paprikapulver, Basilikum, Thymian, Rosmarin, Salbei, schwarzen Pfeffer, Cayennepfeffer, Kreuzkümmel, Zimt, Muskatnuss und Gewürznelken sorgfältig mischen. Beiseitestellen.

Zubereitung Schweinelende

1. Den Backofen auf 220 °C vorheizen.
2. Überschüssiges Fett und/oder Silberhaut (eine dünne Schicht Bindegewebe) vom Schweinefleisch entfernen. Das Schweinefleisch rundherum mit Olivenöl einreiben.
3. Die gesamte Schweinelende rundherum sorgfältig mit der Gewürzmischung einreiben. Beiseitestellen.

4. Die Speckscheiben eng nebeneinander auf ein großes Schneidebrett legen. Die Schweinelende mittig darauf platzieren. Auf einer Seite eine Scheibe Speck anheben und diagonal über das Fleisch legen. Den Vorgang von der anderen Seite aus wiederholen, sodass sich die Speckscheiben auf der Schweinelende überkreuzen. Mit den restlichen Speckscheiben wiederholen. Nach Bedarf mit Zahnstochern fixieren.
5. Die Schweinelende im Speckmantel in eine Auflaufform legen und im vorgeheizten Ofen 20 Minuten backen. Die Temperatur auf 150 °C reduzieren und die Lende 20 Minuten weiter backen.
6. Mit dem Bratenthermometer an der dicksten Stelle des Fleisches die Kerntemperatur prüfen. Sobald diese 60 °C erreicht hat, den Ofengrill anstellen und den Speck auf hoher Stufe 3–5 Minuten knusprig backen.
7. Die Schweinelende im Speckmantel aus dem Ofen nehmen und mit Alufolie abdecken. Das Fleisch mindestens 10 Minuten ruhen lassen.
8. In Scheiben schneiden und mit Beilagen nach Belieben servieren.

TIPP ZU DEN ZUTATEN: Wie viel Speck benötigt wird, hängt von der Länge und der Größe der Schweinelende insgesamt ab. Es sollte ausreichend Speck vorhanden sein, um die Lende von einer Spitze zur anderen vollständig zu umwickeln.

TIPP ZUR ZUBEREITUNG: Die USDA (das Landwirtschaftsministerium der USA) empfiehlt, Schweinefleisch zu garen, bis eine Kerntemperatur von mindestens 60 °C erreicht ist. Das Fleisch gart aber noch weiter, nachdem es aus dem Ofen genommen wurde. Für eine besonders saftige, zarte Schweinelende, lässt man das Fleisch abgedeckt ruhen, wenn es aus dem Ofen kommt, sodass die Kerntemperatur um 10 °C steigen kann. Hat die Kerntemperatur die 60 °C nicht erreicht, nachdem das Fleisch ruhen gelassen wurde, muss die Schweinelende nochmal in den Ofen.

GEFÜLLTE SCHWEINEKOTELETTS

FÜR 2 PORTIONEN
VORBEREITUNG: 15 MINUTEN • GARZEIT: 20 MINUTEN • GESAMT: 35 MINUTEN

Ähnlich wie Rib-Eye-Steaks mit Knochen sind Schweinekoteletts ein richtig gutes Teilstück Schweinefleisch, wenn man sich ein saftiges, perfekt gegartes Essen wünscht. Gefüllt mit Spinat und Munster Käse – dieses Rezept wird Sie bestimmt begeistern.

FÜR DIE FÜLLUNG

2 EL Olivenöl

1 TL sehr fein gehackter Knoblauch

3 EL fein gehackte Zwiebel

20 g Spinat

60 g Munster Käse, geraspelt

1 Ei, verquirlt

FÜR DIE SCHWEINEKOTELETTS

2 Schweinekoteletts (mit Knochen, à 170–220 g)

½ TL Salz

¼ TL fein gemahlener schwarzer Pfeffer

HAUPTSACHE FLEISCH

PRO PORTION (1 GEFÜLLTES SCHWEINEKOTELETT)
RATIO: 3:1

KALORIEN: 591

FETT (INSGESAMT): 44,5 g

KOHLENHYDRATE: 4 g

NETTO-KOHLENHYDRATE: 2,6 g

BALLASTSTOFFE: 1,4 g

PROTEINE: 45,5 g

Zubereitung Füllung

1. In einer großen, ofenfesten Pfanne 1 EL Olivenöl 1 Minute auf mittlerer Stufe erhitzen. Den Knoblauch im heißen Öl etwa 1 Minute aromatisch dünsten. Zwiebel und Spinat zufügen. Die Temperatur reduzieren und den Spinat 2–3 Minuten sautieren. Die Mischung in eine kleine Schüssel füllen und abkühlen lassen.
2. Den Käse und das verquirlte Ei sorgfältig unter den abgekühlten Spinat mischen.

Zubereitung Schweinekoteletts

1. Den Backofen auf 190 °C vorheizen.
2. Die Koteletts auf ein Schneidebrett legen und horizontal mittig einschneiden, bis zum Knochen. Das Fleisch aufklappen wie ein Buch und mit der Spinat-Mischung füllen. Das Fleisch über der Füllung wieder verschließen und nach Bedarf mit Zahnstochern fixieren. Mit Salz und Pfeffer würzen.
3. In der großen, ofenfesten Pfanne das restliche Olivenöl auf mittlerer Stufe erhitzen. Die Koteletts im heißen Öl von jeder Seite 2 Minuten scharf anbraten. Dann im vorgeheizten Ofen etwa 15 Minuten fertig garen, bis eine Kerntemperatur von 65 °C erreicht ist.
4. Mit Beilagen nach Belieben servieren.

BARBECUE-RIPPCHEN

FÜR 5 PORTIONEN
VORBEREITUNG: 4½ STUNDEN ▪ GARZEIT: 1 STUNDE ▪
GESAMT: 5½ STUNDEN

Ein Teller dieser Rippchen ist quasi der Inbegriff eines Barbecues. Mit dieser einfachen Zubereitungsmethode im Ofen sparen Sie sich den Aufwand, den Grill herauszuholen. Überzogen mit zuckerfreier Barbecue-Sauce oder einfach bloß mit der Gewürzmischung serviert – Blumenkohl „Mac and Cheese“ (Seite 104) oder Krautsalat (Seite 208) passen hervorragend dazu.

FÜR DIE GEWÜRZMISCHUNG

60 ml Olivenöl

2 Knoblauchzehen, sehr fein gehackt

1 Schalotte, sehr fein gehackt

1 TL gemahlener Kreuzkümmel

1 TL Paprikapulver

1 TL Chilipulver

1 TL Salz

½ TL Cayennepfeffer

½ TL frisch gemahlener schwarzer Pfeffer

¼ TL gemahlener Ingwer

FÜR DIE RIPPCHEN

900 g Kotelettrippchen (vom Schwein)

Barbecue-Sauce (Seite 262), oder fertig gekaufte zuckerfreie Barbecue-Sauce (optional)

HAUPTSACHE FLEISCH

PRO PORTION
RATIO: 4:1

KALORIEN: 612

FETT (INSGESAMT): 53,7 g

KOHLENHYDRATE: 2,3 g

NETTO-KOHLENHYDRATE: 1,8 g

BALLASTSTOFFE: 0,5 g

PROTEINE: 29,4 g

Zubereitung Gewürzmischung

Olivenöl, Knoblauch, Schalotte, Kreuzkümmel, Paprika- und Chilipulver, Salz, Cayennepfeffer, schwarzen Pfeffer und Ingwer in der Küchenmaschine zu einer gleichmäßigen Masse verarbeiten.

Zubereitung Rippchen

1. Die Kotelettrippchen auf einem Schneidebrett in Viertel schneiden. Die Gewürzmischung gleichmäßig auf den Rippchen verteilen und das Fleisch gut damit einreiben. Abgedeckt mindestens 4 Stunden im Kühlschrank ziehen lassen.
2. Den Backofen auf 150 °C vorheizen.
3. Die Rippchen auf einem Backblech verteilen und im vorgeheizten Ofen 1 Stunde und 10 Minuten backen.
4. Die Rippchen aus dem Ofen nehmen und vor dem Anschneiden 2–3 Minuten ruhen lassen.
5. Zum Servieren nach Belieben zuckerfreie Barbecue-Sauce auf dem Fleisch verteilen.

SCHWEINEMEDAILLONS, GLASIERT MIT ROSMARIN-BALSAMICO-REDUKTION

FÜR 3 PORTIONEN

VORBEREITUNG: 15 MINUTEN ▪ GARZEIT: 20 MINUTEN ▪ GESAMT: 35 MINUTEN

In diesem Rezept werden saftige, aromatische Schweinemedaillons mit frischem Rosmarin und Balsamessig gewürzt. Die harzigen Noten des Rosmarins bilden einen schönen Kontrast zur intensiven Balsamico-Reduktion: eine perfekte Kombination. Servieren Sie dazu Blumenkohlpüree (Seite 112) oder gedämpften grünen Spargel, um die Mahlzeit zu vervollständigen.

HAUPTSACHE FLEISCH

PRO PORTION
RATIO: 3:1
KALORIEN: 458
FETT (INSGESAMT): 30,7 g
KOHLENHYDRATE: 4,8 g
NETTO-KOHLENHYDRATE: 2,5 g
BALLASTSTOFFE: 2,3 g
PROTEINE: 40,4 g

1 Schweinefilet (etwa 450 g), in etwa 4 cm dicke Scheiben (Medaillons) geschnitten

¼ TL Salz

¼ TL frisch gemahlener schwarzer Pfeffer

2 EL Olivenöl

4 EL Butter

1 Knoblauchzehe, sehr fein gehackt

1 Schalotte, sehr fein gehackt

3 EL Balsamessig

1 TL Sojasauce

4 Zweige frischer Rosmarin

4 Zweige frischer Thymian

1. Den Backofen auf 250 °C vorheizen.
2. Die Schweinemedaillons rundherum mit Salz und Pfeffer würzen.
3. Das Olivenöl und 1 EL Butter in einer großen, ofenfesten Pfanne etwa 1 Minute auf mittlerer Stufe erhitzen, bis die Butter zerlassen ist. Knoblauch und Schalotte im heißen Fett 1 Minute aromatisch dünsten. Die Schweinemedaillons zufügen und von jeder Seite 2 Minuten scharf anbraten.
4. Balsamessig, Sojasauce, Rosmarin, Thymian und die restlichen 3 EL Butter ebenfalls in die Pfanne geben. Umrühren, damit sich die Zutaten verbinden. Die Schweinemedaillons mit Hilfe eines Löffels mit der Balsamessig-Sauce begießen. Die Sauce sanft zum Kochen bringen und 2 Minuten sieden lassen.

5. Die Pfanne vom Herd nehmen, in den vorgeheizten Ofen schieben und 5 Minuten backen. Dann die Schweinemedaillons wenden und erneut Balsamessig-Sauce darüber löffeln. Etwa 5 Minuten weiter backen, bis die Kerntemperatur des Schweinefleisches 65 °C beträgt.
6. Aus dem Ofen nehmen und die Medaillons vor dem Servieren 2–3 Minuten ruhen lassen.
7. Mit Beilagen nach Belieben und der Balsamico-Reduktion aus der Pfanne servieren.

PULLED PORK MIT KRAUTSALAT

FÜR 8 PORTIONEN
VORBEREITUNG: 30 MINUTEN ▪ GARZEIT: 8½ STUNDEN ▪ GESAMT: 9 STUNDEN

Ein echter Südstaaten-Klassiker: Pulled Pork, saftig-zart geschmortes Schweinefleisch, das auf der Zunge zergeht. Die Zubereitung ist ganz einfach, denn man kann das Fleisch ganz entspannt im Schongarer vor sich hin schmoren lassen, während man auf der Arbeit ist. Serviert mit einem leichten Krautsalat schmeckt dieses Gericht mit oder ohne selbst gemachte Barbecue-Sauce (Seite 262). Genießen Sie das köstliche Schweinefleisch mit Krautsalat mit der Gabel oder füllen Sie das Ganze in Low-Carb-Burgerbrötchen, wenn Sie sich richtig was gönnen wollen. Falls Sie keinen elektrischen Schongarer besitzen, können Sie das Schweinefleisch in einem gusseisernen Schmortopf bei 95 °C für die gleiche Zeit im Ofen garen.

HAUPTSACHE FLEISCH

PRO PORTION
RATIO: 3:1
KALORIEN: 750
FETT (INSGESAMT): 58,8 g
KOHLENHYDRATE: 7,3 g
NETTO-KOHLENHYDRATE: 5,5 g
BALLASTSTOFFE: 1,8 g
PROTEINE: 44,4 g

FÜR DEN KRAUTSALAT

50 g Weißkohl, geraspelt

20 g Möhren, geraspelt

30 g Frühlingszwiebeln, in feine Ringe geschnitten

3 EL Mayonnaise

1 TL Senf

¼ TL Salz

¼ TL frisch gemahlener schwarzer Pfeffer

FÜR DIE GEWÜRZMISCHUNG

4 EL Stevia oder ein anderes zuckerfreies Süßungsmittel

1 EL Paprikapulver

2 TL Knoblauchpulver

2 TL Zwiebelpulver

2 TL gemahlener Senf

1 TL gemahlener Kreuzkümmel

1 TL Salz

1 TL frisch gemahlener schwarzer Pfeffer

½ TL Chilipulver

FÜR DAS PULLED PORK

1 Schweineschulterfilet (etwa 1.800–2.250 g)

2½ EL Olivenöl

180 ml Leichtbier

3 EL Apfelessig

3 EL Tomatenmark

8 Low-Carb-Burgerbrötchen oder Kopfsalat-Blätter als Wraps (optional)

Zubereitung Krautsalat

Weißkohl, Möhren, Frühlingszwiebeln, Mayonnaise, Senf, Salz und Pfeffer in einer großen Schüssel mischen. Bis zum Servieren abgedeckt im Kühlschrank ziehen lassen.

Zubereitung Kräutermischung

In einer mittleren Schüssel Stevia, Paprikapulver, Knoblauchpulver, Zwiebelpulver, gemahlenen Senf, gemahlenen Kreuzkümmel, Salz, Pfeffer und Chilipulver mischen.

Zubereitung Pulled Pork

1. Die Schweineschulter rundherum mit der Gewürzmischung einreiben und diese mit den Händen richtig schön in das Fleisch massieren.
2. Das Olivenöl in einer großen Pfanne auf mittlerer Stufe etwa 1 Minute erhitzen. Das Schweinefleisch im heißen Öl von jeder Seite 3 Minuten scharf anbraten. Das rundherum gebräunte Fleisch aus der Pfanne nehmen und beiseitelegen.
3. Das Bier in die Pfanne gießen und gut umrühren, sodass der Bratensatz dabei vom Pfannenboden gelöst wird. Die Pfanne vom Herd nehmen und die Sauce in den Schongarer gießen.
4. Apfelessig und Tomatenmark zufügen und das Ganze mit dem Schneebesen glatt rühren.
5. Das gebräunte Schweinefleisch in die Sauce im Schongarer legen und mehrere Löffel der Sauce darübergießen. Den Schongarer mit dem Deckel verschließen und das Schweinefleisch auf niedriger Stufe 8 Stunden garen. Dann mit dem Bratenthermometer die Kerntemperatur des Schweinefleisches messen. Sie sollte 80–90 °C betragen.
6. Das Schweinefleisch aus dem Schongarer nehmen, in eine große Schüssel legen und abkühlen lassen.
7. Die Flüssigkeit aus dem Schongarer in eine große Pfanne füllen und auf hoher Stufe zum Kochen bringen. Die Temperatur auf mäßig schwache Stufe herunterschalten und die Flüssigkeit etwa 10 Minuten sanft köcheln lassen, bis sie mindestens um die Hälfte reduziert ist.
8. Das abgekühlte Schweinefleisch mit zwei Gabeln in feine, häppchengroße Stücke zupfen.
9. Die reduzierte Flüssigkeit über das Fleisch gießen und sorgfältig untermischen, bis die Fleischstücke gleichmäßig überzogen sind.
10. Pulled Pork und Krautsalat einfach so, in Low-Carb-Burgerbrötchen oder in Wraps aus Kopfsalat-Blättern servieren.

NIERENZAPFEN VOM GRILL MIT KORIANDERCREME

FÜR 3 PORTIONEN

VORBEREITUNG: 15 MINUTEN • GARZEIT: 20 MINUTEN • GESAMT: 45 MINUTEN

Nierenzapfen sind ein nicht unbedingt bekanntes Teilstück vom Rind oder Kalb, der aromatische Lendenteil des Zwerchfells, um genau zu sein. Im Fachhandel sind Nierenzapfen in der Regel ohne Probleme erhältlich – wenn Sie sie nicht gleich finden können, fragen Sie einfach ihren Metzger danach. Rare gegrillt und serviert mit der Koriandercreme werden Ihnen diese Steaks in ewiger Erinnerung bleiben.

HAUPTSACHE FLEISCH

PRO PORTION
RATIO: 4:1
KALORIEN: 672
FETT (INSGESAMT): 51,3 g
KOHLENHYDRATE: 8,9 g
NETTO-KOHLENHYDRATE: 7,9 g
BALLASTSTOFFE: 1 g
PROTEINE: 43,1 g

FÜR DIE KORIANDERCREME

100 g Frühlingszwiebeln, in feine Ringe geschnitten

½ Handvoll Koriandergrün, fein gehackt

1 Knoblauchzehe

1 TL frisch abgeriebene Schale von 1 Bio-Limette

1½ TL frisch gepresster Limettensaft

3 EL Mayonnaise

3 EL Sour Cream

¼ TL Salz

FÜR DIE GEWÜRZMISCHUNG

1 TL Zwiebelpulver

¾ TL Salz

½ TL frisch gemahlener schwarzer Pfeffer

½ TL Knoblauchpulver

¼ TL gemahlener Kreuzkümmel

¼ TL Paprikapulver

⅛ TL gemahlener Ingwer

FÜR DIE NIERENZAPFEN

1 Nierenzapfen (450–675 g)

4 EL Butter

Zubereitung Koriandercreme

1. Frühlingszwiebeln, Koriander, Knoblauch, Abrieb und Saft der Limette in der Küchenmaschine mit der Impulsstufe zu einer fast glatten Masse verarbeiten.
2. Mayonnaise, Sour Cream und Salz zufügen und mit der Impulsstufe untermischen. Bis zum Servieren im Kühlschrank aufbewahren.

Zubereitung Gewürzmischung

In einer kleinen Schüssel Zwiebelpulver, Salz, Pfeffer, Knoblauchpulver, gemahlenen Kreuzkümmel, Paprikapulver und gemahlenen Ingwer mischen.

Zubereitung Nierenzapfen

1. Die Gewürzmischung großzügig auf dem Fleisch verteilen und mit den Händen einmassieren.
2. Die Butter in einer großen Pfanne auf mittlerer Stufe zerlassen und etwa 2 Minuten erhitzen, ohne dass sie anbrennt.
3. Den gewürzten Nierenzapfen in der heißen Pfanne von jeder Seite 3 Minuten scharf anbraten (Garstufe Rare), oder 4 Minuten pro Seite (für Medium rare).
4. Das Fleisch aus der Pfanne nehmen und vor dem Anschneiden locker abgedeckt mit Alufolie 7–10 Minuten ruhen lassen.
5. Das Fleisch in Scheiben geschnitten servieren und die Koriandercreme dazu reichen.

RIB-EYE-STEAK MIT CHIPOTLE-KAFFEE-KRUSTE

FÜR 2 PORTIONEN

VORBEREITUNG: 5 MINUTEN ▪ GARZEIT: 20 MINUTEN ▪ GESAMT: 1½ STUNDEN

In diesem Rib-Eye-Rezept kommen rauchige Chipotle-Chilis mit dem reichhaltigen, tiefen und aromatischen Geschmack vom Kaffee zu einer einzigartigen Gewürzmischung zusammen. Bei uns zu Hause sehr beliebt, gibt es dieses Rib-Eye-Steak oft zu Geburtstagen oder anderen besonderen Anlässen. Außerdem hole ich das Rezept hervor, wenn ich jemanden beeindrucken möchte. Dazu serviert man am besten ganz simpel gedämpftes Gemüse, zum Beispiel grünen Spargel und Brokkoli, aber auch Blumenkohl „Mac and Cheese“ (Seite 104) passen gut zu diesen Steaks. Wenn mir nach einer richtig dekadenten Mahlzeit ist, genieße ich das Steak mit Blauschimmelkäsesauce (Seite 266), für eine zusätzliche Portion Fett.

HAUPTSACHE FLEISCH

PRO PORTION
RATIO: 4:1
KALORIEN: 666
FETT (INSGESAMT): 59,9 g
KOHLENHYDRATE: 1,6 g
NETTO-KOHLENHYDRATE: 0,9 g
BALLASTSTOFFE: 0,7 g
PROTEINE: 27,5 g

FÜR DIE GEWÜRZMISCHUNG

1 TL fein gemahlener Kaffee

¾ TL Chipotle-Chilipulver

½ TL ungesüßtes Kakaopulver

¼ TL Zwiebelpulver

¼ TL Knoblauchpulver

¼ TL Salz

¼ TL frisch und fein gemahlener schwarzer Pfeffer

⅛ TL gemahlener Zimt

FÜR DAS STEAK

1 Rib-Eye-Steak mit Knochen (340–400 g)

2 EL Butter

Zubereitung Gewürzmischung

In einer mittleren Schüssel Kaffee, Chipotle-Chilipulver, Kakaopulver, Zwiebelpulver, Knoblauchpulver, Salz, Pfeffer und Zimt mischen.

Zubereitung Steak

1. Ein großes Schneidebrett mit Backpapier bedecken. Das Rib-Eye-Steak darauflegen und die Gewürzmischung gleichmäßig darauf verteilen und rundherum sorgfältig in das Fleisch reiben. Das Steak in das Backpapier wickeln und so mindestens 1 Stunde im Kühlschrank ziehen lassen.
2. Die Butter in einer großen ofenfesten Pfanne auf mittlerer Stufe in etwa 90 Sekunden zerlassen.

3. Das Steak in die heiße Pfanne legen und von beiden Seiten je 5–7 Minuten scharf anbraten (Garstufe Medium rare). Aus der Pfanne nehmen und auf einem Teller vor dem Servieren 5 Minuten ruhen lassen.
4. Das Steak mit Beilagen nach Belieben servieren.
5. Tipp zu den Zutaten: Rib-Eye-Steak mit Knochen ist dank seines hohen Fettanteils eines der besten Teilstücke vom Rind für die Keto-Diät. Selbst gut durchwachsenes Fleisch wird zäh, wenn es zu lange gegart wird, Fleisch mit Knochen gibt einem aber ein wenig mehr Spielraum beim Garen, da es einige Zeit dauert, bis die Hitze Knochen durchdringt.

ZARTE RINDERBRUST MIT BLUMENKOHLSALAT

FÜR 14 PORTIONEN

VORBEREITUNG: 35 MINUTEN ▪ GARZEIT: 7 STUNDEN ▪ GESAMT: 7½ STUNDEN

Rinderbrust zu garen ist einerseits einfach, andererseits kann dieses Teilstück aber auch recht heikel sein. Menschen, die sich für texanische Barbecues begeistern, verbringen teilweise Jahre damit, die richtige Räuchermethode für den perfekten Geschmack zu finden. In diesem Rezept übernimmt Liquid Smoke diese Aufgabe. Serviert mit einem keto-freundlichen „Kartoffelsalat" ist dies eine perfekte Wochenendmahlzeit für Freunde und Familie. Falls Sie keinen Schongarer besitzen, können Sie die Rinderbrust auch in einem Schmortopf bei 120 °C im Ofen die im Rezept angegebene Zeit garen.

FÜR DEN BLUMENKOHLSALAT

450 g Blumenkohlröschen

4 hart gekochte Eier, grob gehackt

190 g Mayonnaise

2 EL Senf

1 TL sehr fein gehackter Knoblauch

½ TL Salz

¼ TL frisch gemahlener schwarzer Pfeffer

¼ TL Paprikapulver

100 g Zwiebel, gewürfelt

3 EL sehr fein gehackte Cornichons

1 TL frisch gehackte Petersilie

FÜR DIE GEWÜRZMISCHUNG

2 EL Stevia-Pulver oder ein anderes zuckerfreies Süßungsmittel

2 EL Paprikapulver

1 EL Knoblauchpulver

1 EL Zwiebelpulver

1 TL Cayennepfeffer

1 EL gemahlener Kreuzkümmel

1 TL Salz

1 EL frisch gemahlener schwarzer Pfeffer

1 EL Chilipulver

FÜR DIE RINDERBRUST

1 Rinderbrust (200–220 g)

2 EL Olivenöl

375 ml Rinderbrühe

100 g Zwiebel, gewürfelt

1 EL Liquid Smoke

HAUPTSACHE FLEISCH

PRO PORTION
RATIO: 3:1

KALORIEN: 749

FETT (INSGESAMT): 52,5 g

KOHLENHYDRATE: 18 g

NETTO-KOHLENHYDRATE: 15,9 g

BALLASTSTOFFE: 2,1 g

PROTEINE: 57 g

Zubereitung Blumenkohlsalat

1. Einen großen Topf Wasser zum Kochen bringen. Die Blumenkohlröschen im kochenden Wasser etwa 10 Minuten zart garen. Abgießen, abtropfen lassen und in einer großen Schüssel beiseitestellen und abkühlen lassen.
2. Den abgekühlten Blumenkohl grob hacken. Die gehackten Eier untermischen.
3. In einer separaten großen Schüssel Mayonnaise, Senf, Knoblauch, Salz, Pfeffer und Paprikapulver glatt rühren. Blumenkohl-Eier-Mischung, Zwiebeln, Cornichons und Petersilie zufügen und sorgfältig untermischen. Abgedeckt im Kühlschrank mindestens 2 Stunden ziehen lassen.

Zubereitung Gewürzmischung

In einer mittleren Schüssel Stevia, Paprika-, Knoblauch- und Zwiebelpulver, Cayennepfeffer, Kreuzkümmel, Salz, schwarzen Pfeffer und Chilipulver mischen.

Zubereitung Rinderbrust

1. Die Gewürzmischung gleichmäßig auf der Rinderbrust verteilen und sorgfältig in das Fleisch reiben.
2. Das Olivenöl in einer großen Pfanne auf mittlerer Stufe etwa 1 Minute erhitzen. Das Rindfleisch in die heiße Pfanne legen und rundherum von jeder Seite 3 Minuten scharf anbraten. Das gebräunte Fleisch aus der Pfanne nehmen und beiseitelegen.
3. Etwa 120 ml Rinderbrühe in die heiße Pfanne geben, gut umrühren und dabei den Bratensatz vom Pfannenboden lösen. Die Pfanne vom Herd nehmen und die Rinderbrühe in den Schongarer geben.
4. Die restliche Rinderbrühe, die Zwiebeln und den Liquid Smoke zufügen. Mit dem Schneebesen sorgfältig umrühren.
5. Die Rinderbrust in den Schongarer legen und die Brühe über das Fleisch löffeln, sodass es gut bedeckt ist. Den Schongarer mit dem Deckel verschließen und das Fleisch 6 Stunden und 30 Minuten zart garen.
6. Die Rinderbrust zum Servieren in Scheiben schneiden und jeweils einen ordentlichen Löffel Blumenkohlsalat dazu servieren.

DOUBLE-BACON-CHEESEBURGER

FÜR 4 PORTIONEN
VORBEREITUNG: 10 MINUTEN ▪ GARZEIT: 20 MINUTEN ▪ GESAMT: 30 MINUTEN

Gibt es etwas, was das Verlangen nach Fast Food besser befriedigt als Cheeseburger? Ich denke nicht. In diesem Rezept fehlt zwar das Burgerbrötchen, trotzdem wird die Kombination von saftigem Fleisch und geschmolzenem Käse Sie beeindrucken. Belegt mit knusprig gebratenem dickem Speck können die Burger-Bratlinge einfach so genossen oder in Wraps aus Salatblättern serviert werden. Persönlich spare ich mir den Salat und haue direkt rein – während ich anrichte, gönne ich mir immer schon die ersten Bissen.

HAUPTSACHE FLEISCH

PRO PORTION (1 BRATLING MIT KÄSE UND SPECK)
RATIO: 4:1
KALORIEN: 585
FETT (INSGESAMT): 42,8 g
KOHLENHYDRATE: 3,3 g
NETTO-KOHLENHYDRATE: 3,3 g
BALLASTSTOFFE: 0 g
PROTEINE: 42,5 g

450 g mageres (80 %) Rinderhackfleisch

1 Schalotte, sehr fein gehackt

1 TL sehr fein gehackter Knoblauch

1 EL Worcestersauce

½ TL Salz

¼ TL frisch gemahlener schwarzer Pfeffer

4 dicke Speck-Scheiben (etwa 30 g), knusprig gebraten (das Fett aus der Pfanne aufbewahrt) und abgekühlt

1 EL Butter

4 Scheiben Scheiblettenkäse (etwa 30 g)

4 Low-Carb-Burgerbrötchen oder Kopfsalat-Blätter für Wraps (optional)

1. Rinderhackfleisch, Schalotte, Knoblauch, Worcestersauce, Salz, Pfeffer und das Fett vom Braten des Specks in einer mittleren Schüssel sorgfältig mischen. Die Masse in 4 gleich große Portionen teilen und Bratlinge daraus formen.
2. In einer großen gusseisernen Pfanne (oder einer anderen Pfanne mit dickem Boden) die Butter bei mäßiger Hitze zerlassen.
3. Die Bratlinge in der heißen Pfanne 3–4 Minuten braten. Dann wenden und von der zweiten Seite 2–3 Minuten weiter braten (für die Garstufe Medium rare).

4. Die Temperatur unter der Pfanne auf mäßig schwache Stufe reduzieren. Auf jeden Bratling eine Scheibe Käse legen. Die Pfanne mit dem Deckel verschließen, sodass der Käse innerhalb von 1–2 Minuten schmilzt.
5. Die Bratlinge aus der Pfanne nehmen und jeweils eine Scheibe Speck darauf legen.
6. Mit keto-freundlichen Saucen und/oder anderen Würzmitteln nach Belieben servieren, optional auf Low-Carb-Burgerbrötchen oder in Wraps aus Salatblättern.

RINDFLEISCH-FAJITAS

FÜR 3 PORTIONEN
VORBEREITUNG: 15 MINUTEN ▪ GARZEIT: 20 MINUTEN ▪ GESAMT: 35 MINUTEN

Fajitas sind ein sehr beliebtes Gericht aus der mexikanischen Küche und auch keto-freundlich – wenn man auf die kohlenhydratreichen Tortillas verzichtet, mit denen sie sonst serviert werden. Die Serrano-Chilischote sorgt für Schärfe und wer es milder mag, lässt sie einfach weg. Für einen authentischen Geschmack kombiniert man das Ganze mit Low-Carb-Tortillas und Sour Cream.

FÜR DIE GEWÜRZMISCHUNG

1 TL gemahlener Kreuzkümmel

½ TL Chilipulver

½ TL Knoblauchpulver

½ TL Zwiebelpulver

¼ TL Paprikapulver

¼ TL Salz

¼ TL frisch gemahlener schwarzer Pfeffer

FÜR DAS STEAK

450 g Kronfleisch

3 EL Olivenöl

1 rote Paprika, Stielansatz, Samen und Scheidewände entfernt, in Streifen geschnitten

1 grüne Paprika, Stielansatz, Samen und Scheidewände entfernt, in Streifen geschnitten

1 Jalapeño-Chilischoten, Stielansatz, Samen und Scheidewände entfernt, in Streifen geschnitten

1 Serrano-Chilischote sehr fein gehackt

1 Zwiebel, in Ringe geschnitten

2 Knoblauchzehen, sehr fein gehackt

2 EL frisch gehacktes Koriandergrün

1 Limette, geviertelt

3 Low-Carb-Tortillas (optional)

HAUPTSACHE FLEISCH

PRO PORTION (1 FAJITA)
RATIO: 3:1

KALORIEN: 749

FETT (INSGESAMT): 52,5 g

KOHLENHYDRATE: 18 g

NETTO-KOHLENHYDRATE: 15,9 g

BALLASTSTOFFE: 2,1 g

PROTEINE: 57 g

Zubereitung Gewürzmischung

In einer großen Schüssel gemahlenen Kreuzkümmel, Chili-, Knoblauch-, Zwiebel- und Paprikapulver, Salz und Pfeffer mischen.

Zubereitung Kronfleisch

1. Die Gewürzmischung großzügig auf dem Fleisch verteilen und sorgfältig einreiben.
2. In einer großen Pfanne 1 EL Olivenöl auf mittlerer Stufe etwa 1 Minute erhitzen. Beide Sorten Paprika, Jalapeño- und Serrano-Chilischoten, Zwiebel und Knoblauch im heißen Öl unter

gelegentlichem Rühren 6–7 Minuten sautieren, bis das Gemüse gebräunt und zart ist. Die Mischung in eine Schüssel füllen und beiseitestellen.

3. Einen weiteren EL Olivenöl in die Pfanne geben und erhitzen. Das gewürzte Fleisch in die heiße Pfanne legen und von jeder Seite 3–4 Minuten braten (Garstufe Medium rare). Aus der Pfanne nehmen und vor dem Servieren mindestens 3 Minuten ruhen lassen.
4. Das restliche Olivenöl in die Pfanne geben und erhitzen.
5. Die Paprika-Zwiebel-Mischung zurück in die Pfanne geben und 2 Minuten sautieren.
6. Das Fleisch in etwa 0,6 cm dicke Scheiben schneiden und zur Gemüsemischung in die Pfanne geben. Mit dem Gemüse 2–3 Minuten braten. Das gehackte Koriandergrün zufügen und vom Herd nehmen.
7. Garniert mit Limettenspalten servieren, nach Belieben mit Low-Carb-Tortillas oder in Käse-Taco-Schalen (Seite 115).

ÜBERBACKENE FLEISCHKLÖßCHEN

FÜR 3 PORTIONEN

ZUBEREITUNG: 20 MINUTEN ▪ GARZEIT: 40 MINUTEN ▪ GESAMT: 1 STUNDE

Traditionelle italienische Fleischklößchen sind einfach wunderbar. Ihre Textur ist ohne Semmelbrösel allerdings schwer zu replizieren, doch eine Mischung aus gemahlenen Mandeln und fein geriebenem Parmesan macht sich gar nicht schlecht. Zusammen mit zuckerfreier Pasta-Sauce (Seite 273) und schön viel Mozzarella schmecken die Fleischklößchen wunderbar auf Zucchini-Nudeln (Seite 142) – aber auch alleine sind sie köstlich.

230 g mageres (80 %) Rinderhackfleisch

230 g Schweinehackfleisch

40 g Parmesan, fein gerieben

26 g Mandelmehl

2 EL Wasser

1 EL Knoblauchzehe, sehr fein gehackt

½ TL Salz

¼ TL frisch gemahlener schwarzer Pfeffer

1 EL Olivenöl

2 EL Butter

375 ml Pasta-Sauce (Seite 273) oder fertig gekaufte zuckerfreie Tomatensauce

105 g geraspelter Mozzarella

Frische Petersilie, zum Garnieren

1. Den Backofen auf 200 °C vorheizen.
2. Rinder- und Schweinehack, Parmesan, gemahlene Mandeln, 2 EL Wasser, Knoblauch, Salz und Pfeffer in einer großen Schüssel sorgfältig mischen. Aus der Masse 10 kleine Fleischklöße formen.
3. Olivenöl und Butter in einer großen Pfanne auf mittlerer Stufe etwa 1 Minute erhitzen, bis die Butter zerlassen ist.
4. Die Fleischklöße im heißen Fett rundherum goldbraun braten, etwa 2 Minuten von jeder Seite. Aus der Pfanne nehmen und beiseitelegen.
5. Die Fleischklößchen nebeneinander in eine mittelgroße Auflaufform legen (es sollten keine großen Lücken in der Auflaufform frei bleiben).
6. Die Fleischklößchen mit Pasta-Sauce bedecken und das Ganze gleichmäßig mit Mozzarella bestreuen.
7. Im vorgeheizten Ofen 15–20 Minuten backen, bis der Käse goldbraun geschmolzen ist und die Kerntemperatur der Fleischklößchen 75 °C beträgt.
8. Zum Servieren mit frisch gehackter Petersilie bestreuen.

HAUPTSACHE FLEISCH

PRO PORTION (ETWA 3 FLEISCHKLÖßCHEN)
RATIO: 3:1

KALORIEN: 672

FETT (INSGESAMT): 39,8 g

KOHLENHYDRATE: 9,7 g

NETTO-KOHLENHYDRATE: 7,6 g

BALLASTSTOFFE: 2,1 g

PROTEINE: 62,1 g

RINDERBRATEN MIT WEISSEN RÜBEN UND RETTICH

FÜR 6 PORTIONEN

VORBEREITUNG: 35 MINUTEN ▪ GARZEIT: 7 STUNDEN ▪ GESAMT: 7½ STUNDEN

Rinderbraten ist bei mir zu Hause ein Klassiker und das ultimative herzhafte Wohlfühlessen. Kartoffeln und Möhren sind im Rahmen der Keto-Diät nicht erlaubt, also ersetze ich sie gerne durch anderes Wurzelgemüse, zum Beispiel weiße Rüben oder Rettich – für eine ähnliche Textur und einen ebenso großartigen Geschmack. Mein geprüftes und wahres Geheimnis, die Bratensauce mit Sahne anzudicken statt mit Mehl, funktioniert nicht nur, sondern verleiht diesem Familiengericht auch einen einzigartig reichhaltigen Geschmack.

HAUPTSACHE FLEISCH

PRO PORTION
RATIO: 3:1
KALORIEN: 521
FETT (INSGESAMT): 25,2 g
KOHLENHYDRATE: 5,6 g
NETTO-KOHLENHYDRATE: 3,9 g
BALLASTSTOFFE: 1,7 g
PROTEINE: 69,1 g

1 Rostbraten (rundes Roastbeef), à 1.800–2.250 g

¾ TL Salz

½ TL frisch gemahlener schwarzer Pfeffer

3 EL Olivenöl

1 Zwiebel, geviertelt

750 ml Rinderbrühe

2 Knoblauchzehen

2 frische Zweige Thymian

2 Weiße Rüben, geschält und grob gewürfelt

2 Rettiche, geschält und grob gewürfelt

60 ml Sahne

1. Den Backofen auf 250 °C vorheizen.
2. Das Rindfleisch rundherum mit Salz und Pfeffer würzen.
3. In einem großen Schmortopf das Olivenöl auf mittlerer Stufe 1 Minute erhitzen. Das Rindfleisch im heißen Öl von jeder Seite 3 Minuten anbraten. Das gebräunte Fleisch aus dem Topf nehmen und beiseitelegen.
4. Die Zwiebel in den Schmortopf geben und unter Rühren 3 Minuten sautieren. Die sautierte Zwiebel aus dem Topf nehmen und mit dem Rindfleisch beiseitelegen.
5. Etwa 120 ml der Brühe in den Schmortopf gießen und sorgfältig umrühren, sodass sich der Bratensatz vom Boden löst.
6. Die restliche Rinderbrühe, Knoblauch und Thymian zufügen und mit dem Schneebesen unterrühren.

7. Rindfleisch und Zwiebeln zurück in den Schmortopf geben. Weiße Rüben und Rettiche rund um das Rindfleisch verteilen.
8. Den Schmortopf ohne Deckel in den vorgeheizten Ofen schieben. Die Temperatur sofort auf 200 °C reduzieren und das Fleisch 6–6½ Stunden garen, bis mit dem Bratenthermometer eine Kerntemperatur von 55 °C gemessen wird. Aus dem Ofen nehmen und 2–3 Minuten abkühlen lassen. Rinderbraten und Gemüse auf einer Servierplatte arrangieren.
9. Den Bratensaft aus dem Schmortopf in einen großen Topf umfüllen. Die Sahne zufügen und die Mischung auf mittlerer Stufe zum Kochen bringen. Die Temperatur auf mittlere Stufe reduzieren und die Sauce 4–5 Minuten köcheln lassen, bis sie reduziert und angedickt ist.
10. Den Rinderbraten in Scheiben schneiden und mit dem Gemüse und der Sauce servieren.

TIPP ZUR ZUBEREITUNG: Die USDA (das Landwirtschaftsministerium der USA) empfiehlt, Rindfleisch zu garen, bis eine Kerntemperatur von mindestens 60 °C erreicht ist. Das Fleisch gart aber noch weiter, nachdem es aus dem Ofen genommen wurde. Für einen besonders saftigen, zarten Braten lässt man das Fleisch abgedeckt ruhen, wenn es aus dem Ofen kommt, sodass die Kerntemperatur um 10 °C steigen kann. Hat die Kerntemperatur die 60 °C nicht erreicht, nachdem das Fleisch ruhen gelassen wurde, muss es nochmal in den Ofen.

BŒUF STROGANOFF

FÜR 4 PORTIONEN

VORBEREITUNG: 15 MINUTEN ▪ GARZEIT: 7 STUNDEN ▪ GESAMT: 7½ STUNDEN

Eigentlich wird Bœuf Stroganoff auf Nudeln serviert, in diesem Rezept wird aber Weißkohl verwendet, um eine ähnliche Textur zu erzielen – bei einer minimalen Menge an Kohlenhydraten. Weißkohl ist außerdem reich an Nährstoffen wie Vitamin C und daher gut für das Immunsystem. Frieren Sie sich gleich eine Portion dieses Gerichts ein, um sie für ein schnelles Abendessen unter der Woche auftauen und aufwärmen zu können.

450 g Rinderbraten

¼ TL Salz

¼ TL frisch gemahlener schwarzer Pfeffer

1 EL Olivenöl

60 g Zwiebel, gewürfelt

90 g Champignons, gewürfelt

1 TL sehr fein gehackter Knoblauch

380 g Weißkohl, in feine Streifen geschnitten bzw. geraspelt

375 ml Rinderbrühe

125 ml Sahne

115 g Frischkäse, bei Raumtemperatur

1 TL Tomatenmark

HAUPTSACHE FLEISCH

PRO PORTION
RATIO: 3:1
KALORIEN: 438
FETT (INSGESAMT): 26,9 g
KOHLENHYDRATE: 8,1 g
NETTO-KOHLENHYDRATE: 5,8 g
BALLASTSTOFFE: 2,3 g
PROTEINE: 40,4 g

1. Das Rindfleisch rundherum mit Salz und Pfeffer würzen. Beiseitelegen.
2. Das Olivenöl in einer großen Pfanne auf mittlerer Stufe etwa 1 Minute erhitzen. Das Rindfleisch im heißen Öl rundherum scharf anbraten, jede Seite 2 Minuten. Das gebräunte Fleisch aus der Pfanne nehmen und beiseitelegen. Den Bratensaft aus der Pfanne in eine Schüssel füllen und beiseitestellen.
3. Zwiebel, Pilze und Knoblauch in die Pfanne geben und 2 Minuten zart dünsten.
4. Den Weißkohl in einen großen Schmortopf füllen. Das Rindfleisch darauflegen und die Zwiebel-Mischung darüber verteilen.
5. In einer großen Schüssel Rinderbrühe, Sahne, Frischkäse und Tomatenmark mit dem Schneebesen glatt rühren. Diese Mischung zu den anderen Zutaten in den Schmortopf geben und ihn mit dem Deckel verschließen.
6. Den Rinderbraten im vorgeheizten Ofen 7 Stunden schmoren.
7. Das geschmorte Rindfleisch mit einer Gabel oder Grillzange in Stücke zupfen. Mit dem Weißkohl servieren.

FÜNFFACH SCHARFES CHILI MIT RINDFLEISCH

FÜR 12 PORTIONEN

VORBEREITUNG: 30 MINUTEN ▪ GARZEIT: 2 STUNDEN ▪ GESAMT: 2½ STUNDEN

Dieses Rezept für Rindfleisch mit fünf verschiedenen Chilischoten ist so richtig scharf. Bestreut mit Käse und serviert mit Sour Cream schmeckt dieses Chili mit Paprika, Poblano-, Jalapeño-, Serrano- und ein paar extra-scharfen Habanero-Chilischoten großartig. Wenn Sie es nicht ganz so scharf mögen, verwenden Sie nur eine Habanero-Chilischote – oder lassen diese Sorte ganz weg.

Denken Sie daran, Küchenhandschuhe zu tragen und sich nach dem Schneiden der Chilischoten die Hände zu waschen – und fassen Sie sich beim Kochen nicht ins Gesicht oder an andere empfindliche Hautstellen.

HAUPTSACHE FLEISCH

PRO PORTION
RATIO: 3:1
KALORIEN: 532
FETT (INSGESAMT): 33,9 g
KOHLENHYDRATE: 14,9 g
NETTO-KOHLENHYDRATE: 11 g
BALLASTSTOFFE: 3,9 g
PROTEINE: 38,8 g

FÜR DAS CHILI

3 EL Olivenöl

200 g Zwiebeln, gewürfelt

5 Knoblauchzehen, sehr fein gehackt

2 grüne Paprikas, Stielansatz, Samen und Scheidewände entfernt, gewürfelt

2 Poblano-Chilischoten, Stielansatz, Samen und Scheidewände entfernt, gewürfelt

3 Serrano-Chilischoten, Stielansatz, Samen und Scheidewände entfernt, sehr fein gewürfelt

3 Jalapeño-Chilischoten, Stielansatz, Samen und Scheidewände entfernt, gewürfelt

2–3 Habanero-Chilischoten, Stielansatz, Samen und Scheidewände entfernt, sehr fein gewürfelt (optional – die Menge nach Geschmack anpassen)

1.350 g mageres (80 %) Rinderhackfleisch

300 g Tomatenmark

450 g gewürfelte Tomaten aus der Dose

200 g Tomaten, gewürfelt

480 ml Schwarzbier

1½ EL Chilipulver

½ TL Paprikapulver

1 TL Salz

1 TL frisch gemahlener schwarzer Pfeffer

½ TL gemahlener Kreuzkümmel

FÜR DEN BELAG

200 g Cheddar, gerieben

250 g Sour Cream

Frisch gehacktes Koriandergrün, zum Servieren (optional)

Zubereitung Chili

1. Das Olivenöl in einem großen Suppentopf auf mittlerer Stufe 1 Minute erhitzen. Zwiebeln und Knoblauch im heißen Öl 3 Minuten zart dünsten.
2. Paprika, Poblano-, Serrano-, Jalapeño- und Habanero-Chilischoten (wenn verwendet) gut unter die anderen Zutaten im Topf mischen und 3–4 Minuten mitdünsten.
3. Das Hackfleisch zur Zwiebel-Chili-Mischung geben. Unter Rühren rundherum 4 Minuten bräunen und das Hackfleisch dabei in kleinere Stückchen aufbrechen.
4. Tomatenmark, Tomaten aus der Dose und frisch gewürfelte Tomaten zufügen und sorgfältig untermischen.
5. Das Bier zufügen, die Temperatur erhöhen und das Chili zum Kochen bringen.
6. Sobald das Chili kocht, den Topf mit dem Deckel verschließen und die Temperatur reduzieren. Das Chili so 1½ Stunden vor sich hin köcheln lassen.
7. Chili- und Paprikapulver, Salz, Pfeffer und gemahlenen Kreuzkümmel zufügen und unterrühren. Das Chili jetzt unter gelegentlichem Rühren noch 5 Minuten weiter sanft köcheln lassen.
8. Das Chili mit geriebenem Cheddar, Sour Cream und gegebenenfalls frisch gehacktem Koriandergrün servieren.

TIPP ZUM SPAREN: Kaufen Sie Rinderhackfleisch gleich in größeren Mengen, z. B. 5 Pfund, und frieren Sie es dann in 1-Pfund-Portionen ein. Das gefrorene Hackfleisch kann dann nach Bedarf aufgetaut und gegart werden. Im Lebensmittelhandel gibt es häufig Rabattaktionen, bei denen Keto-Grundnahrungsmittel wie Hackfleisch oder Speck betroffen sind – halten Sie in Ihrer lokalen Wochenzeitung danach Ausschau und greifen Sie zum richtigen Zeitpunkt zu.

HACKFLEISCH-TACO-SALAT

FÜR 4 PORTIONEN
ZUBEREITUNG: 30 MINUTEN ▪ GARZEIT: 20 MINUTEN ▪ GESAMT: 50 MINUTEN

Taco-Salat ist eines der einfachsten Rezepte, die man unter der Woche abends, wenn man nicht viel Zeit hat, schnell zubereiten kann. Das Beste an diesem Rezept ist, dass man gleich die doppelte Menge Fleisch zubereiten kann, um die extra Portion dann für andere Gerichte zu verwenden, zum Beispiel als Füllung von Käse-Taco-Schalen (Seite 115). Das Fleisch lässt sich gut einfrieren, muss dann vor dem Aufwärmen aber vollständig aufgetaut werden.

HAUPTSACHE FLEISCH

PRO PORTION
RATIO: 3:1
KALORIEN: 587
FETT (INSGESAMT): 44,5 g
KOHLENHYDRATE: 10,9 g
NETTO-KOHLENHYDRATE: 5,8 g
BALLASTSTOFFE: 5,1 g
PROTEINE: 36,6 g

FÜR DAS TACO-FLEISCH

2 EL Olivenöl

60 g Zwiebel, gewürfelt

2 Knoblauchzehen, sehr fein gehackt

1 grüne Paprikaschote, Stielansatz, Samen und Scheidewände entfernt, gewürfelt

1 Jalapeño-Chilischote, Stielansatz, Samen und Scheidewände entfernt, gewürfelt

180 g Tomaten, gewürfelt

450 g mageres (80 %) Rinderhackfleisch

½ TL gemahlener Kreuzkümmel

½ TL Paprikapulver

¼ TL Salz

¼ TL frisch gemahlener schwarzer Pfeffer

1 Avocado, geschält und Stein entfernt, gewürfelt

FÜR DEN BELAG

35 g Cheddar

60 g Sour Cream

Frisch gehacktes Koriandergrün

Zubereitung Taco-Fleisch

1. Das Olivenöl in einer großen Pfanne auf mittlerer Stufe 1 Minute erhitzen. Zwiebeln und Knoblauch im heißen Öl etwa 2 Minuten glasig dünsten.
2. Paprika, Jalapeño-Chilischoten und die Hälfte der gewürfelten Tomaten zufügen und das Ganze 3–4 Minuten weiter köcheln lassen.
3. Die Mischung in eine große Schüssel füllen und beiseitestellen. Die beim Garen des Gemüses ausgetretene Flüssigkeit in der Pfanne lassen und die Pfanne zurück auf den Herd stellen.

4. Das Rinderhackfleisch in der heißen Pfanne unter Rühren 8–10 Minuten rundherum bräunen und dabei mit dem Kochlöffel in kleine Stückchen teilen.
5. Kreuzkümmel, Paprikapulver, Salz und Pfeffer zufügen und untermischen.
6. Das gebratene Hackfleisch zur Zwiebel-Paprika-Mischung in die große Schüssel geben und ordentlich darin schwenken, um die Zutaten gut zu vermengen.
7. Die restlichen gewürfelten Tomaten untermischen.
8. Abschließend die Avocado vorsichtig unterheben.
9. Zum Servieren geriebenen Cheddar, je einen Klecks Sour Cream und frisch gehacktes Koriandergrün auf die einzelnen Portionen Taco-Salat geben.

ÜBERBACKENE PAPRIKA MIT KÄSE-STEAK-FÜLLUNG

FÜR 3 PORTIONEN

ZUBEREITUNG: 15 MINUTEN ▪ GARZEIT: 25 MINUTEN ▪ GESAMT: 40 MINUTEN

In diesen überbackenen Paprikaschoten übernimmt Mayonnaise die Aufgabe eines Bindemittels. Wenn Sie immer noch das Verlangen nach Brot verspüren, befolgen Sie das Rezept bis zu dem Schritt, in dem die Paprikaschoten gefüllt werden, und geben die Fleisch-Mischung dann stattdessen auf zwei Scheiben Mandelmus-Brot (Seite 114). Diese offenen Sandwiches abschließend für 3–4 Minuten unter den Ofengrill schieben, um Fleisch und Käse zu bräunen.

HAUPTSACHE FLEISCH

PRO PORTION (1 GEFÜLLTE PAPRIKA)
RATIO: 3:1
KALORIEN: 585
FETT (INSGESAMT): 42,5 g
KOHLENHYDRATE: 11,7 g
NETTO-KOHLENHYDRATE: 8,6 g
BALLASTSTOFFE: 3,1 g
PROTEINE: 38,2 g

4 grüne Paprikaschoten, das obere Ende mit Stielansatz abgeschnitten und beiseitegelegt, Samen und Scheidewände aus dem Inneren entfernt, plus das in feine Streifen geschnittene Fruchtfleisch der grünen Paprikaschoten

3 EL Butter

20 g Zwiebel, gewürfelt

450 g Beefsteak, in sehr feine Streifen geschnitten

1 Knoblauchzehe, sehr fein gehackt

1 TL Salz

1 TL frisch gemahlener schwarzer Pfeffer

½ TL Paprikapulver

½ TL gemahlene Koriandersamen

¼ TL Dill

¼ TL zerstoßene rote Chiliflocken

½ TL Knoblauchpulver

½ TL Zwiebelpulver

8 Scheiben Butterkäse

2½ EL Mayonnaise

1. Den Backofen auf 200 °C vorheizen.
2. Vom unteren Ende der Paprikaschoten jeweils einen dünnen Streifen abschneiden (ohne dass ein Loch entsteht), damit die Schoten nicht umkippen. Die vier Schoten auf ein Backblech stellen und im vorgeheizten Ofen 10–15 Minuten backen.
3. Die Butter in einer großen Pfanne auf mittlerer Stufe in etwa 1 Minute zerlassen. Die Zwiebeln und Paprikasteifen in der zerlassenen Butter 3 Minuten dünsten.
4. Fleisch-Streifen, Knoblauch, Salz, schwarzen Pfeffer, Paprikapulver, Koriandersamen, Dill, Chiliflocken, Knoblauch- und Zwiebelpulver untermischen und 6–7 Minuten unter gelegentlichem

Rühren sautieren, bis das Fleisch rundherum gebräunt ist. Die Temperatur reduzieren.

5. Die Paprikaschoten aus dem Ofen nehmen. In jede Paprikaschote eine Scheibe Käse legen.
6. Die Steakfleisch-Mischung in eine mittlere Schüssel füllen und das Fleisch in kleinere Stücke reißen. Die Mayonnaise sorgfältig untermischen.
7. Die Fleisch-Mischung gleichmäßig auf die Paprikaschoten verteilen und jeweils eine Scheibe Käse darauf legen.
8. Die gefüllten Paprika zurück in den Ofen schieben und 5–7 Minuten backen, bis der Käse vollkommen geschmolzen ist. Aus dem Ofen nehmen.
9. Sofort servieren.

BRATWURST MIT BLUMENKOHLPÜREE

FÜR 4 PORTIONEN

ZUBEREITUNG: 10 MINUTEN ▪ GARZEIT: 25 MINUTEN ▪ GESAMT: 35 MINUTEN

Das traditionelle englische Gericht „Bangers and Mash“ (Bratwurst mit Kartoffelbrei) wird in diesem Rezept ganz einfach keto-freundlich umgewandelt, indem Blumenkohlpüree (Seite 112) statt des üblichen Kartoffelbreis verwendet wird. Welche Sorte Bratwurst Sie verwenden, liegt ganz bei Ihnen – mir schmecken die italienischen Varianten am besten.

8 Bratwürste

½ TL Salz

¼ TL frisch gemahlener schwarzer Pfeffer

2 EL Olivenöl

2 EL Butter

160 g Zwiebeln, gewürfelt

250 ml Rinderbrühe

2 EL Sherry (optional)

60 ml Sahne

Blumenkohlpüree (Seite 112) zum Servieren

1. Eine große Pfanne auf hoher Stufe erhitzen und die Würste darin in 5–7 Minuten rundherum schön braun braten. Beim Garen mit Salz und Pfeffer würzen. Die gebratenen Würste auf einem Teller beiseitelegen.
2. Die Pfanne auf dem Herd lassen und die Temperatur auf mäßig hohe Stufe reduzieren. Olivenöl und Butter etwa 1 Minute in der Pfanne erhitzen, bis die Butter zerlassen ist. Die Zwiebeln in der zerlassenen Butter 7 Minuten goldbraun sautieren.
3. Rinderbrühe und gegebenenfalls den Sherry zu den Zwiebeln in die Pfanne geben und gut umrühren. Zum Kochen bringen und 4 Minuten köcheln und reduzieren lassen.
4. Die Hitze auf mittlere Stufe reduzieren und die Sahne zur Zwiebelmischung geben. Noch 2–3 Minuten sanft köcheln lassen.
5. Die Bratwürste und allen Bratensaft, der sich gegebenenfalls auf dem Teller gesammelt hat, zurück in die Pfanne geben und 1 Minute in der Sauce erhitzen.
6. Pro Person 2 Bratwürste mit Blumenkohlpüree servieren.

HAUPTSACHE FLEISCH

PRO PORTION (2 BRATWÜRSTE PLUS BLUMENKOHLPÜREE)
RATIO: 4:1

KALORIEN: 583

FETT (INSGESAMT): 52,3 g

KOHLENHYDRATE: 10,5 g

NETTO-KOHLENHYDRATE: 7,6 g

BALLASTSTOFFE: 2,9 g

PROTEINE: 17,8 g

ZUCCHINI-HACKBRATEN

FÜR 7 PORTIONEN
ZUBEREITUNG: 20 MINUTEN ▪ GARZEIT: 1 STUNDE ▪ GESAMT: 1½ STUNDE

Viele von uns sind mit Hackbraten aufgewachsen – aber das war noch eine ganz andere Sorte Hackbraten. In der Regel enthält Hackbraten Haferflocken oder Semmelbrösel, um die Masse zu binden, aber in diesem Rezept sorgen Zucchini und das Fett vom Speck für die gleiche Textur. Servieren Sie pro Person eine Scheibe dieses Hackbratens mit Blumenkohlpüree (Seite 112) als herzhafte und herzerwärmende Mahlzeit.

HAUPTSACHE FLEISCH

PRO PORTION
RATIO: 3:1
KALORIEN: 517
FETT (INSGESAMT): 36,9 g
KOHLENHYDRATE: 8 g
NETTO-KOHLENHYDRATE: 4,8 g
BALLASTSTOFFE: 3,2 g
PROTEINE: 32 g

450 g mageres (80 %) Rinderhackfleisch
230 g Speck, gewürfelt
1 Zucchini, fein gewürfelt
1 Zwiebel, fein gewürfelt
3 EL Tomatenmark
2 Eier
1 EL Dijon-Senf
¼ TL Paprikapulver
¼ TL Salz
¼ TL frisch gemahlener schwarzer Pfeffer
135 g gemahlene Mandeln
Kochspray für die Kastenform

1. Den Backofen auf 175 °C vorheizen und eine Kastenform mit Kochspray ausfetten.
2. Hackfleisch, Speckwürfel, Zucchini und Zwiebeln in einer großen Schüssel vermengen.
3. Tomatenmark, Eier, Senf, Paprikapulver, Salz und Pfeffer zufügen und sorgfältig untermischen.
4. Die gemahlenen Mandeln zufügen und ebenfalls vollständig untermischen, bis keine Klümpchen mehr in der Masse enthalten sind.
5. Die Hackfleisch-Mischung in die gefettete Kastenform füllen. Mit Alufolie abdecken und im vorgeheizten Ofen 1 Stunde backen.
6. Die Kastenform aus dem Ofen nehmen und die Alufolie entfernen. Dann die Form mit dem Hackbraten zurück in den Ofen schieben.
7. Die Ofeneinstellung auf Ofengrill ändern und den Hackbraten unter dem Ofengrill noch 10 Minuten erhitzen, bis die Oberfläche schön gebräunt ist.

8. Die Kastenform aus dem Ofen nehmen und den Hackbraten darin etwa 5 Minuten abkühlen lassen.
9. Mit einem Messer an den Innenseiten der Form entlangfahren, um den Hackbraten zu lösen.
10. Den Hackbraten in 7 gleichmäßige Scheiben schneiden und servieren.

STIR-FRY MIT RINDFLEISCH UND BROKKOLI

FÜR 4 PORTIONEN

ZUBEREITUNG: 30 MINUTEN • GARZEIT: 20 MINUTEN • GESAMT: 50 MINUTEN

Dieses chinesisch inspirierte Rindfleisch-Brokkoli-Gericht enthält garantiert keine versteckten Kohlenhydrate wie Maisstärke und Zucker. Probieren Sie dazu den Blumenkohl-„Reis“ (Seite 106) oder mischen Sie Zucchini-Nudeln unter (Seite 142).

2 EL Sojasauce

2 Knoblauchzehen, sehr fein gehackt

2 EL Sake

1 EL frisch gemahlener Ingwer

½ TL Chinesische Fünf-Gewürze-Mischung

450 g Kronfleisch, in 2,5 cm dicke Scheiben geschnitten, dann quer halbiert

3 EL Kokosöl

100 g Zwiebeln, gewürfelt

280 g Brokkoliröschen

105 g Frühlingszwiebeln, in Ringe geschnitten

1. Sojasauce, Knoblauch, Sake, Ingwer und Fünf-Gewürze-Mischung in einer großen Schüssel mischen. Die Kronfleisch-Streifen in der Mischung schwenken, sodass sie rundherum benetzt sind. Im Kühlschrank abgedeckt mindestens 15 Minuten ziehen lassen.
2. Das Kokosöl in einer großen, hohen Pfanne oder einem Wok mind. 1 Minute erhitzen. Die Zwiebel darin 2 Minuten zart sautieren.
3. Rindfleisch und Marinade zufügen und unter gelegentlichem Rühren 4–5 Minuten sautieren.
4. Brokkoli und Frühlingszwiebeln untermischen und 2 Minuten braten. Die Pfanne mit dem Deckel verschließen und die Temperatur reduzieren. Abgedeckt noch 2–3 Minuten köcheln lassen, bis der Brokkoli zart ist.
5. Nochmal ordentlich umrühren, um die Zutaten gut zu mischen, dann sofort servieren.
6. Serviervorschlag: Wenn man das Stir-Fry mit einem Löffel Blumenkohl-„Reis“ (Seite 106) anrichtet, könnte man glauben, dass es sich um Essen vom Asia-Imbiss handelt. Nach Belieben kann der Blumenkohl-„Reis“ dafür zunächst noch auf mittlerer Stufe etwa 3 Minuten in Öl kross gebraten werden (pro 225 g Blumenkohl-„Reis“ etwa 1 TL Öl verwenden).

PRO PORTION
RATIO: 3:1
KALORIEN: 378
FETT (INSGESAMT): 22 g
KOHLENHYDRATE: 11,8 g
NETTO-KOHLENHYDRATE: 7,3 g
BALLASTSTOFFE: 3,5 g
PROTEINE: 33,9 g

LAMMKOTELETT MIT KRÄUTERKRUSTE

FÜR 3 PORTIONEN
ZUBEREITUNG: 15 MINUTEN ▪ GARZEIT: 15 MINUTEN ▪ GESAMT: 30 MINUTEN

Frische Kräuter unterstreichen in diesem Rezept den vielschichtigen Geschmack der Lammkoteletts. Am besten serviert man das Fleisch mit einfachen Beilagen wie Blumenkohlpüree (Seite 112) und gedämpftem Gemüse. Auf jeden Fall kann man mit diesem Klassiker ohne großen Aufwand seine Gäste beeindrucken. In diesem Rezept die frischen Kräuter auf keinen Fall durch getrocknete Kräuter ersetzen – es ist das klare Aroma der frischen Kräuter, das dieses simple Gericht so köstlich macht.

HAUPTSACHE FLEISCH

PRO PORTION
RATIO: 3:1
KALORIEN: 486
FETT (INSGESAMT): 32,1 g
KOHLENHYDRATE: 3,9 g
NETTO-KOHLENHYDRATE: 2,6 g
BALLASTSTOFFE: 1,3 g
PROTEINE: 43,3 g

450 g Lammkoteletts

2 EL Dijon-Senf

4 Zweige frischer Rosmarin, die Blättchen gehackt

4 Zweige frischer Thymian, die Blättchen gehackt

3 EL Mandelmehl

4 Knoblauchzehen, sehr fein gehackt

1 TL Zwiebelpulver

¼ TL Salz

¼ TL frisch gemahlener schwarzer Pfeffer

4 EL Olivenöl

1. Den Backofen auf 175 °C vorheizen.
2. Die Lammkoteletts rundherum mit Senf einstreichen und beiseitelegen.
3. Rosmarin, Thymian, gemahlene Mandeln, Knoblauch, Zwiebelpulver, Salz und Pfeffer im Standmixer oder der Küchenmaschine mit der Impulsstufe fein hacken und mischen. Die Maschine weiterlaufen lassen und 2 EL Olivenöl in einem feinen Strahl zulaufen lassen, bis eine dicke Paste entstanden ist.
4. Die Kräuterpaste gleichmäßig um das Lammfleisch verteilen und leicht andrücken
5. Das restliche Olivenöl in einer großen, ofenfesten Pfanne auf mittlerer Stufe 2 Minuten erhitzen. Die Koteletts in die heiße Pfanne legen und 2–3 Minuten von der ersten Seite anbraten, bis die Kräuterkruste gut am Fleisch haftet. Die Koteletts erst dann wenden und von der gegenüberliegenden Seite weitere 2–3 Minuten anbraten. Die Koteletts auf ein Backblech legen.
6. Im vorgeheizten Ofen 7–8 Minuten backen (Garstufe medium).
7. Aus dem Ofen nehmen und sofort servieren.

KAPITEL

DELIZIÖSE DESSERTS

KOKOS-ZITRONEN-FETTBOMBEN

FÜR 16 PORTIONEN
ZUBEREITUNG GESAMT: 1¼ STUNDEN

Fettbomben sind das perfekte Dessert, um das erstrebte Tagesziel zu erreichen, was die Menge des Makronährstoffs Fett betrifft. Um den Zitronengeschmack richtig zur Geltung zu bringen, werden die Zutaten durch Zitronenextrakt unterstützt. Für mehr Textur ungesüßte Kokosflocken untermischen.

60 g Frischkäse
4 EL Butter
4 EL Kokosöl
4 EL Sahne
2 EL frisch gepresster Zitronensaft
1 TL Zitronenextrakt
1 TL Stevia oder ein anderer zuckerfreier Süßstoff

DELIZIÖSE DESSERTS

PRO PORTION (1 FETTBOMBE)
RATIO: 4:1
KALORIEN: 81
FETT (INSGESAMT): 8,9 g
KOHLENHYDRATE: 0,4 g
NETTO-KOHLENHYDRATE: 0,4 g
BALLASTSTOFFE: 0,4 g
PROTEINE: 0,4 g

1. Frischkäse, Butter und Kokosöl in einer mikrowellengeeigneten Schüssel mischen und auf hoher Stufe in der Mikrowelle mit kurzen 10-Sekunden-Intervallen erhitzen, bis die Mischung schmilzt. Die Sahne mit dem Schneebesen unter die geschmolzene Masse rühren.
2. Zitronensaft, Zitronenextrakt und Stevia untermischen.
3. Die Masse in einen Eiswürfelbehälter gießen und darin mindestens 1 Stunde einfrieren (am besten über Nacht), bis die Portionen fest gefroren sind.
4. Aus dem Gefrierschrank nehmen und innerhalb von 2 Stunden genießen.

TIPP ZU DEN ZUTATEN: Wenn Ihnen Zitronenextrakt und Zitronensaft noch nicht genug sind, reiben Sie die Schale einer Bio-Zitrone fein ab und mischen 1 TL des Abriebs unter die Masse. Meyer-Zitronen haben einen besonders intensiven Geschmack – wenn möglich, also immer diese Sorte verwenden.

SCHOKOLADEN-ERDNUSSBUTTER-FETTBOMBEN

FÜR 16 PORTIONEN
ZUBEREITUNG GESAMT: 1¼ STUNDEN

Wenn ich mein legendäres Verlangen nach Schokolade verspüre, greife ich nach diesen Schälchen, die reich an Erdnussbutter sind – fettreiche Glückseligkeit. Kokosfett und Erdnussbutter verbinden sich in diesem Rezept nahtlos zu einer samtig-glatten Masse. Wenn ich nur reguläres (zuckerfreies) Ernussbutterpulver da habe, reduziere ich die Kokosöl-Menge um 1 EL. Am liebsten genieße ich diese gehaltvollen Häppppchen, indem ich kleine Stücke abbeiße und dann langsam im Mund zergehen lasse. Köstlich.

4 EL Butter
4 EL Kokosöl
4 EL Sahne
2 EL Erdnussbutter in Pulverform, z. B. PB2
2 EL ungesüßtes Kakaopulver
1 TL reines Vanilleextrakt
1 TL Stevia oder ein anderes zuckerfreies Süßungsmittel

1. Butter und Kokosfett in eine mikrowellengeeignete Schüssel füllen und auf hoher Stufe in der Mikrowelle in 10-Sekunden-Intervallen erhitzen, bis die Mischung schmilzt. Die Sahne zufügen und mit dem Schneebesen unterrühren, bis eine glatte Masse entstanden ist.
2. Erdnussbutterpulver und Kakaopulver, Vanilleextrakt und Stevia sorgfältig untermischen.
3. Die Masse in einen Eiswürfelbehälter gießen und darin mindestens 1 Stunde einfrieren (am besten über Nacht), bis die Portionen fest gefroren sind.
4. Aus dem Gefrierschrank nehmen und innerhalb von 2 Stunden genießen.

DELIZIÖSE DESSERTS

PRO PORTION
(1 FETTBOMBE)
RATIO: 4:1
KALORIEN: 73
FETT (INSGESAMT): 7,8 g
KOHLENHYDRATE: 1 g
NETTO-KOHLENHYDRATE: 0,5 g
BALLASTSTOFFE: 0,5 g
PROTEINE: 0,6 g

BLAUBEER-FRISCHKÄSE-HÄPPCHEN

FÜR 16 PORTIONEN
ZUBEREITUNG GESAMT: 1¼ STUNDEN

Diese Blaubeer-Frischkäse-Häppchen schmecken fast wie NY Cheesecake und sind einfach ein Genuss. Das Rezept hat nur wenige Zutaten und die Beeren sorgen für natürliche Süße. Die Häppchen lassen sich hervorragend einfrieren, sodass man immer einen süßen Snack da hat. Probieren sie das Rezept auch mal mit Brombeeren oder Himbeeren aus.

4 EL Butter
60 g Frischkäse
4 EL Kokosfett
4 EL Sahne
30 g Blaubeeren, fein gehackt
1 TL reiner Vanilleextrakt

DELIZIÖSE DESSERTS

PRO PORTION
(1 HÄPPCHEN)
RATIO: 4:1
KALORIEN: 82
FETT (INSGESAMT): 8,9 g
KOHLENHYDRATE: 0,6 g
NETTO-KOHLENHYDRATE: 0,6 g
BALLASTSTOFFE: 0 g
PROTEINE: 0,4 g

1. Butter, Frischkäse und Kokosöl in eine mittlere mikrowellengeeigneten Schüssel geben und in der Mikrowelle auf hoher Stufe in 10-Sekunden-Intervallen erhitzen, bis die Zutaten geschmolzen sind. Sahne und Blaubeeren unter die geschmolzene Masse mischen.
2. Die Mischung in der Küchenmaschine glatt pürieren.
3. Den Vanilleextrakt zufügen und mit der Impulsstufe untermischen.
4. Die Masse in einen Eiswürfelbehälter gießen und darin mindestens 1 Stunde einfrieren (am besten über Nacht), bis die Portionen fest gefroren sind.
5. Aus dem Gefrierschrank nehmen und innerhalb von 2 Stunden genießen.

MINI-CHEESECAKES

FÜR 12 PORTIONEN

ZUBEREITUNG: 10 MINUTEN ▪ GARZEIT: 35 MINUTEN ▪ GESAMT: 50 MINUTEN

Meiner Meinung nach ist amerikanischer Käsekuchen – Cheesecake – das perfekte Keto-Dessert, abgesehen von Zucker und Kuchenboden. Hier bereite ich den Kuchenboden mit gemahlenen Mandeln zu und zum Süßen der Füllung verwende ich Stevia statt Zucker. Wenn ich das Verlangen nach Schokolade verspüre, mische ich gewürfelte Bitterschokolade unter die Masse. Kleingeschnittenes Obst macht sich aber auch gut in der Füllung. Probieren Sie ruhig verschiedene Extra-Zutaten aus, um die Füllung nach Belieben zu personalisieren.

4 EL Butter

50 g Mandelmehl

450 g Frischkäse, bei Raumtemperatur

20 g Stevia oder ein anderes zuckerfreies Süßungsmittel

1 TL reines Vanilleextrakt

½ TL frisch gepresster Zitronensaft

1. Den Backofen auf 150 °C vorheizen.
2. Die Butter in einer mittleren mikrowellengeeigneten Schüssel auf hoher Stufe 20 Sekunden erhitzen, bis sie zerlassen ist. Die gemahlenen Mandeln zufügen und untermischen.
3. Die Mandelmasse gleichmäßig auf die Vertiefungen in einem Cupcake-Blech verteilen und jeweils fest und gleichmäßig auf den Boden drücken. In den vorgeheizten Ofen schieben und die Böden 10 Minuten blindbacken. Das Cupcake-Blech aus dem Ofen nehmen und abkühlen lassen.
4. In einer großen Schüssel Frischkäse, Stevia, Vanilleextrakt und Zitronensaft glatt rühren.
5. Diese Masse gleichmäßig auf die vorgebackenen Böden im Cupcake-Blech verteilen.
6. Zurück in den Ofen schieben und 15 Minuten backen.
7. Dann die Temperatur auf 175 °C erhöhen und die Mini-Cupcakes 10 Minuten weiterbacken.
8. Aus dem Ofen nehmen und vor dem Servieren 5 Minuten abkühlen lassen.

PRO PORTION (1 MINI-CHEESECAKE)
RATIO: 3:1

KALORIEN: 227

FETT (INSGESAMT): 19,5 g

KOHLENHYDRATE: 13,9 g

NETTO-KOHLENHYDRATE: 13,4 g

BALLASTSTOFFE: 0,5 g

PROTEINE: 2,9 g

DOUBLE-CHOCOLATE-BROWNIES

FÜR 8 PORTIONEN

ZUBEREITUNG: 10 MINUTEN ▪ GARZEIT: 30 MINUTEN ▪ GESAMT: 45 MINUTEN

Aromatische Bitterschokolade ist der absolute Star in diesem Rezept für Double-Chocolate-Brownies. Die saftigen Brownies auf der Basis von gemahlenen Mandeln werden mit Bitterschokolade bestreut und sind köstlich bis zum letzten Bissen. Zum Servieren mit Schlagsahne und frischen Beeren garnieren.

Kochspray für die Backform

80 g Mandelmehl

10 g Stevia oder ein anderes zuckerfreies Süßungsmittel

3 EL ungesüßtes Kakaopulver

½ TL Backpulver

¼ TL Salz

4 EL Butter, zerlassen

3 Eier

1 TL reiner Vanilleextrakt

25 g Bitterschokolade (90 % Kakaobestandteile), gehackt

1. Den Backofen auf 175 °C vorheizen und eine quadratische Backform (20 cm Seitenlänge) fetten.
2. Gemahlene Mandeln, Stevia, Kakaopulver, Backpulver und Salz in einer großen Schüssel sorgfältig mischen.
3. In einer mittleren Schüssel zerlassene Butter, Eier und Vanilleextrakt mit dem Schneebesen glatt rühren.
4. Diese feuchten Zutaten unter die trockenen Zutaten mischen.
5. Die gehackte Schokolade unterheben. Die Masse in der vorbereiteten Backform verteilen.
6. Im vorgeheizten Ofen 30 Minuten backen.
7. Aus dem Ofen nehmen und mindestens 5 Minuten abkühlen lassen. In 8 Portionen schneiden.

PRO PORTION (1 BROWNIE)
RATIO: 4:1

KALORIEN: 191

FETT (INSGESAMT): 17,2 g

KOHLENHYDRATE: 5,5 g

NETTO-KOHLENHYDRATE: 2,9 g

BALLASTSTOFFE: 2,6 g

PROTEINE: 3,2 g

SCHOKOLADEN-KOKOSMILCH-EIS

FÜR 1 PORTION
ZUBEREITUNG GESAMT: 35 MINUTEN

Eiscreme ist nicht gerade keto-freundlich, doch wenn man sie auf diese einzigartige Weise mit Kokosmilch zubereitet, wird sie auch ohne die Zugabe von Zucker wunderbar cremig. Genießen Sie dazu ungesüßte Kokosraspeln, Kakaobruch oder fein gehobelte Bitterschokolade. Für Vanilleeiscreme einfach das Kakaopulver durch 1 TL Vanilleextrakt ersetzen.

125 ml Kokosmilch
1 EL Sahne
1 EL ungesüßtes Kakaopulver

1. Kokosmilch, Sahne und Kakaopulver in einer großen Schüssel mit dem Handrührgerät etwa 2 Minuten steif schlagen.
2. Die Masse in einen gefriergeeigneten Behälter füllen und 20–30 Minuten in den Gefrierschrank stellen, bis die Masse zur gewünschten Konsistenz gefroren ist.

PRO PORTION (1 REZEPT)
RATIO: 4:1
KALORIEN: 340
FETT (INSGESAMT): 34,9 g
KOHLENHYDRATE: 10 g
NETTO-KOHLENHYDRATE: 5,6 g
BALLASTSTOFFE: 4,4 g
PROTEINE: 4,1 g

ZITRONEN-CHEESECAKE-RIEGEL

FÜR 8 PORTIONEN

ZUBEREITUNG: 10 MINUTEN ▪ GARZEIT: 2 STUNDEN ▪ GESAMT: 2½ STUNDEN

Der Boden aus gemahlenen Mandeln wird in diesem Rezept mit Zitronencreme akzentuiert. Dank dem zuckerfreien Zitronen-Götterspeise-Mix und dem Mandelboden sind diese Riegel keto-freundlich. Falls Sie Stevia-Pulver im Haus haben, können Sie die Riegel damit abschließend zum Garnieren bestäuben.

90 g Butter, zerlassen

50 g Mandelmehl

250 ml kochendes Wasser

50 g zuckerfreier Zitronen-Götterspeise-Mix (ca. 4 Beutel)

225 g Frischkäse

2 EL frisch gepresster Zitronensaft

DELIZIÖSE DESSERTS

PRO PORTION (1 ZITRONEN-RIEGEL)
RATIO: 4:1

KALORIEN:268

FETT (INSGESAMT): 25,2 g

KOHLENHYDRATE: 2,1 g

NETTO-KOHLENHYDRATE: 2,1 g

BALLASTSTOFFE: 0,8 g

PROTEINE: 6,5 g

1. Den Backofen auf 175 °C vorheizen.
2. In einer mittleren Schüssel die zerlassene Butter und die gemahlenen Mandeln mischen. Die Mischung auf dem Boden einer quadratischen Kuchenform à 20 cm Seitenlänge verteilen und gleichmäßig andrücken.
3. Im vorgeheizten Ofen 10 Minuten blindbacken. Aus dem Ofen nehmen, beiseitestellen und abkühlen lassen.
4. Den Götterspeisen-Mix in eine große Schüssel geben und das kochende zufügen. Etwa 2 Minuten umrühren, bis das Pulver vollständig im Wasser gelöst ist.
5. Frischkäse und Zitronensaft zufügen und sorgfältig untermischen.
6. Die Frischkäsemasse auf den abgekühlten Mandelboden gießen und gleichmäßig verteilen. Mindestens 2 Stunden (am besten über Nacht) im Kühlschrank ruhen lassen, bis die Masse geliert ist.
7. In 8 Riegel schneiden und servieren.

KOKOS-TRÜFFEL

FÜR 12 PORTIONEN
ZUBEREITUNG GESAMT: 25 MINUTEN

Für diese schnell zubereiteten Trüffel werden cremige Frischkäse-Kugeln in ungesüßten Kokosraspeln gewälzt. Die Zubereitung ist extrem einfach und die Trüffel können eingefroren und dann nach Bedarf aufgetaut werden oder man bewahrt sie in einem luftdicht verschlossenen Behälter im Kühlschrank auf. Für Variationen kann mit der Zugabe von Gewürzen wie Zimt experimentiert werden.

225 g Frischkäse, bei Raumtemperatur

10 g Stevia, oder ein anderer zuckerfreier Süßstoff

2 TL Kokosextrakt

40 g ungesüßte Kokosraspeln

1. Frischkäse, Stevia und Kokosextrakt in einer mittleren Schüssel glattrühren.
2. Mit einem Löffel oder Eisportionierer etwa 1–2 EL große Portionen aus der Masse ausstechen und 12 Kugeln formen.
3. Die Kugeln in den Kokosraspeln wälzen und vor dem Servieren 15 Minuten im Kühlschrank ruhen lassen.

PRO PORTION (1 TRÜFFEL)
RATIO: 4:1
KALORIEN: 98
FETT (INSGESAMT): 9,3 g
KOHLENHYDRATE: 1,6 g
NETTO-KOHLENHYDRATE: 0,9 g
BALLASTSTOFFE: 0,7 g
PROTEINE: 1,8 g

SCHOKOLADENKUCHEN AUS DER MIKROWELLE

FÜR 1 PORTION
ZUBEREITUNG GESAMT: 10 MINUTEN

Dies ist die Keto-Variante des inzwischen berühmten Schokoladenkuchens aus der Mikrowelle. Zubereitet mit Stevia statt Zucker und unterstützt von einem Ei, wird dieser luftige, köstliche Schokoladenkuchen Ihnen Freude machen. Servieren Sie ihn mit einem ordentlichen Löffel Schlagsahne und frischen Beeren für besonderen Genuss.

Kochspray

2 EL ungesüßtes Kakaopulver

2 EL Stevia oder ein anders zuckerfreies Süßungsmittel

1 Prise Salz

1 EL Sahne

½ TL reines Vanilleextrakt

1 Ei, verquirlt

¼ TL Backpulver

1. Einen mikrowellengeeigneten Becher mit Kochspray ausfetten.
2. Kakaopulver, Stevia und Salz in einer mittleren Schüssel mischen.
3. Sahne, Vanille und das verquirlte Ei zufügen und unter die trockenen Zutaten rühren. Das Backpulver untermischen.
4. Die Masse vorsichtig glatt rühren, bis keine Luftbläschen mehr darin enthalten sind.
5. Die Masse in den gefetteten Becher füllen und in der Mikrowelle auf hoher Stufe 1 Minute 20 Sekunden erhitzen.
6. Den Becher mit dem Kuchen aus der Mikrowelle nehmen. Etwa 1 Minute ruhen lassen und den Kuchen dann zum Servieren auf einen Dessertteller stürzen.

PRO PORTION (1 KUCHEN)
RATIO: 3:1
KALORIEN: 146
FETT (INSGESAMT): 11,3 g
KOHLENHYDRATE: 7,5 g
NETTO-KOHLENHYDRATE: 4,3 g
BALLASTSTOFFE: 3,2 g
PROTEINE: 7,8 g

ZUCCHINI-MUFFINS

FÜR 16 STÜCK

VORBEREITUNG: 5 MINUTEN ▪ GARZEIT: 20 MINUTEN ▪ GESAMT: 30 MINUTEN

Diese leichten, einfach zubereiteten Zucchini-Muffins sind praktisch, wenn man ein schnelles Frühstück braucht. Die Zimtbutter (Seite 279) und eine Tasse gebutterter Kaffee (Seite 22) passen hervorragend dazu. Damit sie schön frisch bleiben, die Muffins in einem luftdicht verschlossenen Behälter im Kühlschrank aufbewahren.

140 g Zucchini, geraspelt und abgetropft

115 g Mandelmehl

180 g Mandelmus

3 Eier

1 EL Honig

1 TL reiner Vanilleextrakt

1 TL Backpulver

1 TL Zimt

1. Den Backofen auf 175 °C vorheizen.
2. Geraspelte Zucchini, Mandelmehl, Mandelmus, Eier, Honig, Vanilleextrakt, Backpulver und Zimt in einer großen Schüssel sorgfältig mischen.
3. Cupcake-Papierförmchen in die Vertiefungen in einem Cupcake-Blech setzen und die Masse gleichmäßig darauf verteilen.
4. Im vorgeheizten Ofen 18–20 Minuten goldbraun backen.
5. Die Muffins vor dem Servieren 5 Minuten abkühlen lassen

PRO PORTION (1 MUFFIN)
RATIO: 3:1

KALORIEN: 184

FETT (INSGESAMT): 14,9 g

KOHLENHYDRATE: 6,7 g

NETTO-KOHLENHYDRATE: 4,9 g

BALLASTSTOFFE: 1,8 g

PROTEINE: 4,8 g

ERDNUSSBUTTER-COOKIES

ERGIBT 25 STÜCK

ZUBEREITUNG: 10 MINUTEN ▪ GARZEIT: 13 MINUTEN ▪ GESAMT: 25 MINUTEN

Für diese einzigartigen weichen Cookies kommen Erdnussbutter und Frischkäse zusammen. Außen kross und innen saftig, kommt diese Keto-Version traditionellen Erdnussbutter-Cookies ziemlich nahe. Da die Masse sehr klebrig ist, feuchtet man sich die Hände zum Formen der Cookies am besten an.

220 g zuckerfreie Erdnussbutter

115 g Frischkäse, bei Raumtemperatur

20 Tropfen flüssige Stevia oder ein anderes flüssiges zuckerfreies Süßungsmittel

1 Ei

1 TL reines Vanilleextrakt

DELIZIÖSE DESSERTS

PRO PORTION (1 COOKIE)
RATIO: 3:1
KALORIEN: 79
FETT (INSGESAMT): 6,9 g
KOHLENHYDRATE: 2,2 g
NETTO-KOHLENHYDRATE: 1,6 g
BALLASTSTOFFE: 0,6 g
PROTEINE: 3,1 g

1. Den Backofen auf 175 °C vorheizen und zwei Backbleche mit Backpapier auslegen.
2. Erdnussbutter, Frischkäse, Stevia, Ei und Vanilleextrakt in einer großen Schüssel sorgfältig glatt rühren. Mix Die Masse mit einem Esslöffel in 25 gleichmäßige Portionen teilen und Kugeln daraus formen.
3. Die Cookie-Kugeln auf die vorbereiteten Backbleche legen und jeweils mindestens 2,5 cm Abstand zwischen den einzelnen Portionen lassen.
4. Die einzelnen Kugeln mit einer Gabel vorsichtig flachdrücken und dabei mit den Zacken der Gabel jeweils ein Kreuz-Muster in die Oberfläche prägen.
5. Im vorgeheizten Ofen 12–13 Minuten goldbraun backen.
6. Die Cookies vor dem Servieren 2–3 Minuten abkühlen lassen. Die vollkommen abgekühlten Cookies in einem luftdicht verschlossenen Behälter aufbewahren.

SPECK MIT SCHOKOLADENÜBERZUG

FÜR 4 PORTIONEN

ZUBEREITUNG: 15 MINUTEN ▪ GARZEIT: 20 MINUTEN ▪ GESAMT: 1½ STUNDEN

Schokolade und Speck, zwei der sündigsten Genüsse überhaupt, kommen in diesem herzhaften und süßen Rezept zusammen. Wird der Speck auf Spieße gesteckt, hält die Schokolade besser daran, es ist aber nicht nötig. Wird nicht mit Spießen gearbeitet, brät man den Speck einfach in der Pfanne knusprig, legt ihn dann auf Backpapier und bestreicht ihn mit Schokolade.

8 Scheiben Speck

1½ EL Kokosöl

3 EL ungesüßte Schokoladenchips oder gehackte Bitterschokolade

1 TL Stevia oder ein anderes zuckerfreies Süßungsmittel

1. Den Backofen auf 220 °C vorheizen.
2. Die Speck-Scheiben wie ein Akkordeon jeweils auf einen Spieß stecken.
3. Die Speck-Spieße auf ein Backblech legen und im vorgeheizten Ofen 15 Minuten knusprig braten.
4. Aus dem Ofen nehmen und den Speck vollständig abkühlen lassen.
5. Kokosfett und Schokolade in eine mittlere Schüssel füllen und diese über ein heißes Wasserbad stellen. Wenn die Zutaten geschmolzen sind, die Stevia mit dem Schneebesen untermischen.
6. Den abgekühlten Speck auf ein mit Backpapier ausgelegtes Backblech legen. Mit einem Küchenpinsel die geschmolzene Schokoladenmischung auf die obere Seite der Speck-Spieße streichen. Die Spieße dann wenden und die zweite Seite mit der restlichen Schokolade einstreichen.
7. Vor dem Servieren 1 Stunde im Kühlschrank ruhen lassen, damit die Schokolade fest wird.

DELIZIÖSE DESSERTS

PRO PORTION (2 SPECK-SCHEIBEN MIT SCHOKOLADEN-ÜBERZUG)
RATIO: 3:1

KALORIEN: 214

FETT (INSGESAMT): 12,8 g

KOHLENHYDRATE: 3,2 g

NETTO-KOHLENHYDRATE: 1,8 g

BALLASTSTOFFE: 1,4 g

PROTEINE: 9,4 g

KAPITEL 10

GRUNDZUTATEN: WÜRZMITTEL, SAUCEN & DRESSINGS

BARBECUE-SAUCE

ERGIBT ETWA 10 PORTIONEN

ZUBEREITUNG: 10 MINUTEN • GARZEIT: 30 MINUTEN • GESAMT: 40 MINUTEN

Fast alle Barbecue-Saucen enthalten Unmengen an Zucker – für mich als Texanerin auf Keto-Diät ein richtiges Problem. Ich ließ mich nicht davon abschrecken, dass die meisten zuckerfreien Barbecue-Saucen (die teilweise recht teuer sind) ziemlich langweilig schmecken, und entschied mich, die Sauce selbst zuzubereiten ... Und das Ergebnis schmeckt fast so wie die Barbecue-Sauce, die man in den meisten Burger-Schnellrestaurants bekommt. Sie passt zu vielen Gerichten: Brathähnchen, Schweinerippchen, Pulled Pork und noch viel mehr. Genießen Sie die Sauce direkt nach der Zubereitung und heben Sie Reste dann in einem luftdicht verschlossenen Behälter im Kühlschrank auf. Sie sind so etwa 2 Wochen haltbar.

GRUNDZUTATEN: WÜRZMITTEL, SAUCEN & DRESSINGS

PRO PORTION (1 EL)
RATIO: 3:1
KALORIEN: 47
FETT (INSGESAMT): 2,2 g
KOHLENHYDRATE: 6,6 g
NETTO-KOHLENHYDRATE: 5,2 g
BALLASTSTOFFE: 1,4 g
PROTEINE: 1,7 g

1 EL Butter
60 g Zwiebel, gewürfelt
1½ EL sehr fein gehackter Knoblauch
300 ml zuckerfreie Cola
200 g Tomatenmark
125 ml Wasser
4 EL zuckerfreier Ketchup (Seite 264)
1 EL Worcestersauce
3 EL Senf
1 TL Cayennepfeffer
1 TL Liquid Smoke
½ TL Paprikapulver
½ TL frisch gemahlener schwarzer Pfeffer

1. Die Butter in einem großen Topf auf mittlerer Stufe in etwa 1 Minute zerlassen. Die Zwiebel darin etwa 4 Minuten glasig dünsten. Dann den Knoblauch zufügen und 1 Minute dünsten.
2. Cola, Tomatenmark, 120 ml Wasser, zuckerfreien Ketchup, Worcestersauce, Senf, Cayennepfeffer, Liquid Smoke, Paprikapulver und schwarzen Pfeffer zufügen. Mit dem Schneebesen glatt rühren.
3. Die Sauce zum Kochen bringen und unter gelegentlichem Rühren etwa 25 Minuten sanft köcheln lassen, bis sie angedickt ist.

TERIYAKI-SAUCE

ERGIBT ETWA 8 PORTIONEN

ZUBEREITUNG: 10 MINUTEN • GARZEIT: 15 MINUTEN • GESAMT: 25 MINUTEN

Genauso wie Barbecue-Sauce ist Teriyaki-Sauce auch ein Versteck für Zucker. Verwenden Sie dieses Rezept, wenn Sie keine fertige zuckerfreie Teriyaki finden oder passen Sie es Ihrem persönlichen Geschmack an. Die Teriyaki-Sauce ist in einem luftdicht verschlossenen Behälter im Kühlschrank etwa 2 Wochen haltbar.

80 ml Olivenöl

1 TL sehr fein gehackter Knoblauch

1 EL sehr fein gehackter frischer Ingwer

250 ml Tamari-Sojasauce

2 EL Worcestersauce

2 EL Weißweinessig

20 Tropfen flüssige Stevia oder ein anderer flüssiger zuckerfreier Süßstoff

½ TL frisch gemahlener schwarzer Pfeffer

¼ TL Orangenextrakt

1. Das Olivenöl in einem großen Topf auf mittlerer Stufe etwa 1 Minute erhitzen. Knoblauch und Ingwer darin etwa 1 Minute aromatisch dünsten.
2. Tamari, Worcestersauce, Essig, Stevia, Pfeffer und Orangenextrakt zufügen und mit dem Schneebesen umrühren. Zum Kochen bringen, dann die Temperatur reduzieren und die Sauce 15 Minuten sanft köcheln lassen, bis sie um die Hälfte reduziert ist.
3. In einem luftdicht verschlossenen Behälter im Kühlschrank aufbewahren oder sofort genießen.

GRUNDZUTATEN: WÜRZMITTEL, SAUCEN & DRESSINGS

PRO PORTION (1 EL)
RATIO: 3:1

KALORIEN: 110

FETT (INSGESAMT): 8,4 g

KOHLENHYDRATE: 3,5 g

NETTO-KOHLENHYDRATE: 3,4 g

BALLASTSTOFFE: 0,1 g

PROTEINE: 4,1 g

ZUCKERFREIER KETCHUP

ERGIBT ETWA 16 PORTIONEN
ZUBEREITUNG GESAMT: 1¼ STUNDEN

Industriell produzierter Ketchup überrascht immer wieder mit seinem hohen Zuckergehalt. In der Regel sollte der natürliche Zuckerhalt der Tomaten ausreichen, um den richtigen Geschmack zu erzielen, trotzdem enthalten die meisten fertig gekauften Ketchups zusätzlichen Zucker. Probieren Sie es stattdessen mit diesem Rezept für einen einfachen, zuckerfreien Keto-Ketchup aus.

450 g Tomatenmark
60 ml Wasser
4 EL Apfelessig
2 EL Worcestersauce
1 EL Senf
½ TL Salz
½ TL Zimt
¼ TL Knoblauchpulver
⅛ TL frisch gemahlener schwarzer Pfeffer
⅛ TL gemahlene Gewürznelke

GRUNDZUTATEN: WÜRZMITTEL, SAUCEN & DRESSINGS

PRO PORTION (1 EL)
RATIO: 3:1
KALORIEN: 24
FETT (INSGESAMT): 0,3 g
KOHLENHYDRATE: 4,8 g
NETTO-KOHLENHYDRATE: 3,8 g
BALLASTSTOFFE: 1 g
PROTEINE: 1,1 g

1. In einer großen Schüssel Tomatenmark, Wasser, Apfelessig, Worcestersauce, Senf, Salz, Zimt, Knoblauchpulver, Pfeffer und Gewürznelke mischen.
2. In ein Einmachglas oder einen anderen Behälter mit Deckel füllen und luftdicht verschlossen mindestens 1 Stunde im Kühlschrank ziehen lassen, damit sich die Aromen entfalten können.

Ketchup

BLAUSCHIMMELKÄSESAUCE

ERGIBT ETWA 8 PORTIONEN
ZUBEREITUNG: 10 MINUTEN ▪ GARZEIT: 1 STUNDE ▪ GESAMT: 1¼ STUNDEN

Wunderbar dickflüssig und cremig, diese Sauce ist perfekt zum Dippen von Rohkost und meinen gebackenen „Chicken Wings" geeignet. Blauschimmelkäsesauce gehört zu den aromatischsten Saucen, die es gibt. In der Regel wird sie mit Weizenmehl angedickt, in diesem Rezept wird die Grundsauce mit gemahlenen Mandeln zubereitet. Abschließend wird eine große Menge Blauschimmelkäse untergemischt.

1 EL Butter
1 EL Mandelmehl
125 ml Hühnerbrühe
125 ml Sahne
60 ml ungesüßte Mandelmilch
110 g Blauschimmelkäse

GRUNDZUTATEN: WÜRZMITTEL, SAUCEN & DRESSINGS

PRO PORTION (1 EL)
RATIO: 3:1
KALORIEN: 98
FETT (INSGESAMT): 8,9 g
KOHLENHYDRATE: 0,7 g
NETTO-KOHLENHYDRATE: 0,6 g
BALLASTSTOFFE: 0,1 g
PROTEINE: 3,5 g

1. Die Butter in einem großen Topf auf mittlerer Stufe erhitzen. Die gemahlenen Mandeln zufügen und die Temperatur auf niedrige Stufe reduzieren. Unter ständigem Rühren mit dem Schneebesen 2–3 Minuten köcheln lassen.
2. Hühnerbrühe, Sahne und Mandelmilch untermischen. Mit dem Schneebesen umrühren und die Temperatur auf mittlere Stufe erhöhen.
3. Den Blauschimmelkäse unter Rühren mit dem Schneebesen zufügen und weiterrühren, bis der Käse vollkommen geschmolzen ist.
4. Die Sauce in eine Schüssel umfüllen und abgedeckt mit Frischhaltefolie im Kühlschrank mindestens 1 Stunde ziehen lassen.
5. In einem luftdicht verschlossenen Behälter im Kühlschrank ist die Sauce bis zu 1 Woche haltbar.

RANCH-DRESSING

ERGIBT ETWA 16 PORTIONEN

ZUBEREITUNG: 10 MINUTEN ▪ GARZEIT: 1 STUNDE ▪ GESAMT: 1¼ STUNDE

Es ist zwar nicht immer der Fall, aber einige fertig gekaufte Ranch-Dressings enthalten versteckte Kohlenhydrate. Um zu vermeiden, dass man sich 10 Gramm Kohlenhydrate reinzieht, während man Gemüse mit Ranch-Dressing isst, verwendet man einfach dieses Rezept.

200 g Mayonnaise
250 g Sour Cream
60 ml Buttermilch
1 EL Zwiebelpulver
1 EL getrocknete Petersilie
2 TL Knoblauchpulver
½ TL Salz
½ TL getrockneter Dill
½ TL Senfpulver
¼ TL Selleriesalz

1. Mayonnaise, Sour Cream, Buttermilch, Zwiebelpulver, Petersilie, Knoblauchpulver, Salz, Dill, Senfpulver und Selleriesalz in einer großen Schüssel mischen und glatt rühren.
2. Vor dem Servieren mindestens 1 Stunde abgedeckt im Kühlschrank ziehen lassen.
3. In einem luftdicht verschlossenen Behälter ist das Dressing im Kühlschrank mindestens 2 Wochen haltbar.

GRUNDZUTATEN: WÜRZMITTEL, SAUCEN & DRESSINGS

PRO PORTION (1 EL)
RATIO: 3:1
KALORIEN: 93
FETT (INSGESAMT): 8 g
KOHLENHYDRATE: 5 g
NETTO-KOHLENHYDRATE: 4,8 g
BALLASTSTOFFE: 0,2 g
PROTEINE: 0,9 g

ALFREDO-SAUCE (SAHNESAUCE)

ERGIBT ETWA 6 PORTIONEN

VORBEREITUNG: 5 MINUTEN ▪ GARZEIT: 10 MINUTEN ▪ GESAMT: 15 MINUTEN

Diese einfache Sahnesauce schmeckt perfekt zu Hähnchenfleisch, Zucchini-Nudeln oder gegrilltem Steak. Anstelle von Mehl wird die Sauce mit gemahlenen Mandeln angedickt. Mandelmilch lockert das Ganze etwas auf und sorgt für eine samtigere Konsistenz.

2 EL Butter

2 EL Mandelmehl

⅛ TL frisch gemahlener schwarzer Pfeffer

¼ TL Salz

⅛ TL Paprikapulver

125 ml ungesüßte Mandelmilch

125 ml Sahne

3 EL Sour Cream

1. Die Butter in einem großen Topf bei schwacher Hitze zerlassen. Gemahlene Mandeln, Pfeffer, Salz und Paprikapulver mit dem Schneebesen untermischen.
2. Unter ständigem Rühren mit dem Schneebesen die Mandelmilch allmählich zufügen, damit keine Klumpen entstehen.
3. Weiter rühren und Sahne sowie Sour Cream zufügen.
4. Bei schwacher Hitze unter Rühren 8–10 Minuten sanft köcheln lassen, bis die Sauce angedickt ist.
5. In einem luftdicht verschlossenen Behälter im Kühlschrank ist die Sauce bis zu 1 Woche haltbar.

GRUNDZUTATEN: WÜRZMITTEL, SAUCEN

PRO PORTION (1 EL)
RATIO: 3:1

KALORIEN: 99

FETT (INSGESAMT): 10,3 g

KOHLENHYDRATE: 1 g

NETTO-KOHLENHYDRATE: 1 g

BALLASTSTOFFE: 0 g

PROTEINE: 0,5 g

SENF-SAHNESAUCE

ERGIBT ETWA 6 PORTIONEN

VORBEREITUNG: 5 MINUTEN ▪ GARZEIT: 10 MINUTEN ▪ GESAMT: 15 MINUTEN

Diese Senf-Sauce auf Sour-Cream-Basis schmeckt sehr gut zu gegrilltem Fleisch und Brathähnchen. Für etwas mehr Biss scharfen Senf verwenden oder für eine dünnflüssigere Konsistenz 1 TL Apfelessig untermischen.

1 EL Butter

1 EL sehr fein gehackte Zwiebel

1 TL sehr fein gehackter Knoblauch

125 ml Sahne

100 g Sour Cream

1 EL Senf

¼ TL Salz

⅛ TL frisch gemahlener schwarzer Pfeffer

1. Die Butter in einem großen Topf bei schwacher Hitze zerlassen. Zwiebel und Knoblauch darin 5 Minuten zart dünsten.
2. Sahne und Sour Cream zufügen und unter Rühren mit dem Schneebesen erhitzen, bis die Mischung eine etwas dünnflüssigere Konsistenz hat.
3. Senf, Salz und Pfeffer unterrühren. Vom Herd nehmen.
4. Die Sauce abkühlen lassen. In einem luftdicht verschlossenen Behälter ist sie im Kühlschrank bis zu 1 Woche haltbar.

GRUNDZUTATEN: WÜRZMITTEL, SAUCEN & DRESSINGS

PRO PORTION (1 EL)
RATIO: 3:1

KALORIEN: 103

FETT (INSGESAMT): 10,2 g

KOHLENHYDRATE: 2,1 g

NETTO-KOHLENHYDRATE: 1,9 g

BALLASTSTOFFE: 0,2 g

PROTEINE: 1,4 g

HAUSGEMACHTE MAYONNAISE

ERGIBT ETWA 32 PORTIONEN
ZUBEREITUNG GESAMT: 15 MINUTEN

Hausgemachte Mayonnaise ist ein großer Genuss, wenn man Zeit für die Zubereitung hat. Küchenfertig erhältliche Produkte haben uns das Leben leichter gemacht, aber an den Geschmack selbst gemachter Mayonnaise kommt nichts heran.

2 TL Senfpulver

2 EL frisch gepresster Zitronensaft

1 TL Salz

1 TL Stevia oder ein anderes zuckerfreies Süßungsmittel

1/8 TL frisch gemahlener schwarzer Pfeffer

2 Eigelb, möglichst pasteurisiert

450 ml Rapsöl

2 EL Essig

1. Eine große Schüssel mit Eiswürfeln oder Crushed Ice füllen und eine mittlere Schüssel hineinstellen.
2. Senfpulver, 1 EL Zitronensaft, Salz, Stevia und Pfeffer in der mittleren Schüssel mischen und mit dem Handrührgerät aufschlagen.
3. Die Eigelbe zufügen und mit dem Handrührgerät auf mittlerer Stufe aufschlagen.
4. Mit dem Handrührgerät weiter aufschlagen und währenddessen 60 ml Rapsöl teelöffelweise untermischen. Gleichmäßig weiter aufschlagen und dabei das restliche Öl in einem feinen Strahl zulaufen lassen.
5. Sobald die Mischung beginnt anzudicken, den Essig und den restlichen Zitronensaft abwechselnd mit dem Rapsöl zufügen. Weitermachen, bis alle Zutaten komplett untergemischt sind.
6. In einem luftdicht verschlossenen Behälter ist die Mayonnaise bis zu 1 Woche haltbar. Sie ist nicht zum Einfrieren geeignet.

GRUNDZUTATEN: WÜRZMITTEL, SAUCEN & DRESSINGS

PRO PORTION (1 EL)
RATIO: 4:1

KALORIEN: 110

FETT (INSGESAMT): 12,3 g

KOHLENHYDRATE: 0,1 g

NETTO-KOHLENHYDRATE: 0,1 g

BALLASTSTOFFE: 0 g

PROTEINE: 0,2 g

SAUCE HOLLANDAISE

ERGIBT ETWA 8 PORTIONEN
ZUBEREITUNG GESAMT: 10 MINUTEN

Eine Hollandaise ist die perfekte Sauce zu Frühstückseiern und im Rahmen der Keto-Diät ist es sowieso immer gut, welche im Haus zu haben. Mit diesem einfachen Rezept für Sauce Hollandaise können Sie es sich sparen, zu einem teuren Brunch auszugehen, um diese dekadente Sauce zu genießen.

2 Eigelb, möglichst pasteurisiert
¼ TL Salz
90 g Butter, zerlassen
1 EL frisch gepresster Zitronensaft

1. Die Eigelbe in einer großen Schüssel mit dem Handrührgerät hell und schaumig aufschlagen. Das Salz untermischen.
2. Langsam und gleichmäßig weiter aufschlagen und dabei abwechselnd je einen TL zerlassene Butter und je ½ TL Zitronensaft zufügen, bis diese Zutaten vollkommen untergemischt sind. Weiter aufschlagen, bis eine glatte Sauce entstanden ist.
3. In einem luftdicht verschlossenen Behälter im Kühlschrank ist die Sauce bis zu 3 Tage haltbar.

GRUNDZUTATEN: WÜRZMITTEL, SAUCEN & DRESSINGS

PRO PORTION (1 EL)
RATIO: 4:1
KALORIEN: 116
FETT (INSGESAMT): 12,7 g
KOHLENHYDRATE: 0,2 g
NETTO-KOHLENHYDRATE: 0,2 g
BALLASTSTOFFE: 0 g
PROTEINE: 0,8 g

PASTA-SAUCE

ERGIBT ETWA 8 PORTIONEN
VORBEREITUNG: 5 MINUTEN ▪ GARZEIT: 10 MINUTEN ▪ GESAMT: 15 MINUTEN

Viele Tomaten- und Pasta-Saucen aus der Konserve enthalten eine Menge Zucker. Entkommen Sie den Kohlenhydraten küchenfertiger Pasta-Saucen, indem Sie dieses zuckerfreie Rezept zubereiten.

420 g Tomaten, gewürfelt
60 ml Olivenöl
2 EL sehr fein gehackter Knoblauch
1 EL frisch gehacktes Basilikum
1 TL Zwiebelpulver
1 TL rote Chiliflocken
½ TL Salz
¼ TL frisch gemahlener schwarzer Pfeffer

1. Die Tomaten im Standmixer oder der Küchenmaschine mit zwei Impulsen zerkleinern, sodass sie noch Textur haben.
2. Das Olivenöl in einem großen Topf auf mittlerer Stufe etwa 1 Minute erhitzen. Den Knoblauch im heißen Öl etwa 1 Minute aromatisch dünsten.
3. Tomaten, Basilikum, Zwiebelpulver, rote Chiliflocken, Salz und Pfeffer zufügen.
4. Mit dem Schneebesen unterrühren, die Mischung zum Kochen bringen und 10 Minuten sanft köcheln lassen. Vom Herd nehmen und abkühlen lassen.
5. In einem luftdicht verschlossenen Behälter im Kühlschrank ist die Sauce bis zu 3 Wochen haltbar. Sie lässt sich auch gut einfrieren.

GRUNDZUTATEN: WÜRZMITTEL, SAUCEN & DRESSINGS

PRO PORTION (1 EL)
RATIO: 3:1
KALORIEN: 69
FETT (INSGESAMT): 6,5 g
KOHLENHYDRATE: 3,3 g
NETTO-KOHLENHYDRATE: 2,5 g
BALLASTSTOFFE: 0,8 g
PROTEINE: 0,7 g

SENF-SCHALOTTEN-VINAIGRETTE

ERGIBT ETWA 8 PORTIONEN
ZUBEREITUNG GESAMT: 10 MINUTEN

Angesicht der Tatsache, mehr Salat essen zu müssen, wusste ich, dass die Zutaten für meinen Salat eine richtige Geschmacksexplosion sein sollten. Pikant-scharfer Senf harmoniert in dieser frischen Vinaigrette wunderbar mit Schalotten. Das Dressing ist sehr vielseitig und perfekt für Salate oder als Marinade geeignet. Daher wird die Senf-Schalotten-Vinaigrette sicherlich schnell zu einem festen Posten unter den Vorräten in Ihrem Kühlschrank werden, so wie es bei mir der Fall war.

125 ml Olivenöl
125 ml Apfelessig
3 EL Dijon-Senf
1 Schalotte, sehr fein gehackt
½ TL Salz
¼ TL frisch gemahlener schwarzer Pfeffer

GRUNDZUTATEN: WÜRZMITTEL, SAUCEN & DRESSINGS

PRO PORTION (1 EL)
RATIO: 4:1
KALORIEN: 117
FETT (INSGESAMT): 12,8 g
KOHLENHYDRATE: 0,9 g
NETTO-KOHLENHYDRATE: 0,9 g
BALLASTSTOFFE: 0 g
PROTEINE: 0,3 g

1. Olivenöl, Apfelessig, Senf, Schalotten, Salz und Pfeffer in den Standmixer oder in die Küchenmaschine geben.
2. Etwa 1 Minute mit der Impulsstufe mischen.
3. In einem luftdicht verschlossenen Behälter im Kühlschrank ist die Vinaigrette bis zu 2 Wochen haltbar.

PIZZA-SAUCE

ERGIBT ETWA 16 PORTIONEN
ZUBEREITUNG GESAMT: 15 MINUTEN

Dickflüssiger als die Pasta-Sauce und auch etwas aromatischer, ist diese Pizza-Sauce perfekt für die Blumenkohl-Pizza (Seite 110) oder Pizza mit Käseboden (Seite 113) geeignet. Fügen Sie nach Belieben frisch gehackte Kräuter wie Petersilie und Thymian unter, um die Kräuternoten hervorzuheben.

400 g Tomaten, gewürfelt
60 ml Olivenöl
20 g Zwiebel, gewürfelt
2 EL sehr fein gehackter Knoblauch
300 g Tomatenmark
2 TL Zwiebelpulver
1 TL rote Chiliflocken
½ TL Salz
¼ TL frisch gemahlener schwarzer Pfeffer
3 EL frisch gehacktes Basilikum

GRUNDZUTATEN: WÜRZMITTEL, SAUCEN & DRESSINGS

PRO PORTION (1 EL)
RATIO: 3:1
KALORIEN: 46
FETT (INSGESAMT): 3,3 g
KOHLENHYDRATE: 4,3 g
NETTO-KOHLENHYDRATE: 3,4 g
BALLASTSTOFFE: 0,9 g
PROTEINE: 0,9 g

1. Die Tomaten im Standmixer oder mit der Küchenmaschine mit 2 Impulsen zerkleinern. Die Sauce sollte noch etwas Textur haben.
2. Das Olivenöl in einem großen Topf auf mittlerer Stufe etwa 1 Minute erhitzen. Zwiebeln und Knoblauch im heißen Öl etwa 2 Minuten zart dünsten.
3. Tomaten, Tomatenmark, Zwiebelpulver, Chiliflocken, Salz und Pfeffer zufügen und umrühren. Die Sauce zum Kochen bringen und 10 Minuten köcheln lassen. Vom Herd nehmen und abkühlen lassen.
4. Das Basilikum unterrühren.
5. In einem luftdicht verschlossenen Behälter im Kühlschrank bis zu 3 Wochen haltbar.

PESTO

ERGIBT ETWA 14 PORTIONEN
ZUBEREITUNG GESAMT: 15 MINUTEN

Frisches Basilikum, Pinienkerne und italienische Käse werden kombiniert zu einem Würzmittel, das für sein intensives, frisches Aroma beliebt ist. Pesto ist einfach köstlich. Seien Sie bei der Zubereitung vorsichtig, um die Basilikum-Blätter nicht unnötig zu beschädigen.

4 Bund frisches Basilikum, die Blätter abgezupft und gehackt

125 ml Olivenöl

50 g Pinienkerne

2 Knoblauchzehen, sehr fein gehackt

10 g Parmesan, gerieben

4 EL Pecorino, gerieben

1 TL Salz

1. Basilikum, Olivenöl, Pinienkerne und Knoblauch im Standmixer oder der Küchenmaschine in kurzen Impulsen zerkleinern, dabei allmählich Parmesan und Pecorino zufügen.
2. Das Salz zufügen und glatt pürieren.
3. In einem luftdicht verschlossenen Behälter im Kühlschrank ist das Pesto bis zu 3 Tage haltbar.

GRUNDZUTATEN: WÜRZMITTEL, SAUCEN & DRESSINGS

PRO PORTION (1 EL)
RATIO: 4:1
KALORIEN: 106
FETT (INSGESAMT): 10,9 g
KOHLENHYDRATE: 0,9 g
NETTO-KOHLENHYDRATE: 0,7 g
BALLASTSTOFFE: 0,2 g
PROTEINE: 2,6 g

ZIMTBUTTER

ERGIBT ETWA 16 PORTIONEN
ZUBEREITUNG GESAMT: 1 STUNDE 15 MINUTEN

Mit Gewürzen oder Kräutern angereicherte Butter ist ein großer Genuss. Wenn man sie einmal gekostet hat, fragt man sich, warum man sie nicht täglich isst. Zimtbutter schmeckt gut auf Pfannkuchen und Waffeln. Auf fast allen Backwaren, um ehrlich zu sein. Die Verwendungsmöglichkeiten sind endlos!

200 g Butter, bei Raumtemperatur

10 Tropfen flüssige Stevia oder ein anderes zuckerfreies flüssiges Süßungsmittel

1 TL reiner Vanilleextrakt

1 TL gemahlener Zimt

¼ TL Salz

1. Butter, Stevia, Vanilleextrakt, Zimt und Salz in der Küchenmaschine zu einer glatten Masse verarbeiten.
2. Die Zimtbutter mit einem Löffel auf ein Stück Backpapier geben und das Papier eng darum wickeln, sodass eine gleichmäßig dicke Rolle entsteht. Das aufgerollte Backpapier an beiden Enden fest um sich selbst drehen, sodass die Butter gut darin verschlossen ist.
3. Die Zimtbutter mindestens 1 Stunde vor dem Servieren im Kühlschrank ruhen lassen. Im Kühlschrank ist sie bis zu 2 Wochen haltbar.

GRUNDZUTATEN: WÜRZMITTEL, SAUCEN & DRESSINGS

PRO PORTION (1 EL)
RATIO: 4:1
KALORIEN: 103
FETT (INSGESAMT): 11,5 g
KOHLENHYDRATE: 0,1 g
NETTO-KOHLENHYDRATE: 0,1 g
BALLASTSTOFFE: 0 g
PROTEINE: 0,1 g

ANHANG

ANHANG A

THE DIRTY DOZEN & THE CLEAN FIFTEEN - DAS DRECKIGE DUTZEND UND DIE SAUBEREN FÜNFZEHN

Eine Non-Profit Umweltschutzorganisation in den USA, die Environmental Working Group (EWG), wertet vom US Department of Agriculture (USDA, das Landwirtschaftsministerium) und der Food and Drug Administration (FDA, Behörde für Lebensmittel- und Arzneimittelüberwachung) bereitgestellte Daten zu Pestizidrückständen aus und stellt aufgrund der Ergebnisse jedes Jahr eine Liste zusammen, auf der zu erkennen ist, welche Obst- und Gemüsesorten aus kommerziellem Anbau am wenigsten und welche am meisten Pestizidrückstände aufweisen. Sie können diese Listen verwenden, um zu entscheiden, welche Obst- und Gemüsesorten Sie besser aus Bio-Anbau kaufen sollten, um den Kontakt mit Pestizidrückständen zu minimieren, und wo es in Ordnung ist, auf Bio zu verzichten. Die Clean Fifteen sind allerdings nicht zwangsläufig frei von Pestizidrückständen, müssen vor dem Verzehr also auch gut gewaschen werden.

Diese Listen ändern sich jedes Jahr, die aktuellsten Listen und einen Ratgeber zu Pestiziden in Lebensmitteln für die USA finden Sie unter: EWG.org/FoodNews

2018 DIRTY DOZEN - DAS DRECKIGE DUTZEND

Äpfel
Birnen
Erdbeeren
Kartoffeln
Kirschen
Nektarinen
Paprika
Pfirsiche
Sellerie
Spinat
Tomaten
Trauben

2018 CLEAN FIFTEEN - DIE SAUBEREN FÜNFZEHN

Ananas
Auberginen
Avocados
Blumenkohl
Brokkoli
Cantaloupes
Erbsen (TK)
Honigmelonen
Kiwi
Kohl
Mangos
Papayas
Spargel
Zuckermais
Zwiebeln

Informationen über Pestizidrückstände in Deutschland findet man beim Bundesamt für Verbraucherschutz und Lebensmittelsicherheit (BVL) unter https://www.bvl.bund.de/SharedDocs/Downloads/01_Lebensmittel/nbpsm/NBPSMR_2016.html

ANHANG B

GLOSSAR

Capsaicin: Die chemische Verbindung in scharfen Chilischoten (zum Beispiel Jalapeños und Habaneros), die für die Schärfe verantwortlich ist.

Epilepsie: Eine neurologische Erkrankung, welche die normale Hirnfunktion stört und Anfälle auslöst.

Fett: Einer der drei großen Makronährstoffe, die dem Körper Energie geben. Zusammengesetzt aus soliden oder semi-soliden Triglyceriden, kommt Fett natürlich in Fleisch, Geflügel, Fisch und einigen Pflanzensamen vor. 1 Gramm Fett entspricht etwa 9 Kilokalorien.

Glukose: Einfachzucker und primäre Energiequelle für Pflanzen und Tiere.

Glukoneogenese: Ein Stoffwechselprozess, bei dem Proteine in Glukose umgewandelt werden. Der übermäßige Konsum von Proteinen kann die Möglichkeit, den Stoffwechselzustand der Ketose zu erreichen, negativ beeinflussen.

Glykämischer Index: Misst die Geschwindigkeit, in der konsumierte Kohlenhydrate den Blutzuckerspiegel anheben. Die Werte reichen von 1 (langsamster Anstieg) zu 100 (schnellster Anstieg).

Insulin: Von der Bauchspeicheldrüse produziertes Hormon, das zur Kontrolle des Blutzuckerspiegels beiträgt und es dem Körper ermöglicht, Zucker aus Kohlenhydraten als Energie zu verwenden.

Kakaobohnen: Samen der Kakaobäume, aus denen Kakaopulver und Schokolade hergestellt wird.

Ketoazidose: Ein gefährlicher Stoffwechselzustand, der durch einen Mangel an Insulin und das Vorhandensein einer großen Menge von Ketonen im Körper zustande kommt. Dieser in der Regel bei Patienten mit Typ-1-Diabetes beobachtete Zustand bedarf einer guten Überwachung durch Fachleute.

ketogen: Den Aufbau von Ketonkörpern bewirkend.

Ketone: Chemische Verbindungen, die den Hauptbestandteil der Ketonkörper darstellen.

Ketonkörper: Die von der Leber beim Fasten oder im Rahmen einer Diät mit streng begrenzter Aufnahme von Kohlenhydraten produzierten Ketonkörper werden vom Körper statt Glukose zur Energiegewinnung verwendet.

Ketose: Stoffwechselzustand, der dadurch erzielt wird, dass kein Zucker konsumiert wird, sodass der Körper Fett als primäre Energiequelle verwendet. Um den Stoffwechselzustand der Ketose zu erreichen, muss man weniger als 20 Gramm Kohlenhydrate täglich zu sich nehmen.

Ketostix: Eine Marke von Teststreifen, die zum Messen der Keton-Konzentration im Urin verwendet werden.

Kilokalorie: Kalorie.

Kohlenhydrate: Einer der drei Makronährstoffe, die als primäre Energiequelle für das Gehirn fungieren. Kohlenhydrate werden vor allem aus Zuckern und Stärken gewonnen, die zu Glukose abgebaut werden. 1 Gramm Kohlenhydrate entspricht etwa 4 Kilokalorien.

Low-Carb-Diät: Eine Diät, bei der täglich nur 50–100 Gramm Netto-Kohlenhydrate konsumiert werden.

Makronährstoff: Kohlenhydrate, Proteine und Fette sind die drei bedeutendsten Makronährstoffe. Sie machen den Großteil unserer Ernährung aus, versorgen den Körper mit Energie und essenziellen Nährstoffen.

MCT-Öl: Eine gut verdauliche und konzentrierte Form Kokosöl, zusammengesetzt aus mittelkettigen Triglyceriden. Die in der Leber verarbeiteten Triglyceride wirken ähnlich wie Kohlenhydrate, indem sie Energie liefern.

Netto-Kohlenhydrate: Indem man die Menge der am Tag konsumierten Ballaststoffe von der Gesamtmenge der konsumierten Kohlenhydrate abzieht, bestimmt man die Netto-Kohlenhydrate. Dieser Wert ist wichtig zum Verständnis des tatsächlichen Kohlenhydrat-Konsums.

Protein: Einer der drei Makronährstoffe, der als wichtige strukturelle Komponente der Körperzellen dient. Proteine sind in Fleisch, Geflügel, Fisch, Meeresfrüchten, Bohnen, Erbsen, Eiern, Sojaprodukten, Nüssen, Kernen und Samen enthalten. Ein Gramm Protein entspricht etwa 4 Kilokalorien.

Ratio: Im Rahmen einer ketogenen Diät steht die Ratio (meistens 4:1 und manchmal 3:1) dafür, dass der Fettanteil in einem Rezept drei oder vier Mal so hoch ist wie der kombinierte Anteil von Proteinen und Kohlenhydraten. Dieses Maß kommt ursprünglich aus der klassischen ketogenen Diät, die für Menschen entwickelt wurde, die unter Anfallserkrankungen oder anderen Gesundheitsstörungen leiden.

Spiralschneider: Küchengerät, das Gemüse wie Zucchini in spaghettiähnliche Form verwandelt, sodass es in Rezepten die Nudeln ersetzen kann, um den Konsum von Kohlenhydraten einzuschränken.

Stevia: Ein natürliches Süßungsmittel und ein Zuckerersatz, gewonnen aus der Stevia-Pflanze. Enthält 0 Kalorien, 0 Kohlenhydrate und hat einen glykämischen Index von 0.

Typ-1-Diabetes: Eine Krankheit, welche durch die unzureichende Produktion von Insulin charakterisiert wird, sodass der über die Nahrung aufgenommene Zucker nicht in die Körperzellen transportiert und in Energie umgewandelt werden kann.

Zuckeralkohol: Eine Klasse kalorienreduzierter Süßstoffe, die geringeren Einfluss auf den glykämischen Index haben als regulärer Zucker. Typische Beispiele sind Xylitol, Erythritol und Maltitol.

REFERENZEN

Brinkworth G. D. , Dyson P. A., Noakes M., Buckley J. D., et al. Long-term effects of a very-low-carbohydrate weight loss diet compared with an isocaloric low-fat diet after 12 mo. *The American Journal of Clinical Nutrition.* 90(2009)1: 23–32. doi: 10.3945/ajcn.2008.27326.

Dyson P. A., Beatty S., Matthews D. R. A low-carbohydrate diet is more effective in reducing body weight than healthy eating in both diabetic and non-diabetic subjects. *Diabetic Medicine.* 24(2007)12: 1430-1435. doi: 10.1111/j.1464-5491.2007.02290.x.

Epilepsy Foundation. Treating Seizures and Epilepsy: Dietary Therapies: Ketogenic Diet. Nachzulesen unter: https://www.epilepsy.com/learn/treating-seizures-and-epilepsy/dietary-therapies/ketogenic-diet

Hession M1, Rolland C, Kulkarni U, u. a. Systematic review of randomized controlled trials of low-carbohydrate vs. low-fat/low-calorie diets in the management of obesity and its comorbidities. Obesity Reviews. 10(2009)1: 36-50. doi: 10.1111/j.1467-789X.2008.00518.x. Nachzulesen unter: https://pdfs.semanticscholar.org/d165/012bdf571633ef4daf5ed5f1ab5c2aa6e8c1.pdf

Paoli A, Rubini A, Volek JS, Grimaldi KA. Beyond weight loss: a review of the therapeutic uses of very-low-carbohydrate (ketogenic) diets. *European Journal of Clinical Nutrition.* 67(2013)8:789-96. doi: 10.1038/ejcn.2013.116. Nachzulesen unter: https://www.ncbi.nlm.nih.gov/pmc/articles/PMC3826507/pdf/ejcn2013116a.pdf

Samaha FF, Iqbal N, Seshadri P, u. a. A low-carbohydrate as compared with a low-fat diet in severe obesity. *New England Journal of Medicine.* 348(2003)21: 2074-2081. doi: 10.1056/NEJMoa022637. Nachzulesen unter: https://pdfs.semanticscholar.org/b42f/eb4332c5988f5d769f116b2b96ffdfc37bd4.pdf

Volek JS, Sharman MJ, Gómez AL, u. a. Comparison of energy-restricted very low-carbohydrate and low-fat diets on weight loss and body composition in overweight men and women. *Nutrition and Metabolism.* 1(2004): 13. doi: 10.1186/1743-7075-1-13. Nachzulesen unter: https://www.ncbi.nlm.nih.gov/pmc/articles/PMC538279/pdf/1743-7075-1-13.pdf

Yancy WS Jr, Olsen MK, Guyton JR, u. a. A low-carbohydrate, ketogenic diet versus a low-fat diet to treat obesity and hyperlipidemia: a randomized, controlled trial. *Annals of Internal Medicine,* 140(2004)10: 769-777. doi: 10.7326/0003-4819-140-10-200405180-00006.

WEITERFÜHRENDE EMPFEHLUNGEN

Bücher

Coleman, Ella, *Keto Living Kochbuch, Gewicht verlieren mit 101 leckeren, ketogenen Low-Carb-Rezepten*, Kindle Edition, 2013

Moore, Jimmy; Emmerich, Maria, *Das Keto-Kochbuch: Die besten Low-Carb/High-Fat-Rezepte*, Riva Verlag, München 2016

Ramos, Amy, *Keto für Einsteiger*, Narayana Verlag, Kandern 2018

Taubes, Gary, *Warum wir dick werden*, Narayana Verlag, Kandern 2018

Englische Bücher:

Davis, William, MD. *Wheat Belly: Lose the Wheat, Lose the Weight, and Find Your Path Back to Health.* Waterville (Maine): Thorndike Press, 2014.

McDonald, Lyle. *The Ketogenic Diet: A Complete Guide for the Dieter & the Practitioner.* New York: Morris Publishing, 1998

Taubes, Gary. *Good Calories, Bad Calories: Fats, Calories, and the Controversial Science of Diet and Health.* Anchor, New York 2008.

Volek, Jeff S., PhD, RD, Stephen D. Phinney, MD, PhD. *The Art and Science of Low Carbohydrate Performance.* Beyond Obesity LLC , New York 2012.

Webseiten

Weitere Informationen zur ketogenen Diät gibt es auf folgenden Webseiten:

Deustch:

https://foodpunk.de/alles-ueber-ketogene-ernaehrung/

https://www.keto-up.de/

Englisch:

CavemanKeto.com

Examine.com

AllRecipes.com/recipes/healthy-recipes/special-diets/low-carb/

LowCarbDiets.about.com

Bodybuilding.com

CharlieFoundation.org

DietDoctor.com

Epilepsy.com

IBreatheImHungry.com

Keto-Calculator.ankerl.com

MyFitnessPal.com

Netrition.com

Ruled.me

ÜBER DIE AUTORIN

Celby Richoux sprüht vor Energie, die sie genau den Lebensmitteln verdankt, die sie gerne isst. Seit sie die ketogene Ernährung entdeckte und auf diese fettreiche und kohlenhydratarme Ernährungsweise umsattelte, änderte sich alles. Endlich ist sie nicht mehr übergewichtig, ausgelaugt, gereizt. Jetzt kann sie ihr Gewicht halten und ist beschwerdefrei.

BEZUGSQUELLEN

Die meisten der im Buch erwähnten Produkte wie z. B. Kokosmilch oder verschiedene Gewürze sind in gängigen Naturkostläden erhältlich.

Sie können sie auch direkt über unseren Online-Shop www.unimedica.de in der Kategorie »Gesunde Ernährung« erhalten. Dort finden Sie ein großes Sortiment an Naturkostprodukten, u. a. auch seltene Produkte wie z. B. Sacha-Inchi-Öl. Auch Küchengeräte und viele Superfoods sind dort erhältlich.

INDEX

A

B

C

D

E

F

G

H

I

J

K

L

M

N

O

P

Q

R

S

T

U

V

W

Y

Z

ABBILDUNGS-VERZEICHNIS

Bilder von shutterstock.com: S. 2, 103 © Sosna Radosna, S. 5 links © Davidchuk Alexey, S. 5 Mitte © Liv friis-larsen, S. 5 rechts © j.chizhe, S. 6, 75 © Goskova Tatiana, S. 12 © Yulia Furman, S. 31 © Polly Sharai, S. 32 © Lenasirena, S. 35 © Cegli, S. 42 © Oleksandra Naumenko, S. 47 © Puttaraska Noibamrung, S. 48 © norikko, S. 55 © SMarina, S. 57 © Olga Dubravina, S. 59 © Alexlukin, S. 60 © Diana Taliun, S. 62 © Olga Lannova, S. 65 © etorres, S. 68 © Rea Vasic, S. 79 © julpho, S. 82 © vm2002, S. 92 © Dar1930, S. 97 © zi3000, S. 105, 289 © MaraZe, S. 108 © Vankad, S. 113 © Gayvoronskaya_Yana, S. 114 © StockphotoVideo, S. 117 © Inna Rostokina, S. 119, 180, 250 © AS Food studio, S. 123 © zarzamara, S. 128 © marekuliasz, S. 131, 165 © Elena Veselova, S. 133 © Dipali S, S. 137 © Andrey Storostin, S. 141, 215 © NoirChocolate, S. 142 © Simon Booth, S. 145 © Kalinka Georgieva, S. 147 © zstock, S. 149 © dashkin14, S. 155 © Elena Shashkina, S. 157 © Africa Studio, S. 161 © Amallia Eko, S. 169 © hlphoto, S. 172 © Chudovska, S. 185 © Bartosz Luczak, S. 187 © jiangdi, S. 189, 246 © DranG, S. 191 © Larissa Blinova, S. 193, 249 © Timolina, S. 201 © New Africa, S. 205 © Wiktory, S. 207 © Alexander Prokopenko, S. 210 © zebratomato, S. 219 © Viktor 1, S. 223 © Olha Afanasieva, S. 225 © Alexander Raths, S. 226 © Brent Hofacker, S. 229 © istetiana, S. 229 © visionsi, S. 231 © Foodio, S. 239 © Plateresca, S. 245 © Southern Light Studios, S. 253 © belushi, S. 254 © Natalie Che, S. 263 © Oksana Mizina, S. 269 © Stocked House Studio, S. 272 © Katarina Langova, S. 277 © Daria Saveleva, S. 280 © avs, S. 284 © Rimma Bondarenko, S. 287 © Pinkyone, S. 290 © Nataliya Arzamasova, S. 292 © Anna Shepulova

Bilder von Sylwia Erdmanska-Kolanczyk: S. 40, 88, 111, 135, 157, 171, 177, 197, 216, 237, 261, 265.

Amy Ramos

KETO FÜR EINSTEIGER

Low Carb - High Fat – Der ultimative Leitfaden mit 75 Rezepten und 14-Tage-Menüplan

208 Seiten, 24,80 €

KETO FÜR EINSTEIGER ist seit Jahren der Keto-Bestseller in den USA und beweist, dass es ganz einfach sein kann, gesünder zu leben, sich vollkommen wohlzufühlen und Gewicht ganz nebenbei zu verlieren.

Die Ernährungsberaterin und Köchin Amy Ramos hat mit diesem Buch den perfekten Begleiter für alle geschaffen, die sich von den Vorteilen dieser Ernährungsweise überzeugen lassen wollen. Denn wissenschaftliche Studien haben unlängst bewiesen, dass eine ketogene Diät gesundheitsfördernde Effekte zeigt, wie einen niedrigeren Blutzuckerspiegel, die Verbesserung des Cholesterinspiegels und Senkung des Körperfettes.

In diesem Buch ist alles enthalten, was man wissen muss, um in eine ketogene Ernährung einzusteigen und schließlich auch dranzubleiben.

Auch wenn der innere Schweinehund glauben machen möchte, dass der Einstieg in eine Ernährungsumstellung viel zu schwierig sei, wird dieses Buch vom Gegenteil überzeugen. Denn der ketogene Lifestyle war noch nie einfacher umzusetzen als mit KETO FÜR EINSTEIGER.

Kellyann Petrucci

DIE KNOCHENBRÜHEN-DIÄT

Verlieren Sie bis zu 7 kg Gewicht, 10 cm Taillenumfang und Falten – in nur drei Wochen

360 Seiten, 29,80 €

Stars wie Gwyneth Paltrow, Salma Hayek und Basketballlegende Kobe Bryant schwören darauf: Knochenbrühe als Gesundheitstrank. Auch die renommierte New York Times erklärte Knochenbrühe neben grünen Säften und Kokosnusswasser zum neuen Zauberelixier auf der Suche nach Gesundheit. Knochenbrühe ist seit Jahrhunderten eine bekannte Wunderwaffe: Sie enthält reichlich Fett verbrennende Nährstoffe, hautstraffendes Kollagen und wirkt außerdem entzündungshemmend. Das Ergebnis: weniger Gewicht, straffere Haut, mehr Wohlbefinden! Und das in kurzer Zeit. Die Naturheilkundlerin und Abnehm-Expertin Kellyann Petrucci hat dem Heilgericht ein ganzes Buch gewidmet: Der Bestseller DIE KNOCHENBRÜHEN-DIÄT enthält abwechslungsreiche, schmackhafte Rezepte – für Frühstück, Hauptgericht und Dessert – sowie einen grundlegenden Mini-Fastenplan. Kellyann Petrucci hat damit Tausenden Menschen bereits geholfen, auf erstaunliche Weise Gewicht zu verlieren, die Gesundheit zu stärken und eine jüngere, strahlendere Haut zu bekommen.

Gary Taubes

WARUM WIR DICK WERDEN

Und was wir dagegen tun können

344 Seiten, 17,50 €

Das Buch, das schon so vielen den Weg heraus aus Jo-Jo-Effekten und nicht funktionierenden Diäten gezeigt hat. Gary Taubes Werk ist viel mehr als ein Diätratgeber. Es geht dem Wissenschaftsjournalisten vor allem darum, das kleine Einmaleins der Fettleibigkeit zu verstehen und somit langfristig eine wirkliche Veränderung bewirken zu können. Der eindringlichste Tipp von Gary Taubes lautet: Finger weg von raffinierten, leicht verdaulichen Kohlenhydraten und Zucker! Warum? Weil sie eine süchtig machende Wirkung haben und Körperprozesse einleiten, die wir kaum rückgängig machen können. Eine Schlüsselrolle spielt dabei unter anderem das Hormon Insulin, das im Zusammenhang mit kohlenhydratreicher Nahrung eine Art Teufelskreis bei der Fettproduktion auslöst. Anhand von zahlreichen wissenschaftlichen Studien gelingt es Taubes, logisch und tiefgehend zu beweisen, dass Fettleibigkeit primär durch einfache Kohlenhydrate (Zucker) und komplexe Kohlenhydrate (Stärke) verursacht wird. Dies erklärt, warum sich das Gewicht auch mit der strengsten Hungerkur und dem härtesten Work-out nicht sinnvoll kontrollieren lässt. Jeder kann Taubes revolutionäre These mit seinem ganz konkreten Speiseplan umsetzen, der detailliert im Buch erläutert wird.

Mickey Trescott

DAS AUTOIMMUN PALEO-KOCHBUCH

Das erfolgreiche Protokoll bei Allergien, Hashimoto, Zöliakie und weiteren chronischen Krankheiten

320 Seiten, 29,- €

Autoimmunerkrankungen wie Diabetes, Allergien, Multiple Sklerose oder Zöliakie beherrschen den Alltag vieler Menschen, während die heutige Medizin den Betroffenen oft keinen wirksamen Ausweg bietet. Das Autoimmunprotokoll wurde speziell für diese Krankheiten entwickelt. Es entfernt mögliche Auslöser in der Ernährung und schafft einen gesunden Darm – die Voraussetzung für eine Heilung von innen. Mickey Trescotts Buch ist der perfekte Begleiter für den Einstieg. Die Ernährungsberaterin und erfolgreiche Bloggerin hat sich selbst mithilfe dieser speziellen Paleo-Diät von Zöliakie, Hashimoto-Thyreoiditis und chronischer Erschöpfung geheilt. In ihrem Werk gibt sie einen Einblick in die Wirkungsweise des Autoimmunprotokolls sowie wertvolle Tipps, wie man Küche und Vorratsschrank von allen potenziell schädlichen Lebensmitteln befreien kann. Auch stellt sie Wochenpläne und Einkaufslisten bereit, um den Umstieg so einfach wie möglich zu gestalten. Das Herzstück des Autoimmun-Paleo-Kochbuchs bilden 112 köstliche Rezepte, die auch für Betroffene in der strengsten Phase des Protokolls geeignet sind.